中等职业教育"十三五"规划教材

电子商务专业创新型系列教材

电子商务技能实训教程

（修订版）

刘春青　主编

科学出版社

北　京

内 容 简 介

本书是中等职业学校电子商务专业核心教材。本书通过翔实的案例和清晰直观的操作步骤，介绍电子商务的应用技能，目的是帮助大家熟悉电子商务工作岗位中的具体工作及要求，以便快速掌握电子商务应用技能。

本书按照现代电子商务业务工作流程及企业部门岗位设置要求，围绕商品拍摄与图片处理、网店装修、网络营销、在线交易、支付与配送和客户服务等电子商务核心工作，精心设计了 63 个实训，每个实训配有翔实的步骤指引及技巧提示，每项目还配有一定量的理实一体化题目及实训题，以满足使用者不同层次的学习需求。

本书可作为职业院校电子商务专业、信息技术类专业及商贸类等专业教材，也可以作为电子商务爱好者、创业者自学用书。

图书在版编目(CIP)数据

电子商务技能实训教程（修订版）/ 刘春青主编 . —北京：科学出版社，2017

ISBN 978-7-03-035033-6

Ⅰ.① 电 …　Ⅱ.① 刘 …　Ⅲ.① 电子商务—中等专业学校—教材　Ⅳ.① F713.36

中国版本图书馆CIP数据核字（2012）第135784号

责任编辑：陈砺川 / 责任校对：刘玉靖
责任印制：吕春珉 / 封面设计：东方人华平面设计部

科 学 出 版 社 出版

北京东黄城根北街16号
邮政编码：100717
http://www.sciencep.com

三河市骏杰印刷有限公司 印刷

科学出版社发行　　各地新华书店经销

*

2012 年 9 月第　一　版　　开本：787×1092　1/16
2019 年 6 月修　订　版　　印张：14 3/4
2019 年 7 月第十二次印刷　　字数：335 000

定价：38.00元

（如有印装质量问题，我社负责调换<骏杰>）

销售部电话 010-62134988　　编辑部电话 010-62132703-8020

前　言

近年，电子商务伴随着互联网的广泛应用而得到了迅猛的发展，我国的电子商务正进入高速发展的阶段。根据中国互联网络信息中心（CNNIC）发布的统计数据显示，截至 2018 年 12 月底，中国网民规模达 8.29 亿，全年共计新增网民 5653 万人。互联网普及率较 2017 年底提升 3.8 个百分点，达到 59.6%。手机网民规模达到 8.17 亿，较 2017 年底增加 6433 万人，网民中使用手机上网人群比例达 98.6%，使用台式电脑、笔记本电脑上网的比例分别是 48.0% 和 35.9%，使用电视上网的比例为 31.1%。截至 2018 年 12 月，中国网民中，农村网民占比 26.7%，规模为 2.22 亿，较 2017 年底新增 1291 万人，增长率为 6.2%，农村地区的互联网普及率为 38.4%，较 2017 年底提升 3.0 个百分点。截至 2018 年 12 月，中国网民通过台式电脑和笔记本电脑接入互联网的比例分别为 55.0% 和 36.5%，即时通信用户规模达 7.92 亿，网络新闻用户达 6.75 亿，较上年增长 4.3%，我国网络购物用户规模达到 6.10 亿，相较 2017 年底增长 14.4%，其中，手机网络购物用户规模达到 5.92 亿，年增长率为 17.1%。截至 2018 年 12 月，我国网上外卖用户规模达 4.06 亿，较 2017 年底增长 18.2%，网民使用比例为 49.0%，手机网上外卖用户规模达 3.97 亿，占手机网民 48.6%，年增长率 23.2%。

业内专家分析指出，国内网络购物渗透率发展迅速，特别是移动支付、智慧物流、共享经济、网上外卖和新商业兴起，以及在政府"互联网＋"行动计划的整体环境中，国家倡导"大众创业万众创新"，网络购物发展迎来新的机遇，尤其是对于中青年人群、创业人群、新农人群，网络购物和网络创业还有较大的渗透空间，未来网络购物用户和市场增长空间更加广泛。

从社会调查实践数据显示，绝大多数企业已开展了电子商务业务，采用传统经济与网络经济相结合的方式生产经营，同时也产生诸如共享单车、网约车、无人店、公共服务类各细分领域应用等许多新兴经济形态。国家政策正在大力支持电子商务的发展，商务部已经对电子商务专业人才给予极大重视。

　　当前，国家正在顺应时势大力发展职业教育，职业教育升学渠道更加畅通，职业教育获得了广阔的发展空间。我国电子商务的急剧发展，使得电子商务人才严重短缺，该行业的人才缺口仍旧巨大，预计在未来 10 年大约需要数百万计电子商务专业人才，而我国目前包括各类院校和培训机构每年输出的技能技术人才数量仍然有限。

　　本书旨在为适应经济发展对电子商务人才的需求而编写。本书按照"理实一体，情境设计，行动导向，任务驱动"的原则，根据现代企业电子商务工作中岗位设置、任务分工及业务流程的要求，重点对主流电子商务平台的网店装修、商品发布等进行介绍，围绕网店运营工作中最核心的工作，包括商品拍摄与图片处理、网店装修、网络营销、在线交易、支付与配送和客户服务等，精心设计 63 个实训，力求实现内容的先进性，适用性和可操作性。本书在内容选择上，主次分明，重点突出，循序渐进，文字精炼，步骤清晰，通俗易懂。学习者通过技能实训练习，可以最快捷、最直接、最简单地掌握电子商务核心技能。

　　本书还特别参考了全国电子商务技术技能竞赛的规程，参考了全国电子商务技术技能竞赛平台及广东省电子商务技能竞赛平台的要求，精心设计了适合技能竞赛要求的实训及练习题，旨在提升参赛者综合竞争力。

　　本书由广州市番禺区职业技术学校刘春青担任主编，梁海波担任副主编，参加编写的人员有：单元 1 梁海波（广东东莞市常平镇黄水职业学校），单元 2 陶海蓉、吴靖华（广州市电子信息学校），单元 3 彭翔英（佛山市南海区信息技术学校），单元 4 李石凡（广东省科技职业技术学校），单元 5 叶丽芬、刘玉奇（珠海市第一中等职业学校），单元 6 李亮怀（肇庆市四会中等专业学校）。

　　本书可作为职业院校电子商务专业、信息技术类专业及商贸类等专业教材，也可以作为电子商务爱好者、创业者自学用书。

　　由于编者水平有限，且时间仓促，书中难免存在疏漏和不妥之处，敬请批评指正。

编　者
2019 年 6 月

目　录

项目5 支付与配送 163

项目6 客户服务 199

项目1　商品拍摄与图片处理

岗位情景设计

　　马华云电子商务专业毕业后，开始着手网络创业。于是他把这一想法告诉家人，立即得到了家人的大力支持。父亲为他提供创业启动资金，母亲联系从事服装生产与销售的公司，找到了大量的服装货源。马华云没想到他的一个创业梦想能得到家人这么大力的支持。他采购了一批服装，在淘宝网（http://www.taobao.com/）申请开通旺铺，开始创业。可当他做好前期准备工作后，才意识到仓库里的衣服还是一件一件的实物，得想办法把它们都"搬到"互联网上去。其实也简单，不就是用数码相机把它们全部拍下来，上传到网上吗？想到这，他立拿来家里的单反相机开始了服装的拍摄工作。几个小时的辛苦工作下来，虽然拍摄了大量的照片，但是照片的效果大都不太令人满意。这可怎么办呢？看来还得先学习商品拍摄与图片处理的有关知识。

学习目标

- 掌握商品拍摄器材的选择。
- 掌握商品拍摄的必备技能。
- 掌握辅助道具在商品拍摄中的应用。
- 掌握典型材质商品的拍摄方法。
- 掌握商品图片后期处理的技能。

学习任务

- 选用拍摄器材
- 拍摄小件商品
- 拍摄大件商品
- 处理商品图片

1.1 拍摄器材选用

知识准备

商品拍摄所需要的拍摄器材和普通摄影所需要的器材基本相同，主要包括相机、灯光和其他辅助器材。

1. 相机的选用

相机是商品拍摄的必备工具，数码相机的性能直接影响到商品的拍摄质量，高性能的数码相机拍摄出来的商品照片质量要明显优于低性能数码相机拍摄的照片。根据数码相机性能的差异，市面上的数码相机大致分为全自动的数码相机、带有自动模式的数码相机和数码单反相机。

（1）全自动数码相机

全自动数码相机即"傻瓜相机"，其特点是机身轻巧、外型时尚，且操作简单，即便不懂摄影技术的人也可以用它来拍摄照片。但这类相机没有拍摄模式的选择，不具备手动功能，缺乏在复杂环境下拍摄的功能。在选择此类数码相机时，要选择具有白平衡、曝光补偿功能和微距功能的。全自动数码相机如图 1-1-1 和图 1-1-2 所示，其中图 1-1-1 所示的三星PL20 还作为全国电子商务技术大赛比赛指定相机。

图 1-1-1　全自动数码相机（三星 PL20）　　图 1-1-2　全自动数码相机（佳能 IXUS220 HS）

（2）带有自动模式的数码相机

带有自动模式的数码相机是在全自动模式数码相机的基础上增加了手动调节功能，可以调节光圈大小、快门速度，适用于较为复杂的拍摄环境。这类相机有较好的微距功能，有自定义白平衡功能，因此拍摄的商品色彩更准确。在选用此类数码相机时，要选择具有白平衡、曝光补偿功能、微距功能以及手动 M 档功能的相机。带有自动模式的数码相机如图 1-1-3 所示，这类数码相机的顶部多了一个模式转盘，如图 1-1-4 白色圆圈内所示。

图 1-1-3 带自动模式的数码相机
（佳能 PowerShotG1X）

模式转盘

图 1-1-4 相机顶部的模式转盘

（3）数码单反相机

数码单反相机具有多种手动设置功能，相对于前两种相机在操作上要复杂得多，能胜任各种复杂环境的拍摄，对于没有接触过相机的用户来说，操作相对复杂一些，需要经过专门的学习才能掌握各种操作。数码单反相机也分为很多级别，包括入门级、中级、专业级等，价格也是从几千元到几万元不等。对于网店商品拍摄而言，选择入门级或中级的数码单反相机就足够。选择此类数码相机时，要选择具有白平衡、曝光补偿功能、微距功能、手动 M 档功能、可更换镜头功能及外接闪光灯功能的相机。入门级数码单反相机如图 1-1-5 所示。

图 1-1-5 入门级数码单反相机（佳能 EOS600D）

2．灯光的选用

摄影是光与影的艺术。要想拍摄出效果好的商品照片，就必须有充足的灯光设备。商品拍得是否漂亮，灯光是非常重要的，尤其是在室内或者在摄影棚内拍摄时。

（1）闪光灯

闪光灯是摄影中最常用的灯光之一，主要分为机身闪光灯和独立式闪光灯。无论是全自动数码相机、带有自动模式的数码相机还是数码单反相机都标配有一个闪光灯，其中带有热靴的数码相机还可配备机顶闪光灯，后者需要另外购买，相机机身闪光灯如图 1-1-6 所示，相机机顶闪光灯如图 1-1-7 所示。

机身闪光灯

图 1-1-6 相机机身闪光灯

图 1-1-7 相机机顶闪光灯

独立式闪光灯主要包括一体式影棚闪光灯和电源箱式闪光灯。一体式影棚闪光灯对于初次接触灯光设置的摄影者是最适合的，能获得合适的散射光，如图1-1-8所示。电源箱式闪光灯是一个电源箱供电给插装在电源箱上的闪光灯灯头，目前市面上的电源箱式闪光灯在一个电源箱上最多可以安装三个灯头，可以分别调节每一只灯，而且多灯一起工作时各项性能指标非常统一，电源箱式闪光灯如图1-1-9所示。

图1-1-8　一体式影棚闪光灯　　　　图1-1-9　电源箱式闪光灯

（2）柔光箱

柔光箱不能单独使用，属于影室灯的附件。柔光箱装在影室灯上，发出的光更柔和，拍摄时能消除照片上的光斑和阴影。柔光箱由反光布、柔光布、钢丝架、卡口组成。柔光箱结构多样，常见的柔光箱正面为矩形，侧面看像是封口漏斗的斗形。因为功能上存在差异，所以另有伞形、条形、八角形、立柱形、蜂窝形等多种结构，图1-1-10为矩形柔光箱，图1-1-11为蜂窝柔光箱。

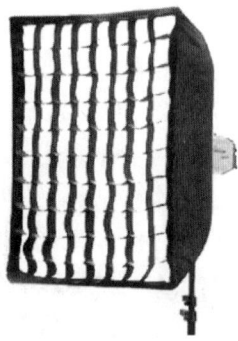

图1-1-10　矩形柔光箱　　　　图1-1-11　蜂窝柔光箱

（3）反光伞

反光伞与日常用的雨伞外形基本一致。反光伞是将射向反光伞内面的光线反射，在一定程度上起到柔化光线的作用。目前市面上常见的反光伞包括直径85厘米和直径102厘米两种，图1-1-12所示为直径为85厘米的反光伞。

图1-1-12　反光伞

（4）反光板

目前市面上最常见的反光板为圆形的可折叠式，由高弹性的钢制外框结合特殊涂布或特殊织法的反光布制作而成。反光板可以让平淡的画面变得更加饱满，体现出良好的影像光感和质感。使用时将反光板打开放置在与光源相对的位置上，将光线反射到主体上，用来平衡明暗反差，补足暗部的光线，图 1-1-13 为常见的 80 厘米五合一反光板，即反光板有五种不同颜色的反光布。

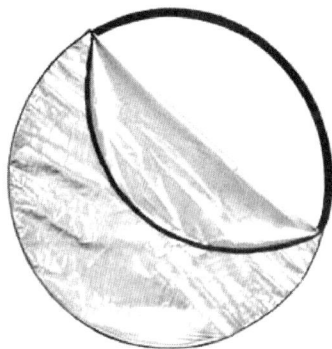

图 1-1-13　80 厘米五合一反光板

（5）束光筒

束光筒是安装在灯头前方的聚光效果明显的灯头附件，是防止光扩散的细筒罩，使摄影师更容易得到点光源用于局部照明，能更好地塑造商品的强光效果，束光筒如图 1-1-14 所示。

（6）四叶挡板

四叶挡板是安装在灯头前控制光线方向以及光线色彩的附件，其前方的四块挡板可以轻易控制光线的散射方向。这种附件的中心可以安装蜂巢或不同颜色的滤色片，能让商品得到丰富的颜色效果，如图 1-1-15 所示。

除了上述主要灯光及附件外，商品拍摄有时也需要用到各种各样的灯罩，如标准罩、雷达罩、柔光罩等。为了方便灯光的固定，灯架也是拍摄中常用的器材，通常在购买灯的时候自然会附带灯架，一般无需另外购买。若需要表达不同颜色的商品，有时也需要色片。

图 1-1-14　束光筒

3．辅助拍摄器材的选用

（1）三脚架

三脚架是商品拍摄中常见的辅助器材，也是保证照片质量的有力武器。使用三脚架能够稳定机身，确保所拍照片不受振动、颤抖的影响。利用三脚架，无论选用多小的光圈、多慢的快门速度，都可以拍出清晰的照片，不必担心因长时间曝光引起相机振动而造成影像模糊，图 1-1-16 所示为三脚架。

（2）测光表

在使用数码单反相机拍摄商品图片时，要使每张照片都曝光准确是比较困难的，特别是对于数码单反相机的初学者用户。如果想得到一张曝光很准确的照片，测光表是个有用的附件，学会使用测光表是必不可少的。按照测光方式的不同，测光表又划分为入射式测光表和反射式测光表。测光表如图 1-1-17 所示。

图 1-1-15　四叶挡板

图 1-1-16　三脚架　　　　　　图 1-1-17　世光（SEKONIC）测光表

实践操作

基础实训　使用全自动模式数码相机

实训目的：了解带有全自动模式数码相机的功能，熟练掌握用带有全自动模式的数码相机拍摄商品。

操作要求：商品拍摄清晰，能准确表达被拍摄物体的主体部位。

技能点拨：确定焦距，对准拍摄物体，按压快门干脆利落。

实训步骤

01 开启相机电源。一般地，用左手托住相机主体，右手大拇指按压相机电源按钮，如图 1-1-18 白色圆圈所示，打开相机电源后，显示开机画面。

02 设置拍摄模式。转动模式转盘，将指示点对准"AUTO"，进入 AUTO（模式自动拍摄模式），如图 1-1-19 所示。

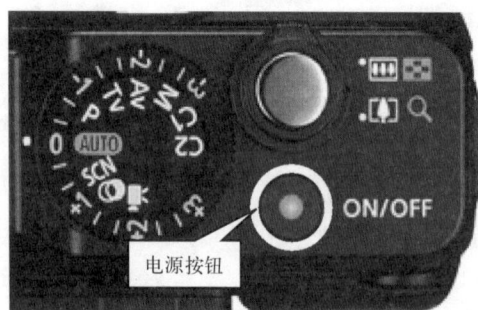

图 1-1-18　相机电源按钮　　　　　　图 1-1-19　AUTO 模式

03 确定拍摄场景。将相机对准被摄主体，相机会在确定场景的过程中发出轻微的声音，相机在检测到被摄主体时会显示对焦框，表示已经对该被摄主体进行了对焦。

04 调整变焦杆。通过调整移动变焦杆至长焦一侧或广角一侧进行拍摄构图，如图 1-1-20 所示。要放大被摄主体，将变焦杆移至 ![] 🔍（长焦）一侧；要缩小被摄主体，将变焦杆移至 ▥ ▦ （广角）一侧。

05 对焦。轻轻地半按图 1-1-21 所示的快门按钮对焦。相机对焦后会响起两声提示音，并显示自动对焦框，表示对焦的图像区域。

图 1-1-20　焦距调整

图 1-1-21　快门按钮

06 拍摄。完全按下快门按钮进行拍摄，拍摄样张如图 1-1-22 所示。相机拍摄时会响起快门声音。

图 1-1-22　拍摄样张

> **小贴士**
>
> 采用AUTO模式时，在低光照条件下，如果闪光灯已打开，拍摄时会自动闪光。

拓展实训　使用数码单反相机（P 模式）

实训目的：了解数码单反相机的主要拍摄模式和拍摄方法，掌握用数码单反相机 P 模式拍摄商品。

操作要求：商品拍摄清晰、不模糊，能很好地展示商品的卖点。

技能点拨：P 模式下相机自动设置快门速度和光圈值以适应主体的亮度。

实训步骤

01 开启相机电源。转动数码单反相机的电源开关至"ON"状态，启动相机，如图 1-1-23 所示。

02 设置转盘模式。将数码单反相机的模式转盘设为 P 模式（程序自动曝光模式），设置好后如图 1-1-24 所示。

图 1-1-23　旋转电源开关至"ON"　　　　图 1-1-24　旋转转盘模式至 P 模式

03 对焦。通过取景器取景，将选定自动对焦点对准主体。

04 合焦。半按快门按钮，合焦。

05 查看显示。当快门速度和光圈值显示没有闪烁，即可获得标准曝光。

06 拍摄。构图后按下快门按钮，完成照片拍摄，拍摄样张如图 1-1-25 所示。

图 1-1-25　拍摄样张

> **小贴士**
>
> P模式拍摄有一定的要求和难度，初学者不建议采用P模式来拍摄商品。

1.2 拍摄小件商品

知识准备

根据商品外形尺寸的不同，可将商品分为小件商品和大件商品。通常将能放进小型摄影棚或静物拍摄台上拍摄的商品归为小件商品，如化妆品、首饰、相机、钱包、鞋子、单肩包等，小件商品拍摄构图大同小异，因商品材质不同拍摄布光有较大差异。

1．商品的摆放

商品的摆放是一种陈列艺术，同样的商品使用不同的造型和摆放方式会带来不同的视觉效果。下面我们将通过对拍摄摆放案例的学习，找到使商品摆放更加美观、更具可观赏性的规律和方法，更有效地体现商品的性能、特点和价值。

（1）调整商品摆放角度

巧妙利用空间，恰当调整商品摆放角度。例如，短的耳坠用垂直悬挂的方式来摆放，以展现佩戴的生活感，如图 1-2-1 所示；长的耳坠利用对角线构图，摆放呈 45°角或八字形，有效缩短商品长度在构图时占用的竖直空间，如图 1-2-2 所示。

（2）商品外形二次设计

对于某些商品，可以再设计商品外形进行拍摄。例如，利用斜边构图来摆放鞋类商品，使鞋子正面和侧面同时展示，也可以放倒一只鞋子，使鞋底得以展示，如图 1-2-3 所示；将皮带卷起来摆放不仅可以节省空间，还能制造出多种造型，如图 1-2-4 所示。

图 1-2-1　垂直悬挂耳坠

图 1-2-2　呈 45°角摆放耳坠

图 1-2-3　鞋子摆放

图 1-2-4　卷曲皮带

（3）组合同类商品摆放

拍摄单件商品的摆放是很简单的，只要能突出主体就可以。但在拍摄多件商品时，要一眼就能发现商家想要表现的主体，这需要对多件商品的摆放次序进行合理的布局，如图 1-2-5 所示。

（4）序列疏密排列摆放

摆放多件商品要考虑到商品的序列感和疏密间隔，这样拍出的照片才具有美感，不显得杂乱，如图 1-2-6 所示。

图 1-2-5 组合多件商品摆放   图 1-2-6 多件商品摆放

（5）表里如一展开摆放

适当地展示商品的内部构造是消除顾客担忧的重要手段，图 1-2-7 中就展示了钱包的内饰，让顾客看到钱包的"庐山真面目"。

图 1-2-7 钱包内部展示

2. 不同材质商品的拍摄方法

不同材质的商品表面对光线的反射不同，从摄影的角度将商品材质划分为吸光体、反光体和透明体三大类，根据不同材质的特点，总结出各类商品的共性和规律，然后进行构图、布光、拍摄。

（1）吸光体商品的拍摄

有些商品具有粗糙的表面，如棉麻制品，其表面粗糙不光滑，对光线的反射能力弱，为了表现出它们的质感，我们在拍摄时可以使用稍硬的光线照明，以侧光、侧逆光为主，照射角度适当放低。在拍摄表面结构十分粗糙的雕刻类商品时，可以用更硬的直光照明，起到强化商品质感的作用，使商品的表面出现明暗起伏的结构性变化，增强立体感。拍摄吸光体商品的布光如图 1-2-8 所示。

（2）反光体商品的拍摄

有些商品具有光滑的表面，如皮革制品、不锈钢制品、瓷器等。它们的表面结构光滑如镜，具有强烈的单向反射能力，直射光聚射到这类商品表面，会使光线改变，产生出强烈的眩光。在拍摄这类商品时应采用柔和的散射光进行照明，也可以用柔光箱、反光板这类光扩散工具来柔化光线，用反射光来照亮商品，用均匀、柔和的光线有效地降低表面的反光度，使其色调更加丰富，从而表现出光滑的质感。拍摄反光体商品的布光如图 1-2-9 所示。

（3）透明体商品的拍摄

有些商品既有光滑的表面，也有透光特性，如玻璃器皿、水晶制品等。在拍摄这类商品时要采用逆光、侧逆光来照明，若商品下方摆放的是有机玻璃板，可考虑用底部光来辅助照明，利用光线穿过透明体时因厚度不同而产生的光亮差别，使其呈现出不同的光感，来表现清澈透明的质感。透明体具有反光特性，因此不要用直射光照明，用柔和的散射光能更好地显示其外形和质感。拍摄透明体商品的布光如图1-2-10所示。

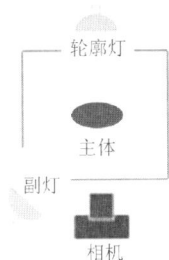

| 图 1-2-8　吸光体布光 | 图 1-2-9　反光体布光 | 图 1-2-10　透明体布光 |

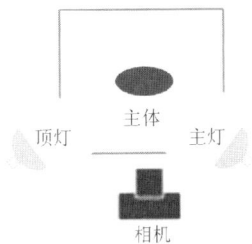

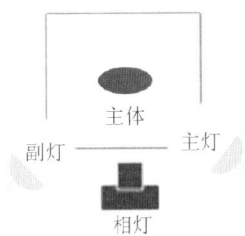

实践操作

基础实训1　拍摄毛绒玩具

　　实训目的：了解吸光体商品的相关特性，掌握棉毛制品商品的布光和拍摄技能。

　　操作要求：摆放出玩具可爱的一面，拍摄要表现出毛绒材质的特性。

　　技能点拨：用大光圈、微距充分展现商品的材质。

实训步骤

　　01 布置背景。选择拍摄背景，常用白色作为背景色，若毛绒玩具本身就是白色或有大面积的白色，可选用其他颜色对比较大的颜色作为背景色。图1-2-11中就采用了黑色背景，并在毛绒玩具下放置了黑色倒影板。

　　02 摆放商品。将毛绒玩具放在已布置好背景的小型摄影棚内，并摆放出一个可爱的造型。

　　03 布置光源。毛绒玩具有一定的吸光性，在毛绒玩具的右前侧45°角位置布置一盏主灯，在毛绒玩具的左侧布置一盏顶灯，两盏灯均用直射光照明，布光如图1-2-12所示。

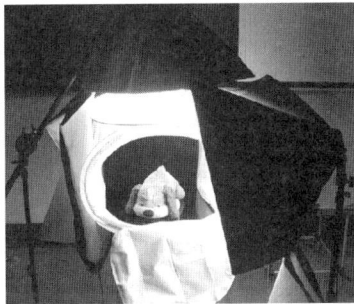

| 图 1-2-11　布置背景 | 图 1-2-12　拍摄吸光体商品现场布光图 |

图 1-2-13 毛绒玩具拍摄

04 确定机位。相机固定在三脚架上，根据玩具所处位置和灯光的位置，调整相机的位置和拍摄角度。

05 试拍。调整相机的参数，试拍几张照片，根据试拍效果微调光源、机位、相机参数。

06 拍摄。拍摄玩具的正面，保持照明位置和相机机位不变，调整玩具摆放的位置和角度，拍摄玩具的其他部位及细节图，拍摄的玩具效果如图 1-2-13 所示。

小贴士

在拍摄前要对玩具进行处理，特别是毛绒玩具，可用梳子等工具将毛绒玩具的毛梳理一下，使整个玩具看起来更加漂亮、自然。

基础实训 2　拍摄皮带

实训目的：了解反光体商品的有关特性，掌握皮革商品的布光和拍摄技能。

操作要求：准确表现皮带的材质，皮带整体、细节表现合理，皮带金属扣无大面积反光。

技能点拨：拍摄前要将皮带的外形进行二次设计，拍摄过程中要避免皮带的反光。

实训步骤

图 1-2-14 皮带摆放

01 设计外形。皮带属于长度较长而宽度较窄的商品，因此在拍摄过程中需要对皮带的外形进行二次设计。通常可以将皮带卷曲，使其成为一圈一圈的造型，也可以采用其他的卷曲方式使其变短，如图 1-2-14 所示。

02 布置背景。皮带以深色居多，为了突出皮带，将背景布置为白色。

03 摆放商品。将做好造型的皮带摆放在静物拍摄台上，摆放时让皮带金属扣位于正面，如图 1-2-14 所示。

04 布置光源。皮带为反光体商品，布光时采用反光体商品布光方式，即在皮带的左前侧和右前侧各摆放一盏灯，适当调亮右前侧灯的亮度和高度，用散射光照明，如图 1-2-15 所示。

05 确定机位。相机固定在三脚架上，根据皮带所处位置和灯光的位置，调整相机的位置和拍摄角度。

06 试拍。调整相机的参数，试拍几张照片，根据试拍效果微调光源、机位、相机参数。

07 拍摄。拍摄皮带的整体，保持照明位置和相机机位不变，调整皮带的造型和摆放位置，拍摄多张皮带的整体图片，如图 1-2-16 和图 1-2-17 所示。

图 1-2-15 皮带布光

图 1-2-16　皮带整体图 1

图 1-2-17　皮带整体图 2

08 细节展示。使用相机的微距模式或微距镜头拍摄皮带的细节，如皮带 logo、皮带金属扣等，如图 1-2-18 和图 1-2-19 所示。

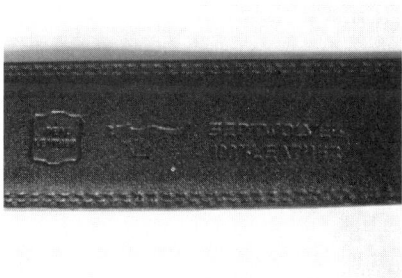

图 1-2-18　皮带 logo

图 1-2-19　皮带金属扣

> **小贴士**
>
> 拍摄皮带时，背景的选择非常重要，单色背景或者横条可以更突出皮带的款式。

基础实训 3　拍摄饮料

实训目的：了解透明体商品拍摄的有关知识，掌握透明体商品拍摄的布光和拍摄技能。

操作要求：商品拍摄清晰，能体现出饮料的通透感。

技能点拨：用逆光体现饮料瓶的通透，用顺光展示瓶身的文字和图案。

实训步骤

01 清洁瓶身。用干净的软布将饮料瓶身擦拭干净，拿取的过程中最好戴上手套，避免指纹残留在瓶身上。

02 摆放商品。垫高饮料瓶，将饮料瓶摆放在小型摄影棚的正中央，如图 1-2-20 所示。

03 布置光源。轮廓灯摆放在饮料瓶的正后方，表现瓶身的通透感；辅助灯摆放在饮料瓶前方或前侧方，使瓶身正面的内容能清晰展示；在瓶子两侧各放置一张黑色卡纸，用来抑制从瓶子后方射来的光线，以保证瓶身鲜明的轮廓，现场布光图如图 1-2-21 所示。

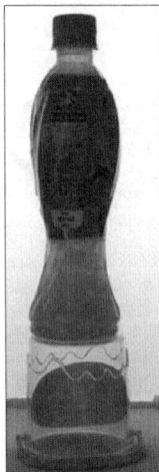

图 1-2-20　饮料瓶摆放

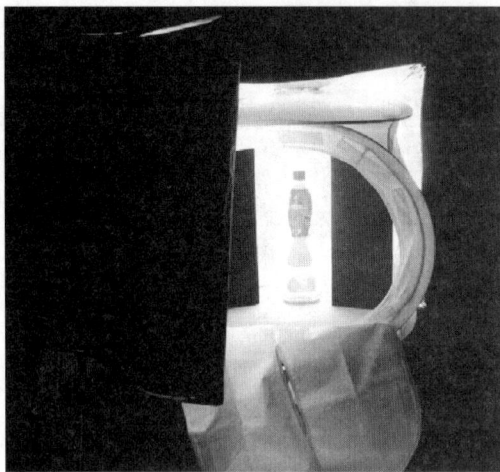

图 1-2-21　拍摄饮料布光

04 确定机位。相机固定在三脚架上，根据饮料瓶所处位置和灯光的位置，调整相机的位置和拍摄角度。

05 试拍。调整相机的参数，试拍几张照片，根据试拍效果微调光源、机位、相机参数。

06 拍摄。通过试拍确定拍摄的最佳角度和相机参数，正式拍摄照片如图 1-2-22 所示。

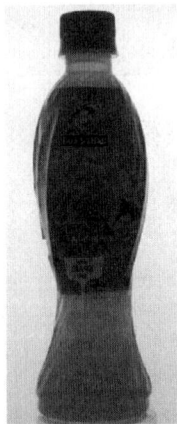

图 1-2-22　饮料拍摄

> **小贴士**
>
> 为了更好地介绍饮料瓶身包装的内容，可在饮料瓶的正面添加一盏灯，使顾客能够更多地了解饮料的信息。

拓展实训 1　拍摄漆雕手镯

实训目的：了解漆雕类商品的特性，掌握漆雕类商品的布光和拍摄技能。

操作要求：拍摄清晰，能表现漆雕手镯的浮雕感。

技能点拨：用不同亮度的光照来突出浮雕感。

实训步骤

01 清洁手镯。用干净的软布擦拭手镯，拿取过程中最好戴上手套。

02 摆放商品。将手镯摆放在静物拍摄台上，为了使整个画面生动、有生活感，可以在手镯前摆放一个手链作为道具。

03 布置光源。漆雕手镯属于吸光体商品，布光时采用吸光体商品拍摄布光模式。主灯位于手镯的右前方，顶灯位于手镯的左上方，背景灯位于手镯的右后方，如图 1-2-23 所示。

04 确定机位。相机固定在三脚架上，根据手镯所处位置和灯光的位置，调整相机的位置和拍摄角度。

05 试拍。调整相机的参数，试拍几张照片，根据试拍效果微调光源、机位、相机参数。

06 拍摄。找到最佳拍摄角度，调整好最佳拍摄参数，然后开始拍摄，拍摄作品如图1-2-24所示。

图1-2-23　漆雕手镯布光

图1-2-24　漆雕手镯

拓展实训2　拍摄不锈钢保温杯

实训目的：了解金属制品的特性，掌握金属制品的拍摄布光和拍摄技能。

操作要求：商品拍摄清晰、不模糊、不能倒映出周边拍摄环境。

技能点拨：用大面积柔光箱减少不锈钢保温杯对周围环境的倒映。

实训步骤

01 清洁商品。用干净的软布将保温杯杯身擦拭干净，取拿时最好戴上手套，避免指纹留在杯身上。

02 摆放商品。将保温杯摆放在小型摄影棚内，位于摄影棚中间靠后的位置，如图1-2-25所示。

03 布置光源。在保温杯右前侧布置一盏大的柔光箱，柔光箱呈45°角照明，作为主灯。在保温杯的左侧摆放一盏灯作为辅助灯。在保温杯两侧各摆放一张黑色卡纸，更好地展现保温杯的金属质感，如图1-2-26所示。

图1-2-25　摆放商品

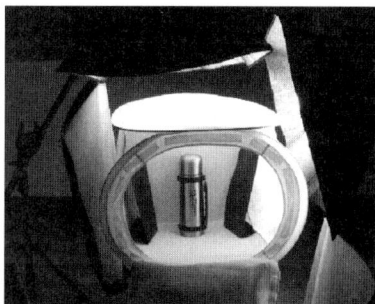

图1-2-26　保温杯布光

04 确定机位。相机固定在三脚架上，根据不锈钢保温杯所处位置和灯光的位置，调整相机的位置和拍摄角度。

05 试拍。调整相机的参数，试拍几张照片，根据试拍效果微调光源、机位、相机参数。

06 拍摄。先拍摄保温杯的整体图，然后再拍摄保温杯的细节图，如图 1-2-27 和图 1-2-28 所示。

小贴士

拍摄体积较小的不锈钢制品时，可将被拍摄主体摆放在六面都封闭的小型摄影棚内，避免拍摄环境倒映在不锈钢制品上。

图 1-2-27　保温杯整体图　　图 1-2-28　保温杯细节图

拓展实训 3　拍摄玻璃杯

实训目的：了解玻璃制品的特性，掌握玻璃杯的拍摄布光和拍摄技能。

操作要求：商品拍摄清晰、不模糊，体现玻璃杯的通透感。

技能点拨：用黑色卡纸突出玻璃杯的边缘，用有色液体突出玻璃杯的通透。

实训步骤

01 清洁商品。用干净的软布将玻璃杯擦拭干净，拿取的时候最好戴上手套，避免指纹残留在玻璃杯表面。

02 摆放商品。将玻璃杯摆放在小型摄影棚内正中靠后的位置，为了方便拍摄，可将玻璃杯垫高。

03 布置光源。在玻璃杯后方布置一盏灯，以体现玻璃杯的通透感。在玻璃杯左右两侧各摆放一张黑色卡纸，以突出玻璃杯的线条。

04 确定机位。相机固定在三脚架上，根据玻璃杯所处位置和灯光的位置，调整相机的位置和拍摄角度。

05 试拍。调整相机的参数，试拍几张照片，根据试拍效果微调光源、机位、相机参数。

06 拍摄。选择最佳角度和相机参数开始拍摄玻璃杯。没有摆放黑色卡纸的照片如图 1-2-29 所示，摆放了黑色卡纸的照片如图 1-2-30 所示。为了更好地将玻璃杯从背景中分离出来，可在玻璃杯中加入有色液体，如图 1-2-31 所示。

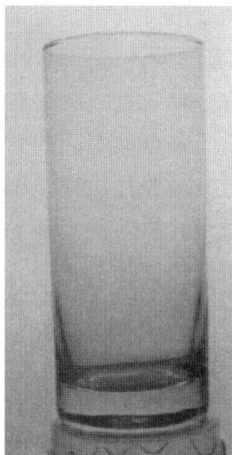

图 1-2-29　没有摆放黑色卡纸的玻璃杯

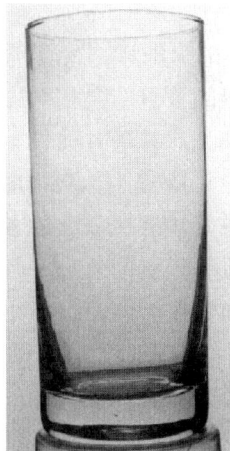

图 1-2-30　摆放黑色卡纸的玻璃杯

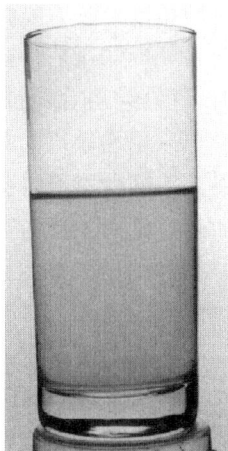

图 1-2-31　添加有色液体的玻璃杯

1.3 拍摄大件商品

知识准备

体积较大，不能摆放在小型摄影棚或静物台上完成拍摄的商品被视为大件商品，如服装、拉杆箱、自行车、大家电、家具等。大件商品的拍摄、布光方法也因其材质的不同而略有差异，总体而言，大件商品的拍摄与同质小件商品的拍摄大同小异。

在大件商品中，服装类商品因其款式、面料的多样性，在拍摄服装类商品时要准确表达这些重要因素有相当的难度。顾客在互联网上购买服装因无法试穿，只能凭借卖家的图片来决定是否购买，因此这对服装拍摄提出了更高的要求。在拍摄服装类商品时，不仅要表达出款式的多样性、面料的多样性，还需要展现服装的做工、特点等。相比拉杆箱、自行车、大家电等大件商品而言，服装类商品属于大件商品中最难拍出效果的商品，因此，本任务以服装为例来学习大件商品的拍摄方法。

服装拍摄最重要的就是真实可信，做到如实描述。无论是衣服的颜色、质感还是面料都要拍得准确，让顾客觉得商品图片是真实的。拍摄细节非常重要，不能只拍下服装的外形，要把色彩细节、面料质感细节、服装设计细节、服装配饰细节等全部展现出来。

服装拍摄按照环境的不同可划分为室内拍摄和室外拍摄，室内拍摄又可采用室内布景拍摄和棚内拍摄两种方式。

室内布景拍摄是指在室内搭建拍摄环境，借助于室内的窗台、沙发、衣柜、床等生活道具拍摄服装。这种拍摄更能体现服装的立体感、真实感和生活情调。室内布景拍摄在选择道具时需要慎重，要充分考虑道具与所拍摄服装的协调、统一，切忌不可喧宾夺主。

棚内拍摄是指搭建专业的摄影棚，然后利用摄影棚的设备进行拍摄。对于摄影棚拍摄而言，拍摄的背景布要相对比较丰富、易于更换，一般建议采用卷轴式的背景支架，这样既方便根据不同的服装更换不同的背景布，同时也可以防止背景布褶皱，影响拍摄效果，减少照片后期处理工作。棚内拍摄需事先准备好拍摄所需要的各种灯光，并将各种光源的位置和角度调整到最佳位置，相机的机位可以相对固定，这样在拍摄服装时可以考虑只更换背景布和服装本身，不用来回调整光源和机位，在很大程度上节省了拍摄的时间，同时还可以保持拍摄风格的一致性。

室外拍摄可以选择人流量少、风景秀丽的公园，也可以选择商业氛围十分浓厚的商业闹市中心。对于公园，摄影师和模特（如果采用室外模特拍摄）都可以非常专注于拍摄而不被外人所打扰，但这种拍摄环境的拍摄背景过于单一，拍摄中缺少了商业拍摄所要表现的时尚感，表现出来的是一种生活照。若将室外拍摄的环境选择为幽深的巷子、古色古香的城墙，这样的环境非常适合民族服装的拍摄。对于闹市中心，摄影师可以充分利用喧嚣的街头、五彩斑斓的霓虹灯、不断闪烁的广告牌、各式不同风格的建筑等作为拍摄的背景，这样的室外场景尤其适合那些时尚、潮流服装拍摄，能充分体现服装的品位与时尚感。

按拍摄方式的不同可以将服装拍摄划分为平铺拍摄、悬挂拍摄和真人模特拍摄三种。

1. 平铺拍摄

平铺拍摄是最简单也是很多网络服装卖家最常用的方法。对于裤子、T恤等一些不需要表现立体感的服装都可以大胆采用这种方法来拍摄。拍摄前最好将服装做熨烫平整处理，这样拍摄出的服装看起来更有档次。拍摄时需要布置好平铺拍摄的背景，不建议将服装直接放在床上或者地板上拍摄，杂乱的背景很难取得令人满意的拍摄效果。在选择背景时，要选择平整、颜色不影响拍摄效果的背景纸或背景布。背景的颜色与所拍摄服装的颜色要有差异，但差异不能过于强烈。拍摄时要从服装的正上方拍摄，可以利用多功能架固定相机，让相机镜头与被拍摄主体保持垂直角度，也可以将服装固定在一个可以随意旋转角度的背景板上，然后取相机与背景板垂直的角度拍摄。拍摄过程需要特别注意服装细节图的拍摄及不同造型的拍摄，要全方位展现所拍摄的服装。

服装的平铺摆放有多种方法：将衣服的腰身叠入背后，摆出衣服的腰身；找一些漂亮的小道具与衣服搭配摆放，可以避免画面的单调；面料比较厚实的衣服，在摆放时弄出一些褶皱以增强衣服的立体感和穿着感。

平铺拍摄时切记不可选择相机与服装平行或者成很小的夹角拍摄，这样拍出的照片会使得靠近相机一端的服装比远离相机一端的服装宽出很多，整个画面形成一个下宽上窄的布局。

2．悬挂拍摄

悬挂拍摄比较适合于材质轻柔，不宜平铺在地上拍摄的服装。悬挂拍摄可以更好地展现服装的形状。为了拍摄出真实自然的效果，可以用大头针对衣服进行固定，也可以用鱼线对衣服的腰围进行收腰处理，在衣服的下摆悬挂小重物以增强衣服的垂感。服装悬挂拍摄主要采用正面光和侧光，根据服装来调整光源的角度和亮度，达到理想的拍摄效果。

衣服的悬挂拍摄有多种摆放方式。例如，用衣架将衣服挂起来，展现衣服的垂感；用展示模特将衣服撑起来，展现衣服的立体感。

3．真人模特拍摄

网络上销售的服装很多都采用真人模特拍摄，模特拍摄能很好地展示服装的线条、样式、质感等特点。模特拍摄常见于室内拍摄，若天气允许也可以采用室外拍摄。在条件允许的情况下，建议聘请专业模特到室外选择不同的景点拍摄，如在马尔代夫拍摄情人套装就是不错的选择。挑选模特前要仔细评估自己所销售服装的风格、款式等，所挑选模特的身材、气质要与服装有完美的搭配，不能随便找一个真人模特穿上所有上架的服装，这样会影响到服装的整体效果。

真人模特穿拍造型也非常重要，漂亮的服装穿在漂亮的人身上，还需要有漂亮的姿势，三方完美的组合才能充分展现服装的品质。

通常当真人模特身体正面朝向镜头时，头部应该稍微向左或是向右转一些，照片就会显得优雅而生动；同样道理，当真人模特的眼睛正对镜头时，让身体转成一定的角度，会使画面显得生动，并能增强立体感，如图 1-3-1 所示。

模特的双臂和双腿可以是一曲一直或两者构成一定的角度。这样，既能增强动感，姿势又富有变化。

对于女性模特来说，表现其富于魅力的曲线是很有必要的。通常的做法是让模特的一条腿支撑全身的重量，另外一条腿稍微抬高些并靠着站立的那条腿，臀部要转过来，以展示其最窄的一面，胸部则通过腰部的曲线，尽量显示其高耸和丰硕感。同时，模特的一只手可以摆在臀部，以便给画面提供必要的宽度。

表现模特坐姿时，不要让其像平常一样将整个身体坐进椅子。如果这样，模特的大腿就会呈现休息的状态，以至于腿上端多脂肪的部分隆起，使腿部显得粗笨。正确的做法是让其身体向前移，靠近椅边坐着，并保持挺胸收腹，这样可以避免肩垂肚凸的现象。

模特的手在画面中的比例不大，但若摆放不当，将会破坏画面的整体美。拍摄时要注意手部的完整，不要使其产生变形、折断、残缺的感觉。例如，手叉腰或放到口袋里时，要露出部分手指，以免给人以截断的印

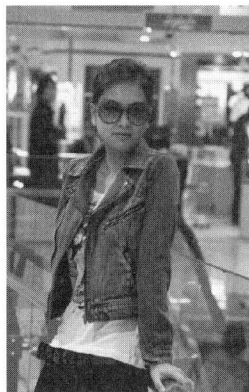

图 1-3-1　真人模特展示服装

象。手摆放的位置遵循"哪疼捂哪"的原则,这样就能找到手的最佳位置,照片也会变得更加生动、自然。

　　服装面料的不同导致质感的差异,为了表现服装质感,应多采用侧光拍摄,这样的布光方式影调分明、层次丰富,有利于表现服装的立体感和质感。一般质感细腻的服装多用柔和光,而质地粗硬的服装多用硬光。

　　服装的细节展示非常重要,好的细节展示增加顾客对服装的了解,减少顾客对服装的顾虑,大大提高成交量。服装细节的展示需对角度拍摄,在拍摄时用相机的微距功能或微距镜头充分展示服装的商标、领口、袖口、拉链、纽扣、线缝、洗涤说明等部位。

实践操作

基础实训1　平铺拍摄

　　实训目的：掌握服装平铺拍摄的布光和拍摄技能。
　　操作要求：正确表现出服装的形状、色彩和质感。
　　技能点拨：平铺拍摄时保持相机镜头与服装成垂直角度。

实训步骤

　　01 整理服装。准备要拍摄的服装,将衣服进行清洁、熨烫处理,使服装看上去更平整。

　　02 布置背景。选择干净的纯色背景布,将背景布固定在平整的硬板上,整理背景使其平整,将硬板斜靠在其他支撑物上,让硬板与地面呈30°夹角,如图1-3-2所示。如果直接将背景板平铺在地面上,为了方便拍摄,可用多功能架将相机固定,并用快门线连接相机,保持相机与被拍摄的衣服成垂直关系,如图1-3-3所示。

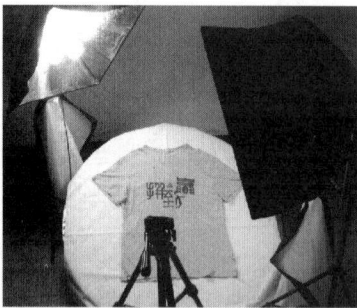

图1-3-2　背景板与地面呈30°角　　　　图1-3-3　使用多功能架固定相机

　　03 摆放服装。将衣服平整地摆放在背景板上,抚平衣服,尤其是领口、腰身、袖口、下摆等部位,保持整个衣服为平整状态。

　　04 布置光源。在衣服的左后方布置一盏灯,灯的位置稍高,呈45°角投射；在衣服的右前方布置一盏灯,灯的位置稍低,亮度约小于主灯；布光示意如图1-3-4所示,拍摄现场布光如图1-3-5所示。

05 确定机位。相机固定在三脚架上，根据服装所处位置和灯光的位置，调整相机的位置和拍摄角度。

06 试拍。调整相机的拍摄参数，试拍几张照片，根据试拍的效果对灯光的位置、角度、高度等做适当的调整。

07 拍摄。根据试拍的最佳效果，拍摄衣服照片，拍摄效果如图1-3-6所示。

图 1-3-4　服装平铺拍摄布光　　　　图 1-3-5　拍摄现场布光　　　　图 1-3-6　衣服平铺拍摄效果

> **小贴士**
>
> 　　为了方便服装的平铺，可将服装做熨烫处理或者在服装上喷洒一点水雾。如果拍摄衣服，可在衣服的肩膀和领口位置塞入毛巾等铺垫物，制造出膨胀的感觉，以增强立体感，使衣服的形象更加深入人心。

基础实训2　悬挂拍摄

　　实训目的：掌握服装悬挂拍摄的布光和拍摄方法。
　　操作要求：正确表现服装的色彩，避免出现多重阴影。
　　技能点拨：服装悬挂的位置离背景稍远，避免阴影落在背景上。

实训步骤

01 布置背景。将背景纸（布）用图钉固定在墙上或者用背景架支起背景纸（布），待拍摄的衣服置于背景布前面约1米的位置。

02 悬挂衣服。将衣服挂在衣架上，衣架悬挂在支撑杆上，如图1-3-7所示。衣架需根据不同的衣服来选择，为了方便后期图片处理，可选择较细的衣架。为了展现衣服的立体美感，可在衣服的双肩位置塞入垫肩或者毛巾等填充物，在衣架的中央用夹子撑起，使衣服的前部向前凸出，袖口位置用圆筒状的硬纸板撑。若拍摄的是女装，可将衣服的胸部撑起来，增强立体感，效果会很好。

03 布置光源。在衣服的左前方摆放一盏灯，作为主灯，用于照

图 1-3-7　悬挂衣服

亮衣服正面；在衣服的右后方摆放一盏灯，作为辅助灯，用于照亮背景；调整两盏灯的位置和角度，消除双重阴影，布光如图 1-3-8 所示，现场布光如图 1-3-9 所示。在条件允许的情况下，可在衣服的下方摆放一个大面积的反光板，用于增强衣服下摆的亮度，如图 1-3-10 所示。

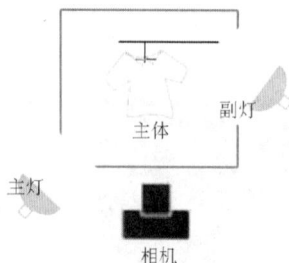

图 1-3-8　服装挂拍布光图

图 1-3-9　悬挂拍摄现场布光

04 确定机位。相机固定在三脚架上，根据服装所处位置和灯光的位置，调整相机的位置和拍摄角度。

05 试拍。将相机固定在三脚架上，调整相机的拍摄参数和拍摄角度，试拍几张照片。

06 拍摄。根据试拍的最佳效果，拍摄衣服照片，拍摄效果如图 1-3-11 所示。

图 1-3-10　在服装的下方摆放反光板

图 1-3-11　服装悬挂拍摄

> **小贴士**
>
> 在拍摄类似大衣等长度接近地面的服装时，需要在地上铺大的白色泡沫板或者反光板来补光。

基础实训 3　细节拍摄

实训目的：了解服装类商品的主要细节，掌握服装细节的拍摄技能。

操作要求：正确表现服装的主要细节，让买家更充分地认识服装。

技能点拨：可借助于大光圈和微距功能来展示服装的细节。

实训步骤

01 细节摆放。将要拍摄的服装细节按照一定的规律摆放在静物摄台上。

02 布置光源。在拍摄台的左后上方摆放一盏灯，呈 45°角照明，然后在拍摄台的右前方布置一盏灯，以保证细节得到充分照明。

03 确定机位。相机固定在三脚架上，根据服装所处位置和灯光的位置，调整相机的位置和拍摄角度。

04 试拍。相机固定在三脚架上，调整相机参数，试拍几张照片，找到最佳拍摄角度。

05 拍摄。保持灯光、相机等不动，按照一定的顺序拍摄服装的其他细节部分，服装细节展示如图 1-3-12 ～图 1-3-19 所示。

图 1-3-12　领口

图 1-3-13　拉链

图 1-3-14　商标

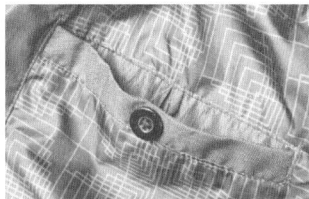

图 1-3-15　口袋

图 1-3-16　内衬

图 1-3-17　袖口

图 1-3-18　纽扣

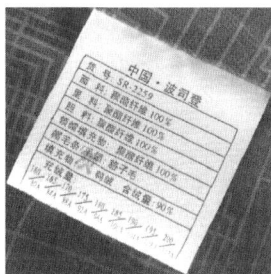

图 1-3-19　标签

小贴士

服装类商品需要拍摄的细节包括领口、商标、拉链、线缝、袖口、下摆、吊牌等，服装的特别之处也要拍摄细节图，细节图越多，买家看得越清楚。细节的展示通常使用微距模式拍摄。

拓展实训　真人穿拍

实训目的：了解模特的常见造型，掌握室内真人模特拍摄的布光和拍摄方法。

操作要求：合理的模特造型，合理表现服装的线条、样式和质感。

技能点拨：挑选模特时尽量选择适合衣服气质的模特，事先设计好模特的造型。

实训步骤

01 选择场景。模特拍摄可选择在室内拍摄，也可以选择在室外拍摄，室内拍摄需借助于大型摄影棚，室外拍摄可借助于自然环境和日光。

02 模特造型。根据事先设计好的姿势，让模特摆出相应造型。

03 布置光源。在模特的左前侧摆放一盏灯，在模特的右前侧摆放一盏灯，离模特的位置稍远一点，现场布光图如图1-3-20所示。

04 确定机位。相机固定在三脚架上，根据模特所处位置和灯光的位置，调整相机的位置和拍摄角度。

05 试拍。相机固定在三脚架上，调整拍摄角度和相机参数，试拍几张照片。

06 拍摄。让模特摆出各种不同的造型，拍摄多张照片，效果如图1-3-21所示。

小贴士

拍摄站立的真人模特时，模特的头部和身体忌成一条直线，双臂和双腿忌平行，尽量让模特体形曲线分明。拍摄坐姿模特时，不要用膝盖正对镜头，和镜头呈45°角，伸直小腿，表现长腿效果。

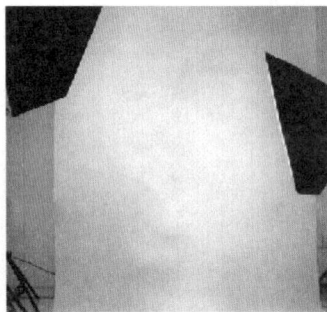

图1-3-20　摄影棚模特拍摄布光

图1-3-21　模特拍摄效果

1.4 处理商品图片

知识准备

由于光线、设备、技术等方面的原因，拍摄出来的商品图片的效果往往不如实物那么吸引眼球，因此需要后期借助于计算机技术来处理和美化商品图片。图片后期处理主要是对拍摄时的不足进行完善和美化，还要将图片进行裁剪，调整图片大小、像素、分辨率、色彩，将图片的背景进行修补或替换，为图片添加水印和边框等。

商品图片在拍摄过程中难免有构图不合理、不满意的问题，或者网店对商品图片有特殊要求，一旦出现这类问题可借助计算机技术进行处理。

上传至网店中的图片，由于网速和图片大小等限制，上传的图片比用相机拍摄的照片要小得多，因此在图片上传之前要对图片尺寸进行适当的调整。大多数网站对上传的图片大小作了相应规定，例如淘宝网、天猫和京东的主图尺寸都是 800×800 像素，淘宝天猫主图大小 500KB 以内，京东主图大小 1024KB 以内，建议不要压缩得太小，太小了图片会失真；淘宝商品描述页面中的图片大小为 750 像素宽度，天猫与京东的详情页图片宽度为 990 像素，高度则根据商品本身实际情况而定，大小最好在单张 500KB 以内，连体图片 3MB 以内。淘宝、天猫和京东的店招尺寸为 1920×120 像素。对于移动端，淘宝和京东平台的详情页宽度都是 640 像素，移动端天猫详情页宽度为 750 像素。全国职业院校技能大赛电子商务技能大赛商品描述图片的宽度为 750 像素，店招为 1920×120 像素。

图片的质量取决于像素的大小，像素越高图片质量越高，反之则越低。图片分辨率控制的是像素的空间大小，修改图片的分辨率无需更改图片中的实际像素，只需要更改图片的打印大小。

为了防止其他卖家盗用网店中的商品图片，卖家往往会在商品图片上添加文字水印或图片水印，表明商品图片为本店所有。水印可以是卖家的店名、店铺地址等信息，添加水印时，水印不能遮住商品的主体，可适当调低水印的不透明度。

常用的图片处理与美化的软件有 Photoshop、光影魔术手等。Photoshop 有强大的图像处理能力，能对图像进行各种调整和修改操作，操作较为复杂，需要经过专业学习方可掌握；光影魔术手操作简单，适合刚入门的新手使用。

实践操作

基础实训1　裁剪调整图片大小

实训目的：了解不同网店所支持的商品图片格式、文件大小及长宽尺寸，掌握用 Photoshop 完成图片的裁剪与图像大小调整。

操作要求：裁剪图片能帮助突出画面主体，通过裁剪修正不合理构图和倾斜的图片，通过调整图像大小，使图片满足网店的尺寸要求。

技能点拨：先将图片进行裁剪处理，然后再调整图片大小。

实训步骤

01 打开图片文件。启动 Photoshop，单击菜单栏中的"文件"→"打开"命令，在弹出的"打开"对话框中，选择需要裁剪的图片，然后单击"打开"按钮，打开图片文件。

02 转换背景图层。双击"图层"面板中的"背景"图层，在弹出的"新建图层"对话框中，单击"确定"按钮，将背景图层转换为"图层 0"，如图 1-4-1 所示。

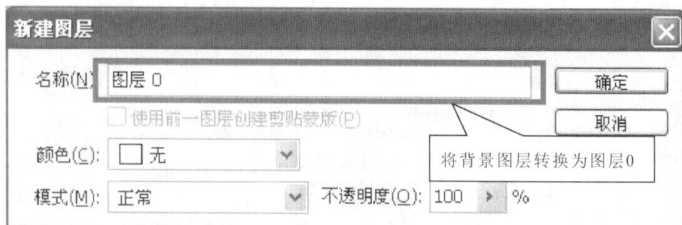

图 1-4-1　将背景图层转换为"图层 0"

03 选择裁剪区域。单击工具箱中的"裁剪工具"按钮，按住左键在图片上拖拽，选择裁剪区域，放开鼠标，图片上会出现 8 个控制点，如图 1-4-2 所示。若要裁剪正方形图片，可直接在"裁剪工具"的选项面板进行设置，如图 1-4-3 所示。

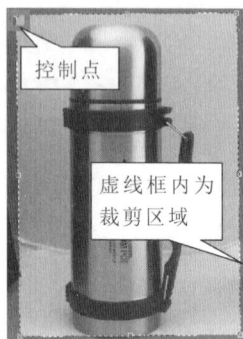

图 1-4-3　设置"裁剪工具"选项

04 调整控制点。移动鼠标指针至任意控制点，当鼠标指针变为直线箭头时，可在直线方向调整，如图 1-4-4 所示；当鼠标指针变为弧线箭头时，可调整选框的角度，如图 1-4-5 所示。

05 裁剪图片。调整完毕，双击画面或按"Enter"键确定，完成图片裁剪，裁剪后的图片效果如图 1-4-6 所示。

图 1-4-2　选择裁剪区域

图 1-4-4　调整选框宽度　　　图 1-4-5　调整选框角度　　　图 1-4-6　裁剪后的效果图

06 调整图像大小。单击菜单栏中的"图像"→"图像大小"命令或者按"Alt + Ctrl + I"快捷键，在弹出的"图像大小"对话框的"像素大小"区域重新设置"宽度"为 750 像素，在勾选"约束比例"复选框的情况下高度自动发生改变，如图 1-4-7 所示。

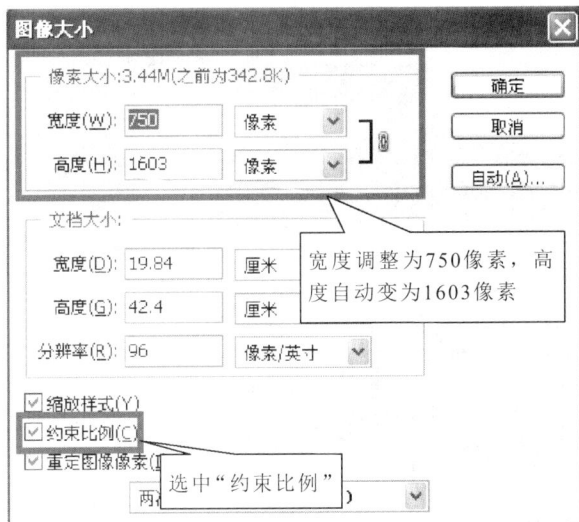

图 1-4-7　调整图像大小

07 完成图片大小调整。单击图 1-4-7 中所示的"确定"按钮，完成对图片大小的调整。

小贴士

　　图片裁剪为二次构图，可通过裁剪来弥补拍摄中出现的构图不理想之处。淘宝网要求详情页（商品描述页面）的图片像素，从原来的 500×500 像素，提升到 700×700 像素，到目前的 800×800 像素，天猫与京东的商品描述页面宽度都是 800×800 像素。PC 端详情页，淘宝的为 750 像素，天猫的为 790 像素，京东的为 790 像素，移动端详情页，淘宝的为 640 像素，天猫的为 750 像素，京东的为 640 像素。电子商务技术大赛商品主图 800×800 像素，详情页图片宽度为 750 像素，店招为 1920×120 像素。

基础实训 2　修补图片污点

　　实训目的：了解修补工具和仿制图章工具的功能，掌握利用修补工具修补图片中污点的方法。

　　操作要求：去除商品图片中的污点，使商品图片中无明显的杂质。

　　技能点拨：在需要修补的区域颜色比较复杂的情况下，尽可能小地选择修补源，可以避免被修补区域的颜色出现较大差异。

实训步骤

01 打开图片文件。启动 Photoshop，单击菜单栏中的"文件"→"打开"命令，在弹出的"打开"对话框中选择需要修补的照片。

02 放大商品图片。单击工具箱中的"缩放工具"，或按"Ctrl +'＋'"快捷键放大需要修补的图片，如图 1-4-8 所示。按住"Alt"键的同时用"缩放工具"单击图片，或按"Ctrl +'－'"快捷键缩小图片。

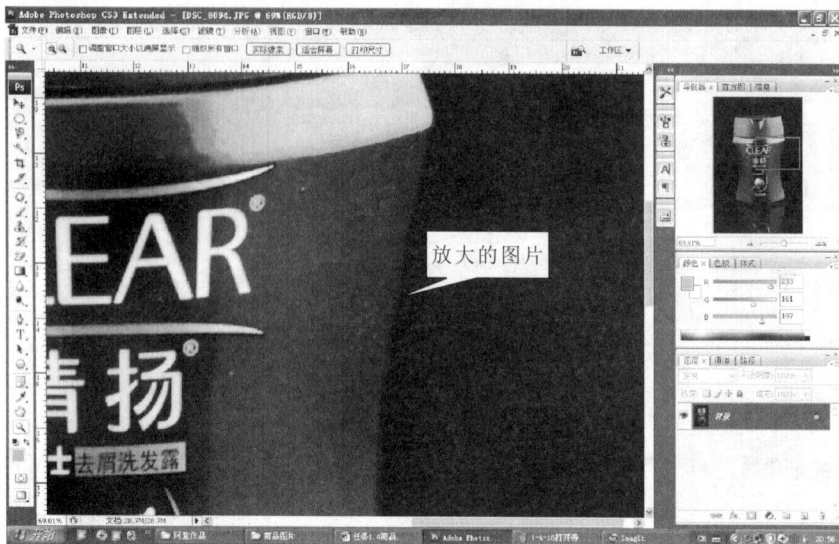

图 1-4-8
放大商品图片

03 设置"修补工具"选项。在工具箱中单击"修补工具"按钮,在"修补工具"选项中选择"新选区",点选"源"选项,设置完成后如图 1-4-9 所示。

图 1-4-9
设置"修补工具"选项

04 选择需要修补的区域。用鼠标围绕污点画一个封闭区域,将待修补区域圈起来,如图 1-4-10 所示。

05 修补污点。使用"污点修复画笔工具"将选中的待修补区域拖至颜色接近的干净区域即可。

06 修补全图。用同样的方法完成图片中其他污点区域的修补,整个图片修补完成后效果如图 1-4-11 所示。

图 1-4-10 选择修补区域

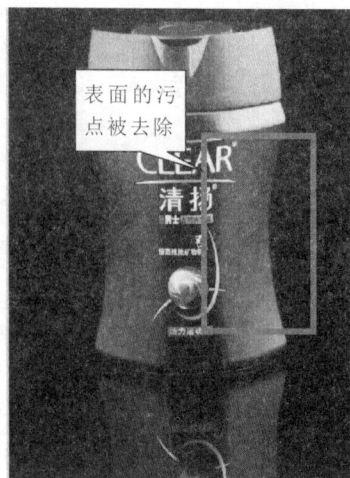

图 1-4-11 修补后的图片效果

基础实训 3 调整图片曝光度、亮度和色差

实训目的：掌握调整图片曝光不足和曝光过度的方法和技能。

操作要求：调整图片的曝光度，尽可能还原商品的本色。

技能点拨：在"曝光度"对话框中勾选"预览"复选框，可以一边调整曝光度一边查看图片的效果。

实训步骤

01 打开图片文件。启动 Photoshop，单击菜单栏中的"文件"→"打开"命令，在弹出的"打开"对话框中选择曝光不足的图片，如图 1-4-12 所示。

02 调整曝光度。单击菜单栏中的"图像"→"调整"→"曝光度"命令，在弹出的"曝光度"对话框中将"曝光度"滑动条向右移动，增加照片的曝光度，向左移动减少照片的曝光度，如图 1-4-13 所示。

03 调整亮度。单击菜单栏中的"图像"→"调整"→"色阶"命令，或直接按"Ctrl + L"快捷键，弹出"色阶"对话框，将"色阶"对话框中的白色和灰色滑块向左拖动，如图 1-4-14 所示。

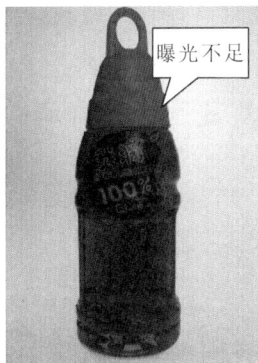

图 1-4-12 曝光不足的图片

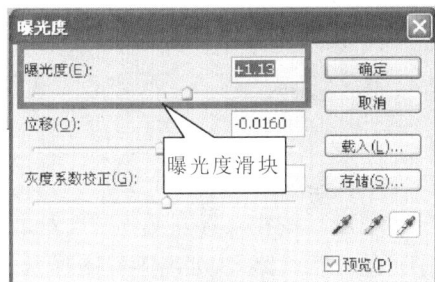

图 1-4-13 增加图片的曝光度

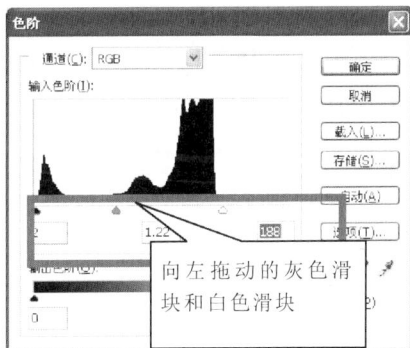

图 1-4-14 调整色阶

04 调整色彩。单击菜单栏中的"图像"→"调整"→"色彩平衡"命令，或直接按"Ctrl + B"快捷键，弹出"色彩平衡"对话框，拖动三个滑块，调整图片的色彩平衡，如图 1-4-15 所示。

05 保存图片。完成调整的图片效果如图 1-4-16 所示，然后单击菜单栏中的"文件"→"存储"命令保存图片文件，同时将图片保存为 JPG 格式文件。

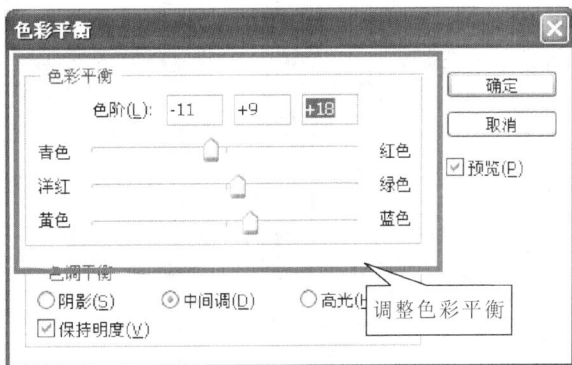

图 1-4-15 调整"色彩平衡"

图片变亮了

图 1-4-16 调整后的图片
效果

小贴士

由于光线、设备、技术等原因，拍摄出的商品图片效果往往会有曝光不足或曝光过度的问题，这需要在后期借助计算机技术对图片进行美化，还原商品图片本来的颜色。"色彩平衡"用于调整轻微色彩和偏色。青色与红色、洋红与绿色、黄色与蓝色为互补色，在使用"色彩平衡"命令时，增加一种颜色时，就会自动减少它的补色，减少一种颜色时，就会自动增加它的补色。

拓展实训 1   更换图片背景

实训目的：了解抠图的常用方法，掌握用"钢笔工具"给图片更换背景的技能和方法。

操作要求：选区的线条要与商品边界完成重合，确保商品外形的完整。

技能点拨：使用"钢笔工具"抠图时，需配合使用"Shift"、"Ctrl"、"Alt"等快捷键。

实训步骤

01 打开图片文件。启动 Photoshop，单击菜单栏中的"文件"→"打开"命令，在弹出的"打开"对话框中，选择要更换背景的图片。

02 设置"钢笔工具"选项。单击工具箱中"钢笔工具"按钮，在"钢笔工具"的"选项"面板中选择"路径"，如图 1-4-17 所示。

图 1-4-17 设置
"钢笔工具"选项

路径   □自动添加/删除

03 添加节点。选择商品弧形转弯为起点，添加一个节点，然后在相邻的另一个弧形转弯处添加第二个节点，按住鼠标左键不放，朝着下一条曲线段的走势方向拖拽鼠标，即可绘制弧线路径，如图 1-4-18 所示。

04 转换平滑点。在绘制过程中按住"Alt"键的同时单击第二个节点，即可将它转换为平滑点，如图 1-4-19 所示。

05 绘制路径。用上述方法将整个商品轮廓勾勒完毕，最后一个节点要与第一个节点重合，构成一个封闭路径，如图 1-4-20 所示。

06 选择"转换点工具"。长按工具箱中的"钢笔工具"按钮，在弹出的菜单中选择"转换点工具"，如图 1-4-21 所示。

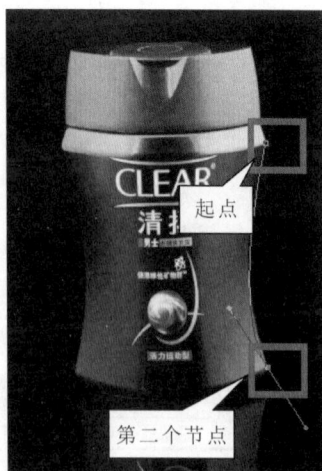

起点

第二个节点

图 1-4-18 添加节点

调节杆由两个变为一个

图 1-4-19 转换平滑点

图 1-4-20　绘制封闭路径

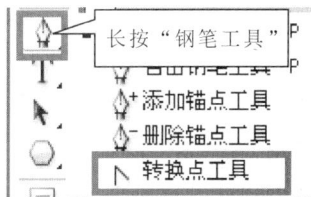

图 1-4-21　选择"转换点工具"

07 调整节点间线条。将图片放大至可以清楚地看到商品边界，选择其中一个节点，调整节点两端的调节杆，使节点间的线条附着在商品边界上，如图 1-4-22 所示。调整完一条弧线，按下空格键，鼠标指针变为手形，将照片移动到下一个方便调节的位置进一步调整。

08 调整节点位置。如果节点的位置并不在商品边界上，可在按住"Ctrl"键的同时用鼠标将节点位置拖动到商品边界上，如图 1-4-23 所示。用上述方法完成整个商品路径的勾勒。

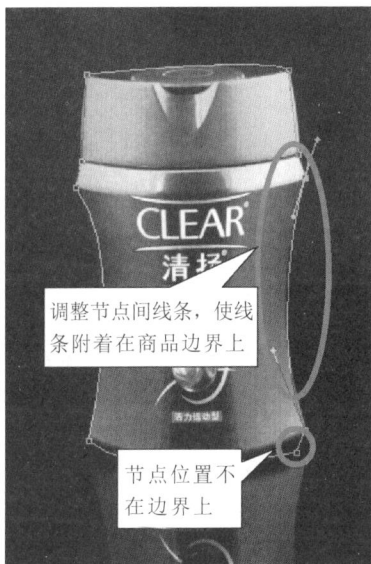

图 1-4-22　调整节点间线条

图 1-4-23　调整节点位置

09 建立选区。在刚建立完路径的商品图片上右击，在弹出的菜单中选择"建立选区"，完成选区的建立，如图 1-4-24 所示。

10 剪切选区。单击菜单栏中的"编辑"→"剪切"命令，将选中区域剪切到剪贴板中，如图 1-4-25 所示。

瓶身边界的白色虚线即为选区

图 1-4-24　建立选区

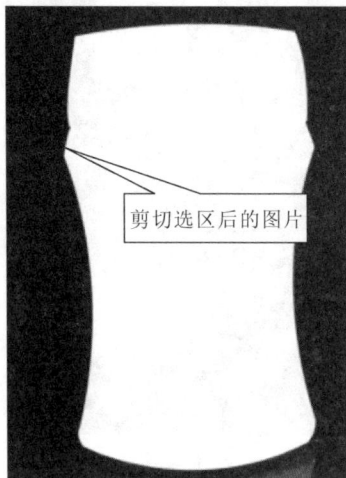

剪切选区后的图片

图 1-4-25　剪切选区

11 新建图像。单击菜单栏中的"文件"→"新建"命令，新建一个图像文件，将背景色设置为需要的颜色，如白色。

12 完成背景更换。单击菜单栏中的"编辑"→"粘贴"命令，将剪切板中的图片粘贴至新图层中，完成后效果如图 1-4-26 所示。

13 保存图片文件。单击菜单栏中的"文件"→"存储为"命令，将更换背景后的图片保存为 JPG 文件即可。

图 1-4-26　粘贴选区，完成背景更换

> **小贴士**
>
> 抠图的方法有多种，如"魔术棒工具"法、"多边形套索工具"法、"钢笔工具"法等。其中，"魔术棒"适合抠背景颜色单一、商品颜色与背景颜色反差比较大的图片；"多边形套索工具"法适合抠主体线条是直线的商品图片；"钢笔工具"法是最精准的、适合绝大多数图片抠图的方法，但掌握的难度较大，需要反复练习。

拓展实训 2　批处理水印

实训目的：了解批处理的工作原理，掌握自动化动作的录制及自动批处理技能。

操作要求：在录制自动化动作的过程中不可出任何差错。

技能点拨：自动批处理可以大大提高图片处理的速度。

实训步骤

01 打开图片文件。启动 Photoshop，单击菜单栏中的"文件"→"打开"命令，在弹出的"打开"对话框中，选择要处理的图片水印文件，如图 1-4-27 所示。设计制作电子商务技术竞赛用图片水印。

图 1-4-27　打开图片水印

02 设置"魔术棒工具"选项。单击工具箱中的"魔术棒工具"按钮，设置"魔术棒工具"的选项，如图 1-4-28 所示。

03 去除背景。在图片水印的任意白色区域用"魔术棒工具"单击一次，选中图片水印的白色区域，按"Delete"键，删除选中的白色区域，如图 1-4-29 所示。

04 新建文件夹。在 C 盘新建一个名为"原始图"的文件夹，用于存放需要添加图片水印的原始图片。

图 1-4-28
设置"魔术棒工具"选项

图 1-4-29
去除图片水印的白色背景

05 打开范例图。将"原始图"文件夹中的图片复制一张至文件夹外，然后在 Photoshop 中打开，该图作为记录自动化任务的范例图，如图 1-4-30 所示。

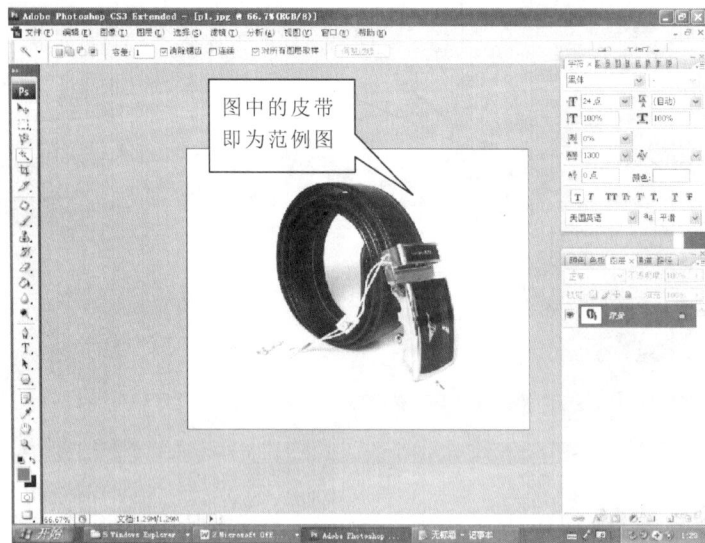

图 1-4-30　打开范例图

06 打开"动作"面板。单击菜单栏中的"窗口"→"动作"命令或按"Alt + 9"快捷键打开"动作"面板，如图 1-4-31 所示。

07 创建新组。在"动作"面板中单击"创建新组"按钮，在弹出的"新建组"窗口中"名称"编辑栏中输入"批量添加图片水印"，创建好新组的动作面板如图 1-4-32 所示。

08 创建新动作。在"动作"面板中单击"创建新动作"按钮，在弹出的"新建动作"对话框中设置各参数，如"名称"、"组"、"功能键"、"颜色"，如图 1-4-33 所示，然后单击"记录"按钮，开始动作录制。

09 复制图片水印。切换至图片水印界面，按"Ctrl + A"快捷键全选整幅图片水印，按"Ctrl + C"快捷键将图片水印复制至剪贴板。

图 1-4-31　打开"动作"面板

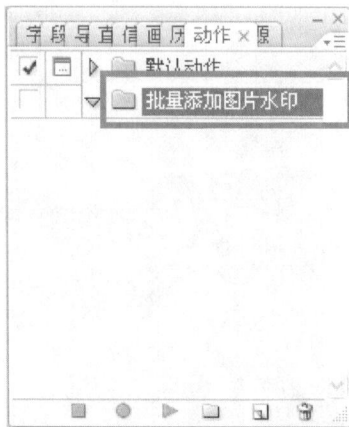

图 1-4-32　创建新组

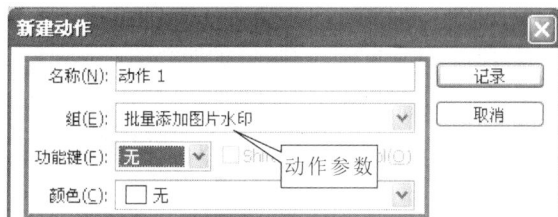

图 1-4-33　创建新动作

10 粘贴图片水印。切换至范例图片，按"Ctrl + V"快捷键将图片水印粘贴到范例图片上，如图 1-4-34 所示。

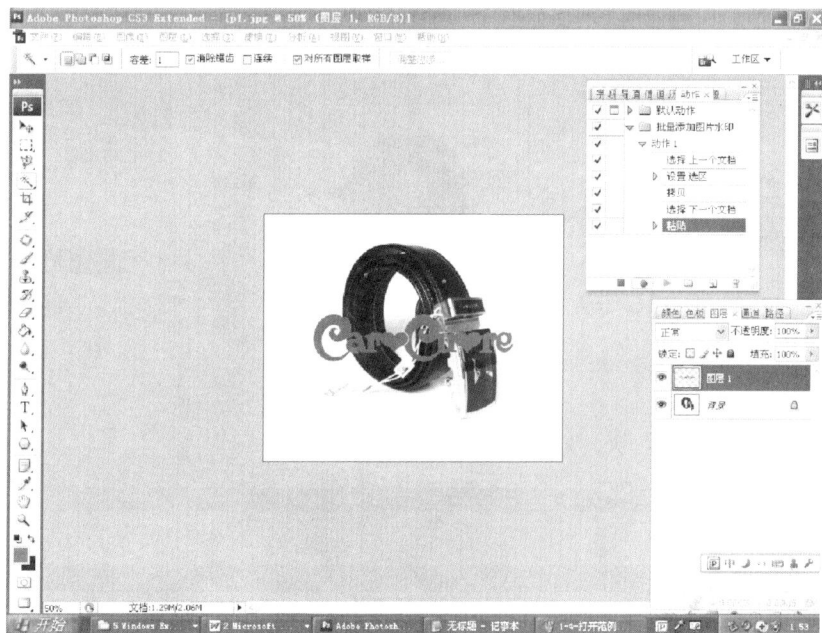

图 1-4-34
粘贴图片水印至范例图片中

11 调整水印位置。使用"移动工具"将粘贴的图片水印移动到最合适的位置。

12 调整不透明度。选中图片水印所在图层，在图层面板中将图片水印图层的不透明度设置为 40%。

13 拼合图层。单击菜单栏中的"图层"→"拼合图层"命令，将背景图层和水印图层拼合在一起，如图 1-4-35 所示，范例图片的图片水印添加完毕。

14 保存范例图片。关闭并保存范例图片。

15 停止动作录制。单击"动作"面板上的"停止播放 / 记录"按钮，停止动作录制，如图 1-4-36 所示。

16 设置批处理参数。单击菜单栏中的"文件"→"自动"→"批处理"命令，在"批处理"窗口的"组"下拉列表中选择"批量添加图片水印"，在"动作"下拉列表中选择"动作 1"，在"源"下拉列表中选择"文件夹"，单击"选择（C）"按钮，选择存放需添加水印图片的目录（如"C:\原始图\"），在"目标（D）"下拉列表中选择"无"，如图 1-4-37 所示。

17 批量添加水印。如图 1-4-37 所示，单击"确定"按钮，Photoshop 将"C:\原始图\"目录下的所有图片逐幅打开，并在固定的位置添上图片水印。进入"C：\原始图\"文件夹查看添加的图片水印，如图 1-4-38 所示。

图 1-4-35
图片水印添加完成后的效果

图 1-4-36　停止动作录制　　图 1-4-37　设置"批处理"参数

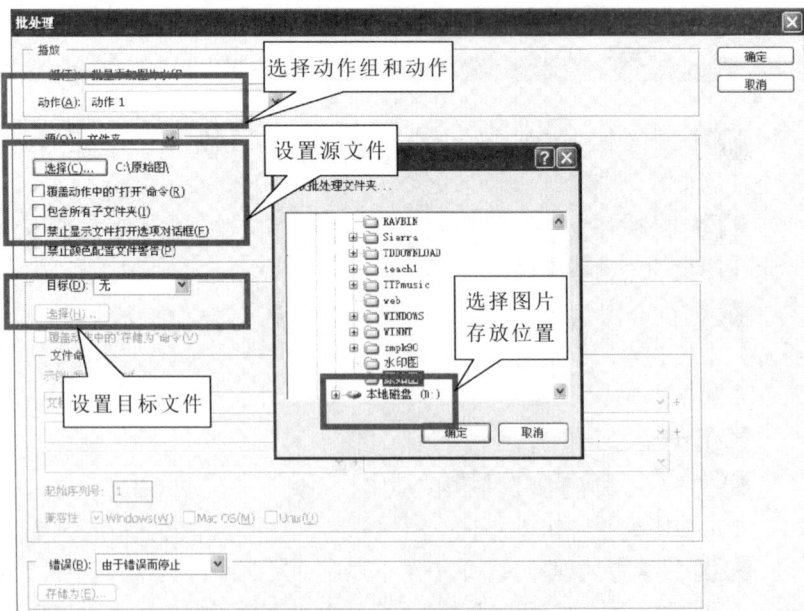

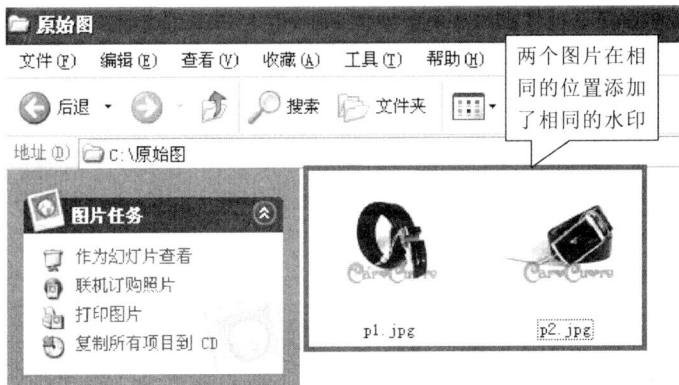

图 1-4-38
完成批量添加图片水印

小贴士

录制批处理动作过程中，不可以打开其他与本实训无关的图片及其他操作，否则动作会将其他错误的操作一同录制，并应用在自动批处理任务中。批处理动作录制成功后，可将该动作保存，留着日后继续使用。用批处理添加图片水印前，需将要添加图片水印的图片处理为规格相同、构图相近的一批图，避免图片水印遮挡商品主体。

项目小结

本项目主要介绍了商品拍摄的有关器材及选用、小件商品和大件商品的拍摄，以及商品照片的后期处理。商品拍摄的器材介绍了数码相机、光源、三脚架等拍摄器材。

我们根据商品材质和商品表面对光线反射能力的不同，可将商品划分为吸光体、反光体和透明体三种类型，一般而言，质感细腻的商品适合采用柔和的散射光照明，质感粗硬的商品适合采用较硬的直射光照明，而具有透光能力的玻璃制品则采用轮廓光照明。

取景和构图直接影响照片的美感。合理的取景能避免杂物对主体的干扰，也减少了后期处理的工作量；巧妙的构图不仅能充分展现商品的特性，更能增加商品的视觉冲击，唤起顾客的购买欲望。

小件商品适合在背景颜色单一的静物台或小型摄影棚内拍摄，服装等大件商品可选择搭建大型摄影棚或采用室内布景和室外街拍等拍摄方式。

商品细节的展示有助于顾客更好、更全面地了解商品，因此，必要的细节拍摄是任何一个卖家、任何一件商品都必需的。拍摄商品细节时，充分利用相机的微距功能或微距镜头，将主要细节一一展示出来。

拍摄的商品照片还不能直接上传到网店作为商品描述图片，几乎所有照片都需要经过后期的处理，主要包括裁剪、大小调整、色彩调整、更换背景、添加水印等处理，经过这些处理后的照片才能真正成为商品描述图片。处理商品图片的工具有很多，本书介绍了 Photoshop 和光影魔术手两种，前者需要有一定的图片处理基础，后者适合入门级卖家。

习　　题

一、理实一体化题

1．判断题（正确的打"√"，错误的打"×"）

（1）在选择自动数码相机时，宜选择具有白平衡、曝光补偿功能、微距功能以及手动M档功能的相机。　　　　　　　　　　　　　　　　　　　　　　　　　　　　　　　（　　）

（2）光圈的主要作用是控制景深和曝光量，光圈越大，曝光量越大，但景深越小；反之光圈越小，曝光量越小，景深则越大。F值越小，表示光圈越小。　　　　　　　　　　　　　　　（　　）

（3）在设置拍摄图像尺寸和图像质量时，将图像尺寸选择大些、图像质量选择高一点，便于后期细节图裁减处理。　　　　　　　　　　　　　　　　　　　　　　　　　　　　（　　）

（4）数码相机上AF符号的意思是表示曝光模式。　　　　　　　　　　　　　　（　　）

（5）对于毛绒玩具之类的棉毛类物品，拍摄时宜用大光圈、微距拍摄，以充分展现商品的材质。　　　　　　　　　　　　　　　　　　　　　　　　　　　　　　　　　　　（　　）

2．单项选择题（请将正确选项代号填在括号中）

（1）数据码相机镜头的焦距的单位是（　　）。

　　A．mm　　　　　　B．cm　　　　　　C．m　　　　　　D．Km

（2）照相机维护和保养的基本要求是要进行防震、防晒、防热、防潮和（　　）

　　A．防盗　　　　　B．防借他人使用　　C．防频繁使用　　D．防尘

（3）数码相机上的AV模式是（　　）优先式曝光模式。

　　A．自动　　　　　B．光圈　　　　　　C．远景　　　　　D．快门

（4）通知所说数码相机最常用的便捷式强光源是指（　　）。

　　A．手电筒　　　　B．柔光箱　　　　　C．闪光灯　　　　D．灯罩

（5）以下说法准确的是（　　）。

　　A．快门速度越慢，照片越暗

　　B．不管在哪种光源下都能将白色物体还原为白色是利用了相机的自动平衡功能

　　C．当拍摄主体太小的时候应该利用相机的微距功能进行拍摄

　　D．为固定相机，保持相机曝光时稳定性的辅助摄影器材是三脚架

（6）对于在光线不足的情况下进行拍摄，需要对物体进行补光，选用的设备有（　　）。

　　A．测光表、反光伞　　　　　　　　　B、闪光灯、反光板

　　C、遮光罩、反光板　　　　　　　　　D、闪光灯、灰板

（7）测光表是用来测（　　）值的。

　　A．色温　　　　　B．光位　　　　　　C．色相　　　　　D．曝光

（8）通常所说的EV是指摄影中的（　　）。

　　A．曝光值　　　　B．曝光量　　　　　C．曝光方式　　　D．曝光范围

3．简答题

（1）从背景、灯光、拍摄角度等方面说一说如何布置摄影棚？

（2）从布光、辅助器材等方面说说如何把玻璃制品拍摄出通透感呢？

（3）对比分析淘宝、天猫、京东等平台对商品主图、详情页图片在 PC 端与移动端的规格，以及店招规格要求。

（4）说一说 Photoshop 软件提供了哪些用于商品抠图的工具，使用上有哪些技巧？

二、实训题

实训题 1　用 AV 模式拍摄商品。

操作要求：掌握 AV 模式的拍摄方法和技巧。

技能点拨：AV 模式即光圈优先，大光圈可以虚化拍摄背景，拍摄商品细节图可用微距模式配大光圈拍摄。

实训题 2　用微距功能拍摄细节图。

操作要求：掌握微距模式的拍摄方法和技巧。

技能点拨：用微距表现商品的细节或体积较小的商品，如戒指等，这样让买家看得更清楚。

实训题 3　拍摄鞋类商品。

操作要求：掌握鞋类商品的拍摄构图，鞋子的摆放技巧，鞋类商品的拍摄布光和拍摄方法。

技能点拨：拍摄漆皮皮鞋，为避免强烈的反光，可采用大面积柔光箱照明。

实训题 4　拍摄珠宝首饰。

操作要求：了解道具在拍摄珠宝首饰类商品中的应用，掌握有金属光泽商品的拍摄布光和拍摄方法。

技能点拨：在拍摄珠宝首饰类商品时一定要带着感情对其进行搭配和拍摄，要拍出浪漫的氛围。

实训题 5　拍摄数码产品。

操作要求：了解数码产品的特性，掌握数码类产品的拍摄布光和拍摄方法。

技能点拨：拍摄数码产品可用侧光或侧逆光体现商品的立体感。

实训题 6　拍摄食品。

操作要求：表现出食品的色、香、味等各种要素。

技能点拨：灵活应用水珠、果盘等道具增强食品的新鲜感。

实训题 7　商品图片处理。

操作要求：掌握用 Photoshop 处理电子商务技术大赛系统中商品描述页面的图片。

技能点拨：为了更好地突出商品，可将商品从画面中抠出来，然后更换白色背景。

读书笔记

2

项目2　网店装修

岗位情景设计

马华云经过不懈的努力和学习，掌握了商品摄影和照片处理的相关知识，现在他拍摄出来的商品图片再加上后期的美化处理，可以与专业级的摄影图片相媲美。马华云决定乘胜出击，进行商品照片上传和网络店铺的装修。他干劲十足地把自己拍摄出来的商品图片加上文字说明，一件件上传到自己的店铺。现在，他的网络商店已经初见雏形。但和淘宝网上的皇冠店以及天猫与京东的旗舰店相比，自己的店铺明显寒碜很多。怎样才能达到专业网络店铺的设计水准，让消费者对自己的网络店铺充满信心？马华云决定好好学习网店装修，让店铺更富有吸引力，让浏览者过目难忘。

学习目标

- 了解开设网店的一般流程和网店装修的操作方法。
- 了解店面整体风格设计的原理和方法。
- 掌握店招、店标、左侧区及促销区等功能模块的设计。
- 掌握商品描述页的设计思路和方法。

学习任务

- 初始网店装修
- 装修网络商店
- 设计商品描述页

2.1 初识网店装修

知识准备

网店装修是网上开店过程中的一个重要环节，网店装修类似于实体店的装修，其目的是美化店铺、提升店铺的形象，从而获得视觉销售力。网店装修带给网络店铺的不仅仅是美观的视觉展示效果，更多的是增强店铺的吸引力和说服力，营造出良好的销售氛围，从而刺激顾客的购买欲望，提升销售业绩。

1. 网店装修的含义

网店装修就是在淘宝、天猫、京东等网络平台允许的结构范围内，通过使用图片、程序、模板等使店铺变得更美观的过程。"普通店铺"结构固定，只能做少量的页面改动和设置，其功能性和美观度都极具局限性。以淘宝网平台为例，专业的网络店铺一般会升级到更高级别的旺铺，旺铺级别越高，在页面设计上的自由度就越高，页面的改动和设置就更加灵活，有助于设计出更美观、更人性化的页面。好的店铺装修就是淘宝网上的经商名片，判断是否为专业店铺，通过评价网店装修效果便能做出大致分辨。当下速卖通、亚马逊、eBay、Wish、兰亭集势、敦煌等跨境电商平台也吸引了无数商家进驻开设店铺，进行店铺装修，开展跨境电商交易业务。电子商务各类竞赛也少不了"网店装修"项目。

2. 网店装修的流程

网店的装修，除了可以使用第三方设计好的装修模板和装修软件进行"一键装修"以外，还可以自己动手设计和制作所需素材，进行手工装修。所谓"一键装修"，指的是店主不需要具备专业的图片处理和网页设计知识，直接在装修市场搜索并购买设计好的装修模板，单击"模板安装"即可自动应用购买好的装修模板的方法。安装装修模板之后，店主只需要根据自己的应用实际进行简单的修改设置即可；而手工装修则需要店主具备专业的图片处理、网页设计等相关知识，店主需要自己设计和制作各个模块和功能区的图片或代码，并进行安装调试，手工装修相对一键装修来说，店铺的页面和风格可以根据自己的喜好进行更加灵活的设计和定义。淘宝网的店铺装修流程如图 2-1-1 所示。

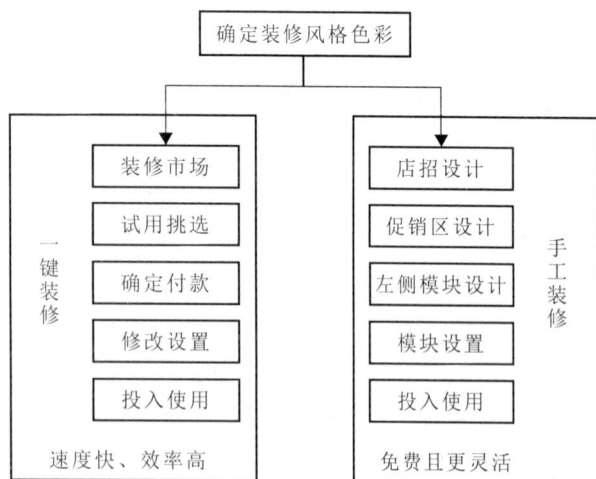

图 2-1-1　网络店铺装修流程

3. 网店装修的基本原则

网店装修的目的不仅仅是让店铺变得更加美观，其现实目的在于创造更多的销售额。因此在装修网络店铺时，要把握好以下几个基本原则。

（1）装修风格要符合买家定位

装修店铺不是根据卖家自己的喜好进行风格设计，好的店铺装修首先要符合买家定位。装修前，需要了解店铺的主要买家的年龄段、知识结构和购物习惯及大致的审美倾向。如果店铺的顾客非常年轻，那么在装修风格上可以更加自由，风格可以偏向活泼有趣，还需要把新潮的商品靠前展示；如果顾客大多数是老客户，则应避免经常改动店铺结构，"新品"和"会员专享"就应更靠前，常规的信息则要放在相对次要的位置。

（2）店铺界面要符合买家浏览习惯

买家期望的东西越容易找到，就越容易接受网店的界面。一致性的界面，可以让买家更方便地进行操作，提高购物愉悦度和效率。大多数网络店铺如淘宝，其基本的店铺结构是 F 型。顶端是店招，左侧是宝贝分类列表，右边是促销信息，如图 2-1-2 所示。由于用户的阅读习惯是从上到下，从左到右，所以要把转化率最高的宝贝推荐在先，使其显示在靠近店铺左上角的位置。

（3）语言文字要符合买家的文化背景

文字介绍尽量口语化，避免华美辞藻的堆砌。对于内留网店重要的文字介绍要使用母语，有些卖家为了设计的视觉效果，喜欢在店招和宝贝分类图片的设计上使用英文，这样并不利于第一时间唤醒顾客的反应。图

图 2-1-2　F 型的店铺结构

文并茂比单纯的图片或文字更能打动顾客。对于跨境电商店铺，宜多多了解相应国家文化背景，在网店装修上呈现更贴近的语言表述，获得良好的第一印象。

（4）商品描述页对促进成交更为重要

对于大多数网店来说，访客流量大多来源于顾客的自主搜索。顾客通常访问的第一个页面是网店的商品描述页。所以商品描述页的内容是留住买家和提升转化率的关键所在。好的商品描述页既要促进当前商品成交，还要进一步刺激买家产生更多的消费欲望。

实践操作

基础实训　开设淘宝店铺

实训目的：了解在淘宝上开设网店的操作方法及过程，并能自己动手装修店铺并成功发布。

操作要求：掌握开设网店的操作流程，成功开设店铺之后对店铺进行必要的设置和装修。

技能点拨：利用店铺装修中的"自定义内容区"，可以制作出功能强大的店铺公告和促销区，在该区还可以对促销商品设置链接。

实训步骤

1．注册与认证

开店认证包括"支付宝实名认证"和"淘宝身份信息认证"，具体的操作步骤在淘宝网的帮助中心有详细的讲解和说明。在淘宝网首页右上角选择"网站导航"，单击"更多内容"打开网站地图页，在网站地图页单击"帮助中心"，即可进入帮助页面，在该页面有详细的卖家入门动画操作指南。本书由于篇幅所限，在此不再赘述。

2．创建店铺

开店认证成功后，进入"卖家中心"，单击"我要开店"，并参加在线考试，考试获得通过后，根据提示单击创建店铺的链接，阅读"诚信经营承诺书"并单击"同意"按钮进入"店铺基本信息"设置页面，在此设置手机绑定，填写"店铺类目"、"联系地址"、"店铺介绍"、"主要货源"等信息，保存并提交之后即可成功开店。

3．店铺基本设置

在淘宝网后台（升级为千牛卖家中心、千牛卖家工作台）"卖家中心"页面，单击左侧目录栏中的"店铺基本设置"，打开店铺基本设置页面，在该页面设置"店铺名称"、上传"店铺标志"、编辑"店铺介绍"等相关信息，如图 2-1-3 所示。

图 2-1-3
店铺基本设置页面

4．设置域名

在左侧目录栏中单击"域名设置"，打开域名设置页，在该页为自己的店铺设置并绑定一个二级域名。系统会自动验证提交的域名是否已经被别人注册。

5．发布商品

在淘宝上发布商品有两种方式，一种是进入"卖家中心"后单击"宝贝管理"→"我要卖"命令，选择"一口价"发布商品，先选中商品类目，然后填写详细的宝贝基本信息，编辑宝贝描述，设置宝贝物流信息等相关内容。设置完后单击"发布"按钮即可成功发布商品。另一种方法是借助淘宝助手批量上传并发布商品。

6．上传图片到图片空间

在"卖家中心"管理页面单击"图片空间"，打开"图片空间"管理页面，可以进行"图片上传"、"图片管理"等相关操作。单击"图片上传"进入"图片上传"页面，在该页显示了几种上传的方式，选择默认的"高速上传"，单击"上传到："下拉列表框右侧"创建分类"，为图片相册创建分类，可以创建父分类，也可以在父分类下再进一步创建子分类。创建好分类列表后，选择上传图片需放置的合适分类项，然后单击"添加图片"按钮即可进行图片的添加和上传，淘宝网提供了店铺1GB的永久基础存储空间，还可以升级空间容量，如图2-1-4所示。如果是第一次操作，系统会提醒安装图片高速上传的 ActiveX 控件。

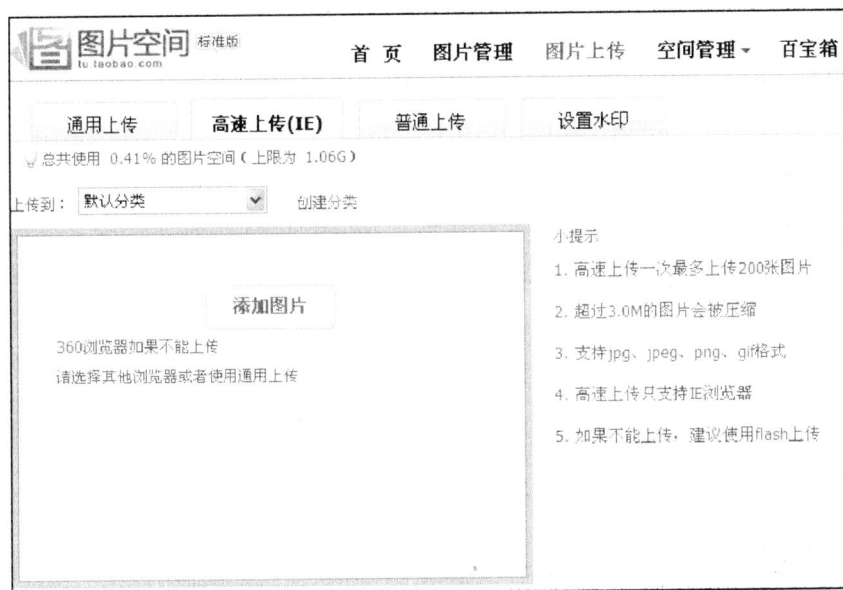

图 2-1-4　图片上传

7. 店铺装修

在淘宝网"卖家中心"页面,单击左侧目录栏中的"店铺装修",打开店铺装修页面,在该页面可以进行可视化编辑,选中需要编辑的模块,单击"编辑"按钮即可进行进一步的编辑修改。

01 风格设置。单击页面顶端工具栏中的"模板",进入模板管理页面,在该页面可以更换模板颜色,需根据所销售商品的特性及店铺风格选择主色调,如图 2-1-5 所示。

图 2-1-5
更换模板颜色

02 设置店招。店招出现在每个页面的头部,展现率最高。淘宝网的店招,根据旺铺版本不同规格不一样,默认为 950×150 像素与 1920×150 像素,文件大小需小于 100KB,所支持的格式有 JPEG、flash 等,一般在店招位置展示品牌、店名、经营范围、联系方式等信息。在店铺装修后台选中店招区域,单击出现的"编辑"按钮进行编辑,店招的编辑有两种方式,在线编辑或通过浏览按钮上传自行设计的背景图,从本地计算机上传图片成功后单击"保存"按钮。

03 利用右侧自定义内容区设置店铺促销。在后台装修页面的右下角单击"在此添加新模块"按钮,在弹出的面板中选择添加"自定义内容区"。在"自定义内容区"可以设置店铺公告或者店铺促销信息等内容,选中该模块,单击"编辑"按钮进行设置。在弹出的编辑器中输入模块标题,如"店铺促销区"等文字,在内容编辑器中可以直接输入文字,插入图片、flash 对象等,可以设置字体颜色及样式,添加链接等,也可以单击"源码"按钮,进一步编辑 HTML 代码,设置该区域的网页显示效果。在新版本中增加了"模板"功能,利用该功能可以方便地编辑自定义内容区的显示效果,图 2-1-6 为自带的"内容模板"样式。

04 掌柜推荐模块设置。在后台装修页面的右下角选择"在此添加新模块"按钮,在弹出的面板中选择添加"掌柜推荐宝贝"模块,选中该模块,单击"编辑"按钮,进入"推荐宝贝"设置,系统会自动列出上传到店铺的所有商品，在需要推荐的商品后面单击"推荐"即可，如图 2-1-7 所示。一般来说，店主要选择那些热销宝贝、新款宝贝或者促销宝贝等能吸引消费者注意的商品放在掌柜推荐模块显示。在"显示设置"标签页设置"图片尺寸"、"宝贝数量"、"排序方式"，如图 2-1-8 所示。

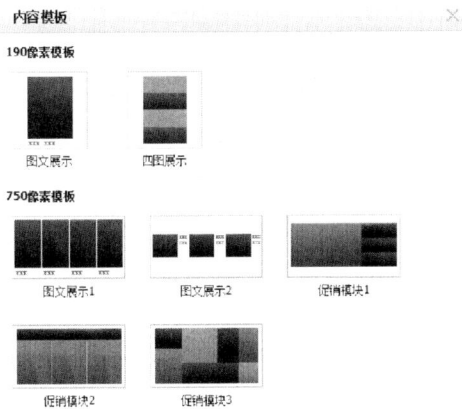

图 2-1-6
自带的"内容模板"样式

图 2-1-7　推荐宝贝设置

图 2-1-8　设置掌柜推荐的显示属性

05 宝贝推广区的设置。在装修页面的右下角单击"在此添加新模块"按钮，在弹出的页面中选择"添加宝贝推广区（自动）"模块，可重复以上步骤添加多个该模块。选中该模块，单击"编辑"按钮，在弹出的对话框中可以设置"标题"、"宝贝筛选"、"显示方式"等。利用该功能可以方便地通过关键字筛选的设置或者所属分类的设置等方法把某一共同特性的商品集中显示在一个栏目中，方便顾客浏览选择。例如，通过关键字筛选的设置把包邮的商品显示在包邮商品类目中，如图 2-1-9 所示。

图 2-1-9　宝贝推广区的设置

06 设置宝贝分类。在装修页面的左下角单击"在此添加新模块"按钮，即可以添加需要的模块，包括"自定义内容区"、"宝贝分类"、"搜索店内宝贝"、"友情链接"、"客服中心"等相关内容。在此，我们先添加宝贝分类。选中该模块，单击"编辑"按钮，即打开相关页面进行网店所售商品的类目设置。单击"添加新分类"按钮，添加一级分类目录。单击"展开所有分类"按钮，在一级分类目录下单击"添加子分类"链接，添加该目录下的二级分类目录。可以对所有目录添加图片，其方法是单击"添加图片"，在"图片地址"文本框中输入分类目录图片所在的网络相册的链接地址，单击"确定"即可，如图 2-1-10 所示。注意图片的宽度在 160 像素以内。

图 2-1-10
设置宝贝分类

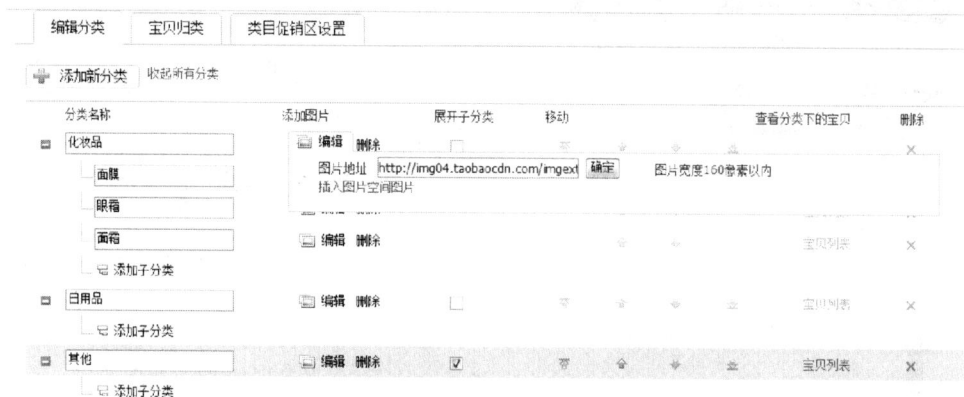

07 设置客服中心。客服中心是店铺常见的一个内容模块，相关信息包括工作时间、提供在线咨询服务的旺旺客服、联系电话等。选中该模块，单击"编辑"按钮即可以在对话框中实现对以上信息的编辑，如图 2-1-11 所示。

图 2-1-11
设置客服中心模块

08 热门搜索词的设置。添加了"搜索店内宝贝"模块后，单击"编辑"按钮，在对话框中可以设置是否显示标题，是否显示价格筛选，以及添加热门关键字的操作。

8. 发布店铺

　　店铺装修完成之后，在后台装修页面的顶端单击"发布"按钮，在弹出的"发布"对话框中勾选"是否同步首页的左侧栏模块到其他页面"复选框，勾选该项则每一个店铺页面都会同步显示左侧栏模块。单击"确认发布"按钮即可发布店铺，完成后单击"查看我的店铺"，查看发布后的店铺效果。

拓展实训　开设实训平台店铺

　　实训目的：了解在电子商务实训平台上以卖家身份开设网络店铺的过程和操作方法。

　　操作要求：能以卖家的身份注册并登录平台，通过相关的设置成功开始自己的网络店铺。

　　技能点拨：注册并成功登录后，必须先开通支付通，才能进行开店操作。

实训步骤

1. 注册卖家用户

　　进入系统首页，单击"免费注册"，进入注册页面，输入注册的用户信息（用户名和注册码是系统管理员预先通过后台设置的）。填写完注册信息后，单击"注册"按钮，页面出现"注册成功，单击登录"的提示，即表示卖家注册成功。

2. 登录平台

　　单击"注册成功，单击登录"的文字链接，或者在首页单击"登录"按钮，进入登录页面，输入用户名和密码登录网站平台。此时，要实现开通网店，还必须先开通支付通。

3. 开通卖家角色的支付通

　　在系统界面右上角单击"我的账号"，在下拉菜单中选择"我的支付通"，出现如图 2-1-12 所示的界面。

图 2-1-12
开通支付通界面

在该界面输入支付通密码后，单击"我要开通"按钮，即可成功开通支付通，开通后可以进行"查看交易记录"、"充值"等操作。

4. 开通网店

在系统界面右上角单击"卖家中心"，在下拉菜单中选择"我要开店"，出现如图 2-1-13 所示界面。在该界面中填写店铺基本信息，如"店铺名称"、"店铺主营"、"选择快递"、"邮费模板"、"店铺公告"、"店铺介绍"等（其中"选择快递"和"邮费模板"需同组的物流身份的用户注册登录成功并成功注册快递公司，以及创建运费模板后方可从下拉列表中选择）。输入完成后单击"注册"按钮，则完成店铺申请，系统会提示注册成功，此时单击界面任意处可以返回主页面。

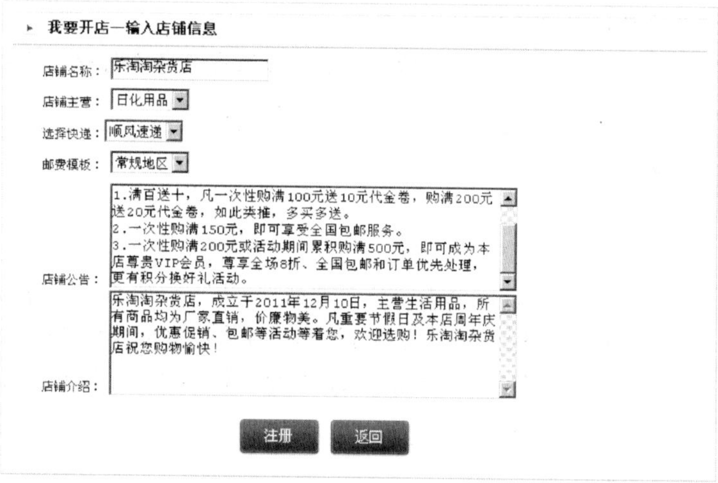

图 2-1-13
填写店铺基本信息

5. 发布商品

01 在系统界面右上角单击"卖家中心"，单击左侧"商品管理"下的"发布商品"按钮，根据需发布的商品类别依次选择其子类别，如图 2-1-14 所示，然后单击"发布商品"按钮。

图 2-1-14
"发布商品"类别选择

02 在如图 2-1-15 所示的界面中填写有关商品的信息，包括"商品标题"、"商品价格"、"商品库存"、"商品属性"等。注意商品标题中要包含关于发布商品的尽可能多的关键字，以方便顾客搜索到该商品。单击"浏览"按钮上传商品图片，在"商品描述"区域可以插入图片及文字，也可以单击"源代码"按钮对网页的代码进行编辑。

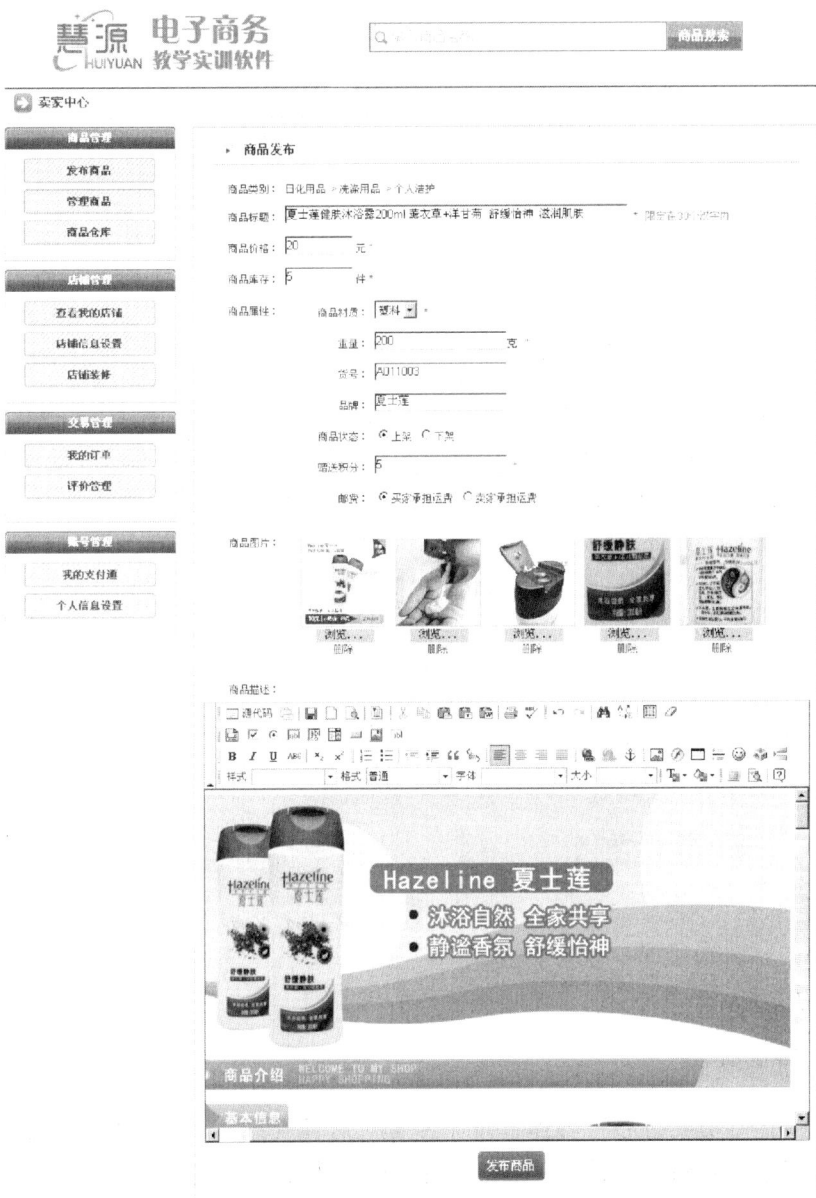

图 2-1-15　填写发布商品的信息

03 全部完成后单击"发布商品"按钮，显示商品发布成功。同样操作可以继续发布其他商品。

04 全部商品发布成功后，单击"管理商品"按钮，在此设置商品上架、下架，如图 2-1-16 所示。

图 2-1-16　设置商品上架、下架状态

6. 设置商品促销或橱窗推荐

在"卖家中心"界面，单击左侧"商品管理"下的"商品仓库"按钮，打开"商品仓库"管理界面，如图 2-1-17 所示，在该界面可以为商品设置促销价格和进行橱窗推荐设置。设置完毕后单击"保存"按钮。

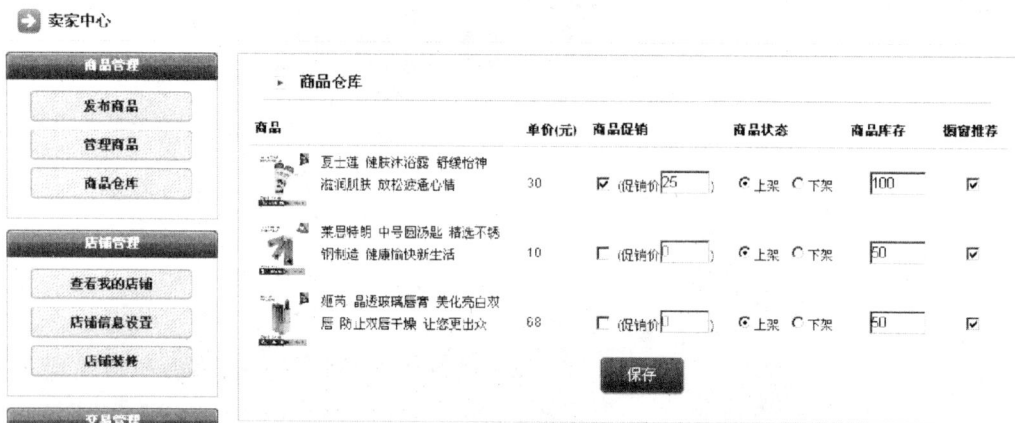

图 2-1-17　设置商品促销或橱窗推荐

7. 店铺装修

在"卖家中心"界面，单击左侧"店铺管理"下的"店铺装修"按钮打开店铺装修页面。在"店铺装修"界面中单击各"浏览"按钮，选择自己预先设计好的店标、店招、三张店铺广告，以及左侧标题栏底纹图和右侧标题栏底纹图，如图 2-1-18 所示。设置完毕后单击"保存"按钮。

店铺装修

店标（规格：60×60像素）：C:\Documents and Setting　浏览...

店招（规格：950×150像素）：C:\Documents and Setting　浏览...

店铺广告第一张（规格：715×150像素）：C:\Documents and Setting　浏览...

店铺广告第二张（规格：715×150像素）：C:\Documents and Setting　浏览...

店铺广告第三张（规格：715×150像素）：C:\Documents and Setting　浏览...

左侧标题栏底纹图（规格：220×35像素）：C:\Documents and Setting　浏览...

右侧标题栏底纹图（规格：715×35像素）：C:\Documents and Setting　浏览...

保存

图 2-1-18　店铺装修设置

8. 查看店铺

在"卖家中心"界面左侧的"店铺管理"下,单击"查看我的店铺"按钮,即可查看装修后的情况。经过以上操作,装修完毕后的店铺如图 2-1-19 所示。

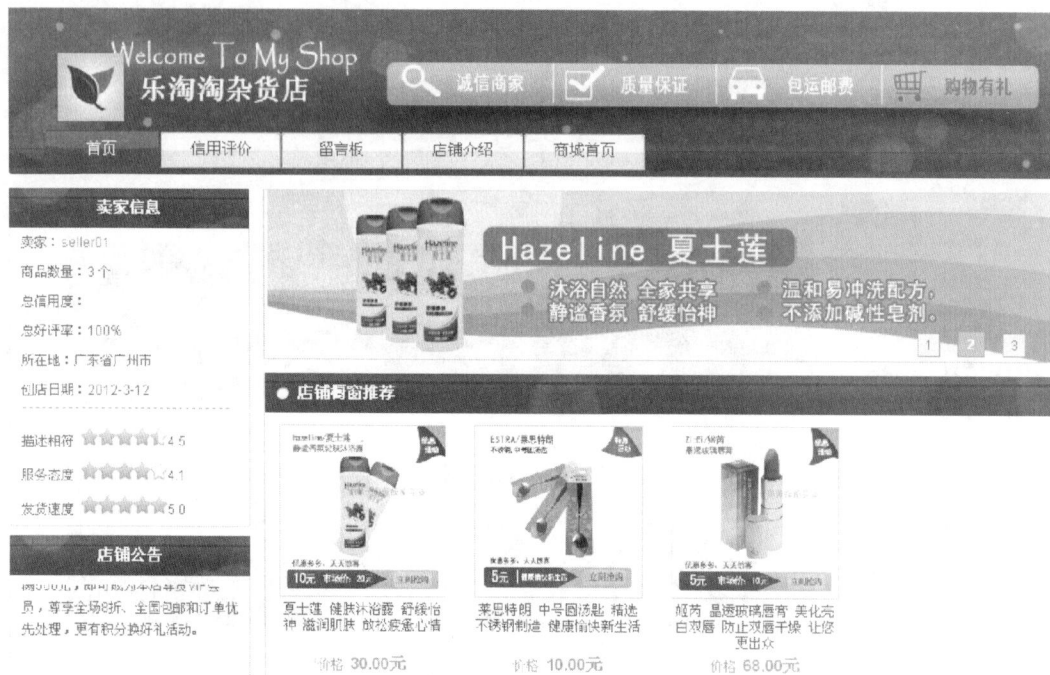

图 2-1-19 装修后的店铺效果图

2.2 装修网络商店

知识准备

店铺装修是店铺的形象和门面,而电子商务中的店铺装修涉及店招设计、店标设计、导航栏设计、促销区设计等。其中店招是淘宝店铺的招牌,是店铺给客户的第一印象,恰到好处的店招设计能让店铺更出彩和吸引人。店标是店铺的 logo,好的店标可以让客户清楚地了解店铺名称和产品类型。导航栏是店铺商品分类链接,能让客户能最快找到需要的商品。促销区放置店铺公告、促销信息能增加店铺的活力和吸引力。

制作店铺装修时要注意整体风格的统一,简单来说就是主色调、辅助色和字体要统一。如果设计之间没有任何联系,整个店面就会很混乱。

无论是淘宝、天猫、京东、唯品会和速卖通等实际经营的网店还是各类电子商务技术竞赛在网店装修方面的基本要求,是为店铺设置合适的风格、整体色调,以使店铺具有鲜明的特色和吸引力。

关于店铺风格设置和色调选择，下面提供参考意见。

店铺风格的选择依据主要是根据店铺所经营的主营产品来设置。

1）食品类：食品类较多使用绿色，代表健康，客户看起来感觉安全可靠，设计风格偏向清新。但也有一些特例，如谷物则可用橙色，咖啡、巧克力、茶类可用褐色等。

2）服饰类：服饰根据客户类别分男性、女性、老人、儿童。男性可用较理性的颜色，如黑色、灰色、深蓝色等，设计风格偏向冷酷。女性则可以用较梦幻、柔美的颜色和风格，如粉红色、紫色等。老人服饰颜色偏暗沉，故可选用深色作为店铺的主色调。而儿童服饰则相反，儿童活泼、精力旺盛、好奇，根据他们的特点，选色上可用三原色搭配，即红黄蓝，风格也较活泼。

3）电子产品类：电子产品的卖点是时尚、功能和科技，因此可选用蓝色作为主色调，风格可采用时尚风格。

4）日用品类：日用品门类多、较琐碎，因此适宜使用中性颜色即绿色，可涵盖更多不同特性的产品。此外，也可采用较阳光温暖的颜色，如黄色和橙色，给人以家的温馨感觉。

5）户外运动类：户外运动容易让人联想到阳光、海洋和郊野，因此可以对应选取黄色、蓝色、绿色等作为主色调，设计时要表达清新、活力。

6）家具建材类：家具建材一般体型较大，可选用厚实的颜色，如褐色作为主调。

对于网店的色彩搭配，下面提供几种参考方法。

1）同类色：同类色即同一色系的颜色，采取的是不同明度和纯度的搭配，如大红配暗红。同类色的搭配最温和也最容易，但也容易显得呆板。

2）类似色：类似色即相邻的两种颜色搭配，如红色的相邻色是橙色和紫色、黄色的相邻色是绿色和橙色、蓝色的相邻色是紫色和绿色。这种搭配感觉自然而不会沉闷。

3）对比色：对比色搭配主要指红黄蓝、绿橙紫这两组强对比色的相互搭配，这种搭配较强烈，适用于活泼的风格。

4）互补色：互补色是指在色环上互成180°的颜色，互补色共三组：红配绿、蓝配橙、黄配紫。这三组颜色搭配是难度最高也最容易不协调的搭配。恰当地使用互补色搭配能让店铺突出，但若搭配不宜会让店铺显得乖张、突兀。

实践操作

基础实训 1　制作店招

实训目的：掌握店招的制作方法。

操作要求：能制作出日用品类店铺招贴。

技能点拨：日用品类可用绿色、红色、黄色等作为设计主色调，设计风格应为实用。在店招上可加入店铺logo、主营产品类别、提供的服务等，增加店招的可读性，让客户直接了解该店铺。店招的尺寸为950×142像素，图片文件小于100KB。

实例："乐淘淘杂货店"店招设计效果如图2-2-1。

图 2-2-1
店招设计效果

实训步骤

1. 新建文档

启动 Photoshop，单击菜单栏中的"文件"→"新建"命令，创建一个宽度为950像素，高度为142像素，分辨率为72像素/英寸的图片文档，如图2-2-2所示。

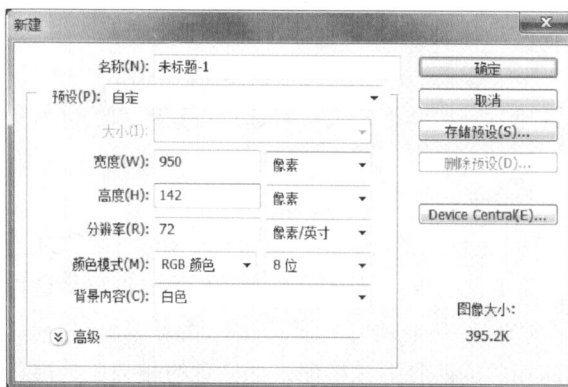

图 2-2-2　新建文档

2. 制作背景

单击工具箱中的"渐变工具"按钮，单击颜色条，打开"渐变编辑器"对话框。设定店铺的主色调为绿色，在背景图层上填充渐变色为翠绿到深绿，线性渐变，如图2-2-3所示。

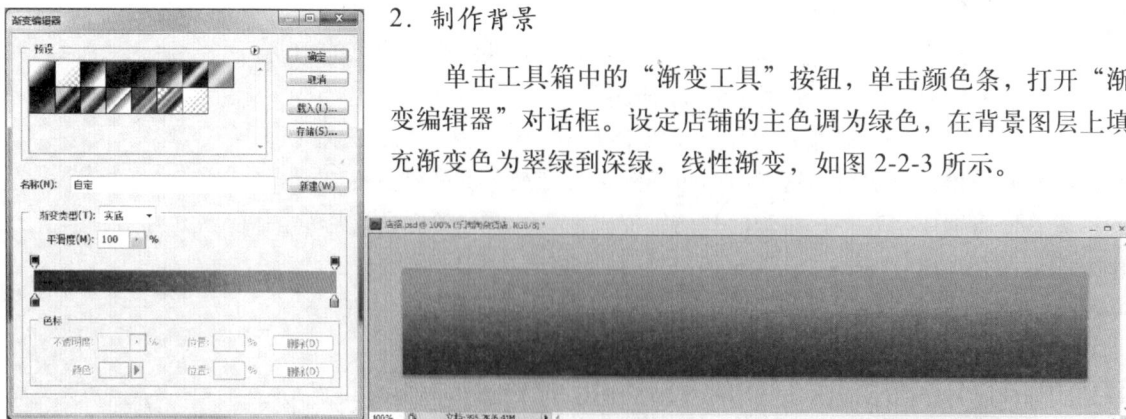

图 2-2-3　填充渐变背景

3. 制作店铺名称

单击工具箱中的"横排文字工具"按钮，打开文字工具，输入"乐淘淘杂货店"，字体大小为 36 点，颜色为白色。"乐淘淘"字体为迷你简粗体，"杂货店"字体为幼圆，单击"√"完成文字编辑，如图 2-2-4 所示。

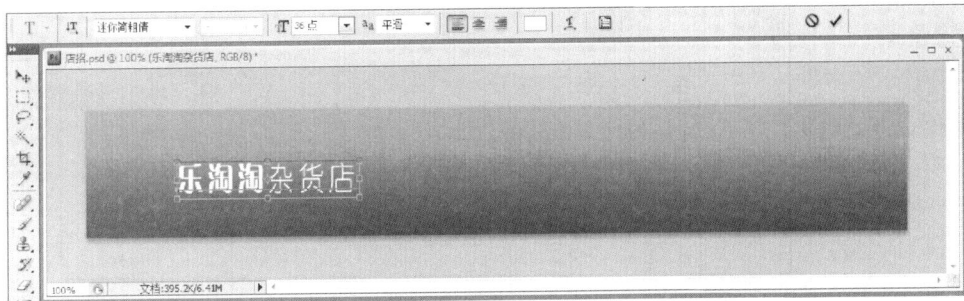

图 2-2-4
输入店铺名称

4. 编辑店铺名称

01 单击菜单栏中的"图层"→"文字"→"创建工作路径"命令为文字创建工作路径，如图 2-2-5 所示。

02 使用"直接选择工具"，选中"淘"字的偏旁和"乐"字右下角的点，按"Delete"键删除，如图 2-2-6 所示。

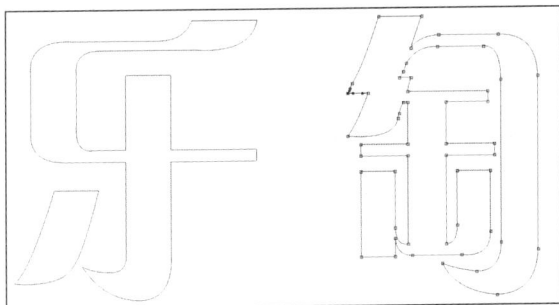

图 2-2-6　编辑店铺名称 2

03 使用"钢笔工具"把断掉的字体接上，并调整好，如图 2-2-7 所示。

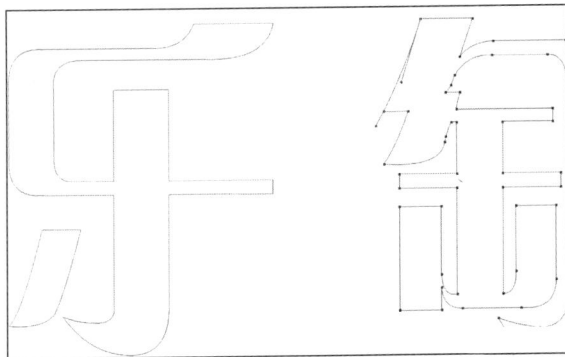

图 2-2-7　编辑店铺名称 3

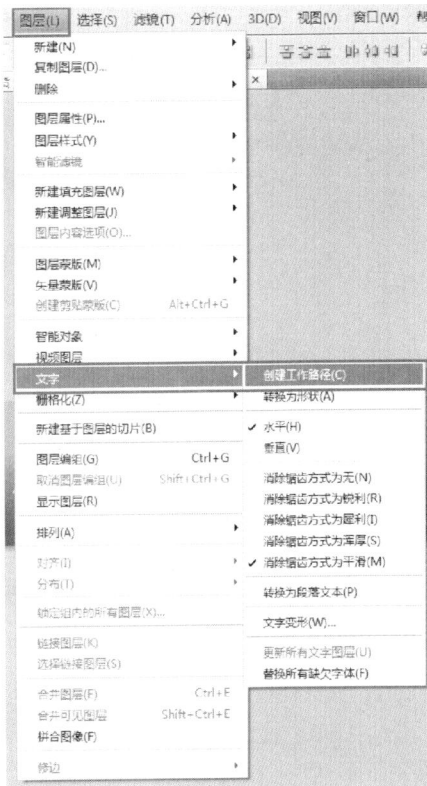

图 2-2-5　编辑店铺名称 1

04 使用"椭圆工具"绘制两个相同的白色正圆,如图 2-2-8 所示。

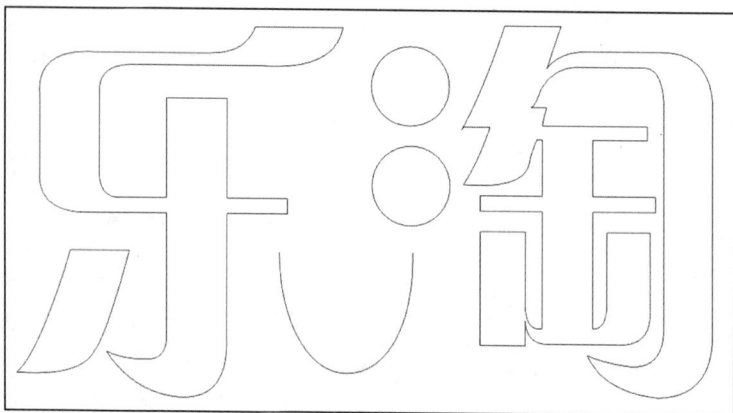

图 2-2-8　编辑店铺名称 4

05 使用"钢笔工具"绘制嘴巴,绘制完成后,新建图层,单击"路径"面板下方的"用前景色填充路径"按钮,填充白色路径,如图 2-2-9 所示。

（a）　　　　　　　　　　　　　　　（b）

图 2-2-9　编辑店铺名称 5

5．制作店铺 logo

在工具箱中选择"自定义形状工具"中的"叶子 3"绘制两片交叠的叶片如图 2-2-10（a）所示。选中两个路径,两个路径交叠产生后面的叶片路径,删除多余的路径如图 2-2-10（b）。再次绘制前面的叶片路径和叶片脉络如图 2-2-10（c）和图 2-2-10（d）所示。前面的叶片填充橙色,后面的叶片填充中黄色。

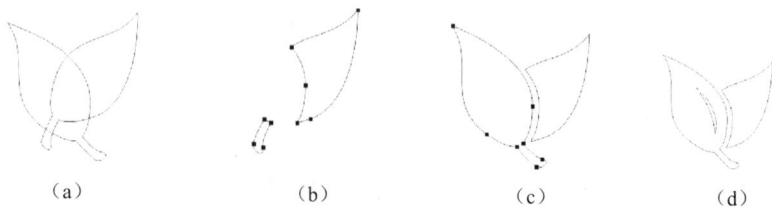

图 2-2-10　制作店铺 logo　　　　（a）　　　　　　（b）　　　　　　（c）　　　　　　（d）

6. 装饰 logo

新建图层，选择"画笔工具"，在属性样中单击"画笔"选项右侧的按钮，打开"画笔预设"选取器，选择"柔角100"像素，点上一个淡黄色的点。把图层下移至叶片图层下，如图 2-2-11 所示。

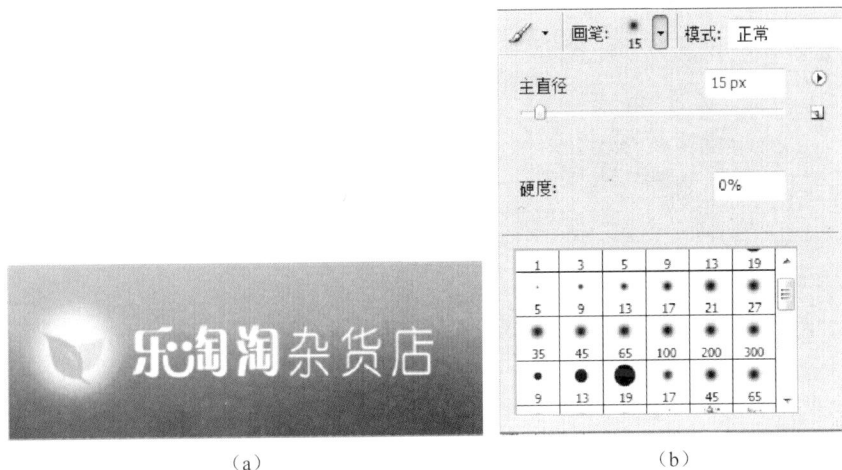

（a）　（b）　图 2-2-11　装饰 logo

7. 输入产品类别、服务承诺和欢迎词语

单击工具箱中的"横排文字工具"按钮，在文本框中输入产品类别、服务承诺和欢迎词语等文字，效果如图 2-2-12 所示。

图 2-2-12　输入文字

8. 添加图标

为服务承诺添加对应的图标和分隔线，使用"自定义形状工具"绘制对应的图标，使用"直线工具"绘制分隔线，如图 2-2-13 所示。

图 2-2-13　添加图标

9. 为服务承诺添加背景和投影

使用"圆角矩形工具"绘制圆角矩形并填充渐变色为橙色到橙红色，如图 2-2-14 所示。

图 2-2-14　添加背景

10．给店招添加装饰图案

新建图层，使用"钢笔工具"绘制如下工作路径，在"路径"面板中填充路径为白色，在"图层"面板中选择图层混合为柔光。新建图层，为工作路径添加1像素的白线。效果如图2-2-15所示。

（a）

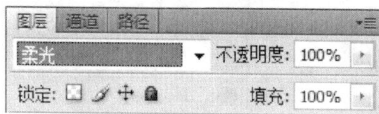

（b）

图2-2-15　添加装饰图案

11．添加光点

新建图层，单击"画笔工具"按钮，在属性栏右侧单击"切换画笔调板"按钮，打开"画笔"面板，单击"画笔笔尖形状"按钮，使用任意柔角画笔点上白点。新建图层，使用任意尖角画笔点上白点，并把图层的不透明度设为25%，店招就完成了，如图2-2-16所示。

图2-2-16　添加光点

小贴士

创建文字的工作路径有两种方法：第一种是通过"图层"→"文字"→"创建工作路径"命令创建；第二种是载入文字选区，在路径面板上"从选区生成工作路径"。但第二种方法创建的工作路径与原文字有出入，因为路径面板中的"从选区生成工作路径"最小容差值为0.5像素。而第一种方法却没有容差这个问题，故编者建议选择第一种方法。

基础实训 2　设计店标

实训目的：掌握店标设计的方法。

操作要求：能制作出精美的店标。

技能点拨：为了使整个店面的风格统一，所以设计店标的时候尽量与店招的风格、主色调统一。在制作店标时可使用店招的文字和图片素材。店标尺寸为 100×100 像素，格式只能为 GIF 和 JPG 格式，大小限制在 80KB 以内。

实训步骤

01　新建文档。启动 Photoshop，单击菜单栏中"文件"→"新建"命令，创建一个宽度为 100 像素，高度为 100 像素，分辨率为 72 像素/英寸的图片文档，如图 2-2-17 所示。

02　制作背景。设定店铺的主色调为绿色，在背景图层上填充渐变色为翠绿到深绿，线性渐变，如图 2-2-18 所示。

图 2-2-17　新建文档　　　　图 2-2-18　制作背景

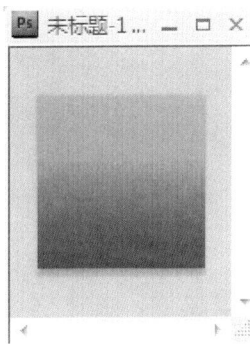

03　制作店铺名称。把店招中的店铺名称复制到当前文档中，并使用"矩形选框工具"把"杂货店"三字选出，然后按"Ctrl + X"快捷键剪切，再按"Ctrl + V"快捷键粘贴。使用自由变换命令把两组文字缩小并移动，如图 2-2-19 所示。

图 2-2-19　制作店铺名称

04　制作店铺 logo。把店招中的 logo 复制到当前文档中，并单击菜单栏中的"编辑"→"自由变换路径"命令，缩小、移动到恰当位置，如图 2-2-20 所示。

基础实训 3　设计导航

实训目的：掌握导航设计的方法。

操作要求：能制作出精美的导航。

技能点拨：导航的设计风格与店标相一致能使店铺显得更专业和出彩，所以导航的主色调仍为绿色，辅助色为中黄色。导航设计共两类，一类是目录，另一类是子目录。

图 2-2-20　制作店铺 logo

实训步骤

顾客在浏览网络商店时，在被店铺首页精美的商品所吸引之后，通常会采用理性的方式依照导航目标来搜索自己所关注的商品信息。网络商店一般提供了左侧竖向导航区供设计。

1．制作一级导航

01 新建文档。启动 Photoshop，单击菜单栏中"文件"→"新建"命令，创建一个"宽度"为"160 像素"，"高度"为"34 像素"，"分辨率"为"72 像素 / 英寸"的图片文档，如图 2-2-21 所示。

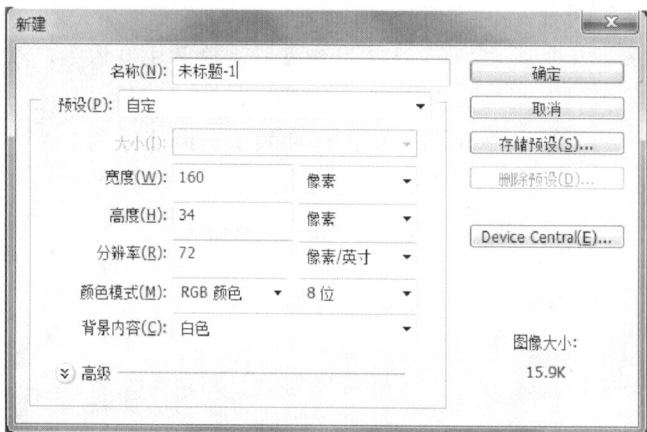

图 2-2-21　新建文档

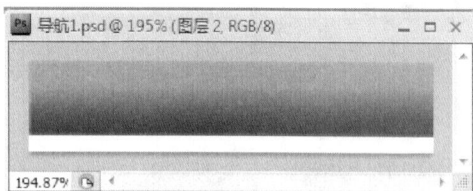

图 2-2-22　制作背景

02 制作背景。新建图层，填充渐变色为翠绿到深绿，使用"自由变换路径"命令把高度缩小，放在顶部与文档上方对齐，如图 2-2-22 所示。

03 新建图层，使用"多边形套索工具"绘制直角三角形，然后填充为墨绿色，如图 2-2-23 所示。

04 输入产品类别。使用"横排文字工具"，在文本框中输入"日用小百货"，字体为"方正综艺简体"，字号为"18 点"，填充色为墨绿色，如图 2-2-24 所示。

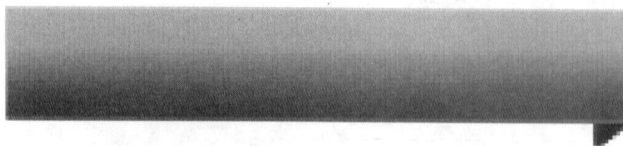

图 2-2-23　背景填充

图 2-2-24　输入产品类别

图 2-2-25　放置装饰图案

05 放置装饰图案。这里的装饰图案可用店铺 logo 来代替，打开店招文件，复制 logo，变换大小。到此，一级导航已完成，如图 2-2-25 所示。

2. 设计子类导航

01 新建文档。子类导航的设计要比一级导航简单，所以只用文字和边框制作子导航。单击菜单栏中的"文件"→"新建"命令，创建一个"宽度"为"160 像素"，"高度"为"31 像素"，"分辨率"为"72 像素／英寸"的图片文档，如图 2-2-26 所示。

02 输入文字。使用"文字工具"，输入"梳子"，字体为幼圆，字号为 14 点，填充色为灰色，如图 2-2-27 所示。

图 2-2-26　新建文档

图 2-2-27　输入文字

03 绘制装饰线。只有字体略显单调，可以再添加一个虚线边框。新建图层，使用"圆角矩形工具"，在属性栏中设置半径为 15 像素，绘制圆角矩形。单击"画笔工具"按钮，打开"画笔"面板，选择 2 号尖角画笔，选择"画笔笔尖形状"，把间距调为 190%。打开"路径"面板，单击"描边路径"选项，如图 2-2-28 所示。最终效果如图 2-2-29 所示。

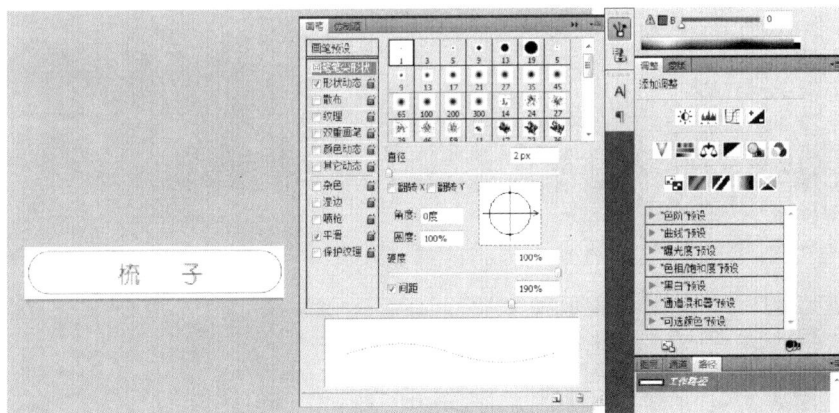

图 2-2-28　绘制装饰线

图 2-2-29　最终效果

基础实训4　设计促销广告

实训目的：掌握促销广告设计的方法。

操作要求：能制作出精美的广告。

技能点拨：促销广告放置在淘宝店铺的当眼位置，内容有店铺宣传、店铺促销信息等。促销属于快餐式广告，因此设计时一般使用较鲜艳的颜色和明快的风格。

实训步骤

01 新建文档。启动 Photoshop CS3，单击菜单栏中"文件"→"新建"命令，创建一个"宽度"为"715 像素"，"高度"为"150 像素"，"分辨率"为"72 像素 / 英寸"的图片文档，如图 2-2-30 所示。

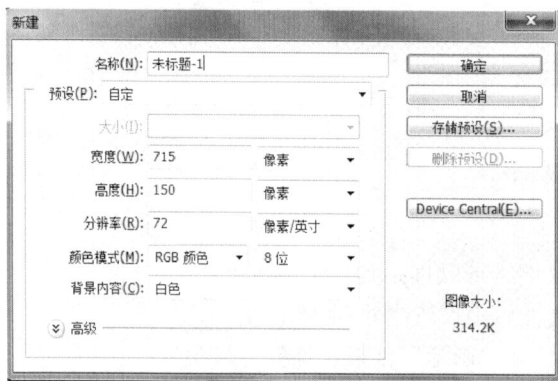

02 制作背景。新建图层，填充径向渐变为橙红到橙色，如图 2-2-31 所示。

03 制作炫光。

① 新建图层，使用黄色尖角（尖角 13 像素）画笔如图绘制，如图 2-2-32 所示。

② 使用径向模糊滤镜：数量为 100，模糊方法为缩放，单击"确定"按钮完成。移动图层到上方，如图 2-2-33 所示。

图 2-2-30
新建文档

图 2-2-31　制作背景

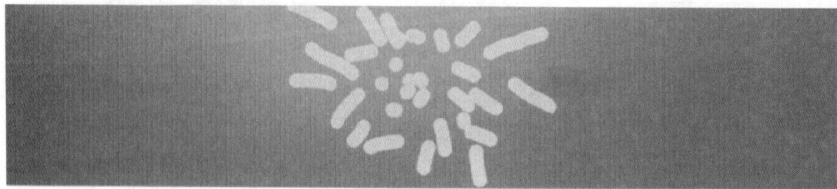

图 2-2-32　制作炫光 1

（a）　　　　　　　　　　　　　　　（b）

（c）

（d）　　　　　　　　　　　图 2-2-33　制作炫光 2

04　输入促销标题。输入文字"买就送礼品"，字体为"黑体"，字号为"72 点"，颜色为白色。为了使效果更突出，可以给文字添加图层样式。单击菜单栏中的"图层"→"图层样式"→"投影"命令，打开"图层样式"对话框，如图 2-2-34 所示。

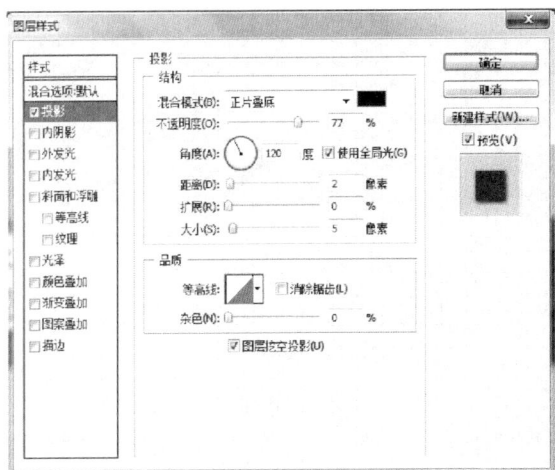

（a）　　　　　　　　　　　　　　　（b）

图 2-2-34　输入促销标题

05 输入促销文字。输入文字"迎圣诞狂欢节",字体为"黑体",字号为"22 点",颜色为中黄。输入文字"全年最后一次疯抢机会,错过就没戏啦!",字体为"黑体",字号为"22 点",颜色为白色。为了区分两组文字,给第一组文字添加图层样式,打开"图层样式"对话框,设置样式为描边,颜色为橙红色,大小为 3 像素,如图 2-2-35 所示。

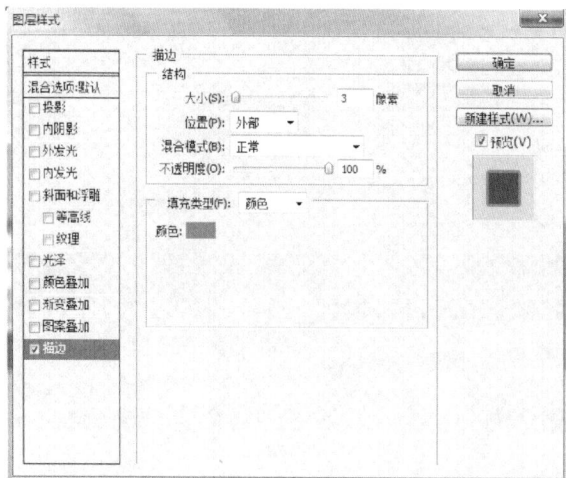

(a)

图 2-2-35　输入促销文字

(b)

06 制作衬底图案。由于标题字体非常大而厚重,需要为下面的文字制作衬底图案,添加文字的重量。选择"圆角矩形工具",半径设为10 像素,颜色为暗红色,如图 2-2-36 所示。

图 2-2-36　制作衬底图案

07 添加装饰图标。分别输入文字"全民疯抢""!",在属性样中单击"显示/隐藏字符和段落"按钮进行设置,颜色为橙色,调整"全民疯抢"四个字的字间距和行距,如图 2-2-37 所示。

在文字下方添加图层,使用"钢笔工具"绘制对话框并填充白色,添加投影图层样式。按"Ctrl + Alt + G"快捷键建立文字和对话框图案的剪切蒙版,如图 2-2-38 所示。

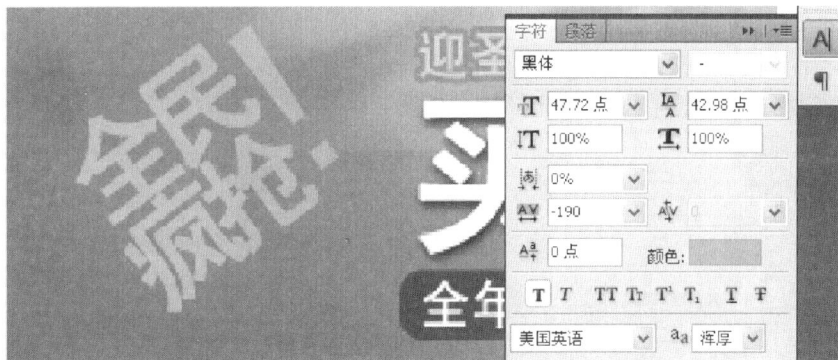

图 2-2-37　添加装饰图标 1

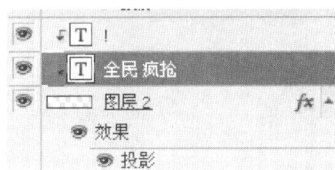

（a）

（b）

图 2-2-38　添加装饰图标 2

08 为了让广告更传神和具吸引力，添加圣诞装饰图案。选择"自定义形状工具"，单击"形状"的下拉按钮，单击列表框右边的下拉按钮，单击"全部"按钮，选择"叶子 6"、颜色为深绿色进行绘制。添加投影图层样式，效果如图 2-2-39 所示。

09 复制两个树叶，效果如图 2-2-40 所示。

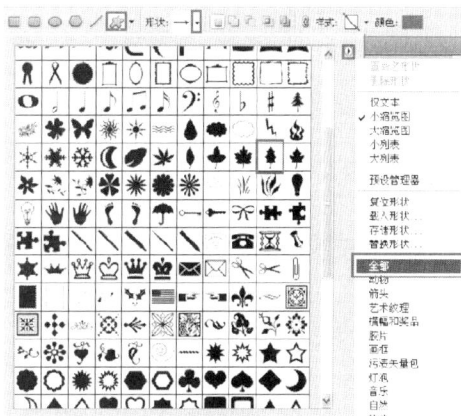

（a）

（b）

图 2-2-39
添加圣诞装饰图案 1

图 2-2-40
添加圣诞装饰图案 2

10 制作果子。绘制暗红色圆形，载入图层生成选区，在果子受光部位用大红色柔角（柔角35像素）画笔点一下。再用白色柔角（柔角9像素）画笔点在果子高光部位，如图2-2-41所示。

11 复制果子。复制两个果子如图排列，到此促销广告已完成，如图2-2-42所示。

图2-2-41
添加圣诞装饰图案3

图2-2-42
添加圣诞装饰图案4

拓展实训　制作动态店招

实训目的：制作生动有趣的动态店招。

操作要求：能使用Photoshop的动画功能制作简单的动态店招。

技能点拨：设计制作生动有趣的动态店招能吸引买家的注意，增加点评的亲和力。本实训中使用制作好的店招进行动画改造：店铺名称的笑脸眨眼、装饰的光点交替闪烁。

实训步骤

1. 编辑店铺名称

01 使用Photoshop打开店招源文件，使用"椭圆选框工具"选中店铺名称笑脸的右眼，按"Ctrl + X"再按"Ctrl + V"快捷键，剪切和粘贴右眼，如图2-2-43所示。

02 新建图层，使用"钢笔工具"绘制眯起的眼睛，然后用白色描边路径，大小为2像素，如图2-2-44所示。

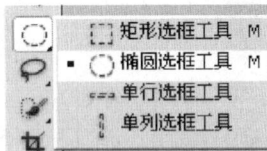

（a）

（b）

图2-2-43　编辑店铺名称1

（a）

（b）

图2-2-44　编辑店铺名称2

2．编辑动画

01 单击菜单栏中"窗口"→"动画"命令，打开"动画"面板，如图 2-2-45 所示。

02 把眯眼图层的显示关掉，如图 2-2-46 所示。

03 插入新帧，关闭张眼的图层显示，开启眯眼图层显示，使动画的第二个状态是眨眼，如图 2-2-47 所示。

04 插入新帧，关闭眯眼的图层显示，开启张眼图层显示，使动画的第三个状态是张眼，如图 2-2-48 所示。

05 插入新帧，关闭小光点显示，然后单击"过渡动画帧"按钮，在弹出的对话框中参照图 2-2-49 设置，使得小光点缓慢消失。

图 2-2-45　编辑动画 1

(a)　　　　(b)

图 2-2-46　编辑动画 2

(a)　　　　(b)

图 2-2-47　编辑动画 3

(a)　　　　(b)

图 2-2-48　编辑动画 4

(a)　　　　(b)

图 2-2-49　编辑动画 5

06 插入新帧，关闭大光点显示，打开小光点显示，然后单击"过渡动画帧"按钮，使得大光点缓慢消失，小光点缓慢显示，如图 2-2-50 所示。

07 插入新帧，打开大光点显示，然后单击"过渡动画帧"按钮，使得大光点缓慢显示，状态与第一幅图相同，如图 2-2-51 所示。

图 2-2-50 编辑动画 6

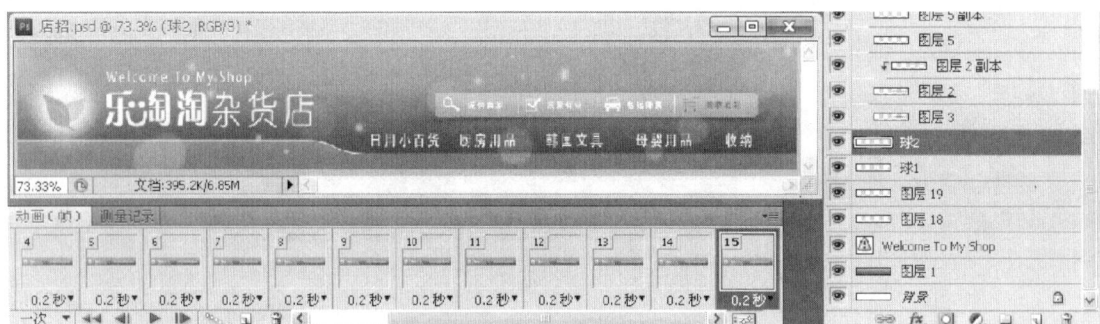

图 2-2-51 编辑动画 7

3．编辑动画时间

按 Shift 选中所有帧，然后单击时间，选择 0.2 秒，让所有画面持续 0.2 秒演示，如图 2-2-52 所示。

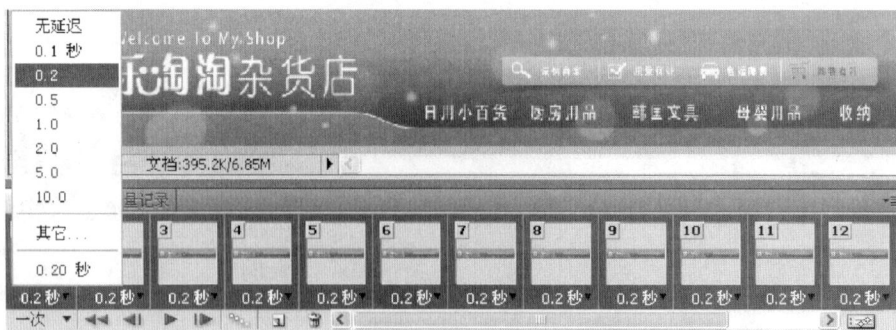

图 2-2-52 编辑动画 8

4．输出动画

单击菜单栏中的"文件"→"存储为 Web 和设备所用格式"命令，打开对话框，如图 2-2-53(b) 所示，单击"存储"按钮。将"保存类型"选择为"仅限图像"，单击"保存"按钮，如图 2-2-53(c) 所示。

(a)

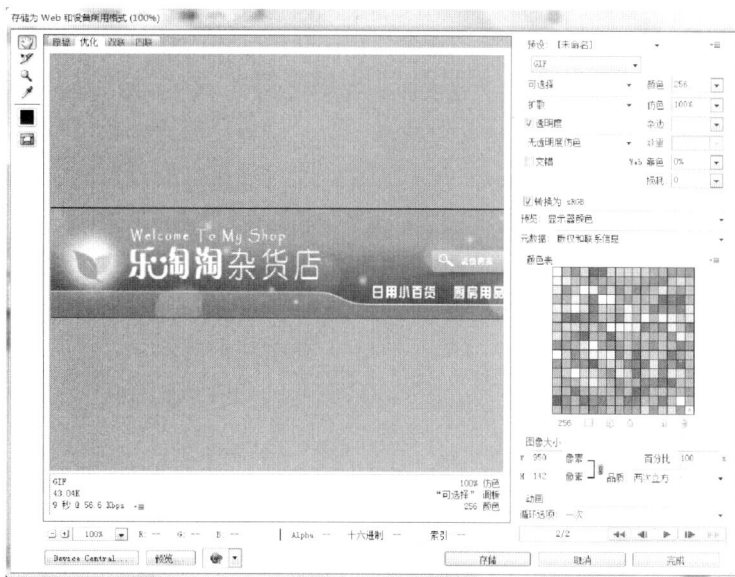

(b)

(c)

图 2-2-53　输出动画

小贴士

动画面板有两种编辑方式：帧动画和时间轴，可以通过单击 ▦ 或者 ▨ 按钮的"转换为帧动画"/"转换为时间轴"切换编辑方式。这里展示的方法是用帧动画编辑。

2.3 设计商品描述页

知识准备

如果说网店推广的基础是网络店铺，那网络店铺的根本则是"商品描述"和店铺的整体装修。在设计商品描述页时，设计思路和风格主题要明确，富有个性，突出店铺的特色。要做到这点，必须先做好规划和定位。

首先，商品描述页的设计要和店铺风格基本一致，最大程度地突出和反映本店的特色。"商品描述页"的颜色最好和店铺整体颜色相近，主要用色最好不要超过三种，过多则显得杂乱无章，切忌颜色反差过大，主题明确、风格简洁清新为宜。

其次，要站在消费者角度进行商品描述页的设计。要换位思考，弄清顾客最关心的内容，把顾客最感兴趣的内容展示或描述出来。例如，服装销售，顾客最关心的是自己穿上去的真实效果如何，以及衣服的质地和设计细节。这时，如果在商品描述页放上模特展示效果图就比单纯的实物平面图更吸引人。

那么，商品描述页通常放置什么内容，它们的重要程度及排列顺序应该如何设置。通过对淘宝商城以及人气店铺的统计分析，可以把商品描述页的内容大致归为以下几类，并按重要性进行先后排序，如表2-3-1所示。

表2-3-1 商品描述页的内容和重要性排序

序号	描述页放置内容	注释
1	店铺促销信息	包括新店促销信息、推荐理由、活动特价、赠品提示、友情收藏、关注店铺等
2	排名信息	包括月销记录、销量排名、类目排名等
3	评价点评	把顾客的好评通过截图显示出来，增强说服力
4	产品卖点	把产品的性能、特点、和同类商品相比较的优势等信息通过图文进行介绍和展示
5	产品展示	包括外观展示图和细节图，也可利用视频对产品进行展示
6	产品参数	不同的商品有不同的参数，如电器的参数包括品牌、产品型号、额定功率、额定频率、额定电压、产品容量、产品尺寸、售后服务、装箱明细等
7	关联商品介绍	有些商品（如日化用品），往往有一系列的产品，在销售洗面奶的同时，把相关联的柔肤水、面霜等产品一起推荐给消费者，是提高销售业绩的好办法
8	使用或安装说明	根据具体商品的属性，配上相应的使用或安装说明
9	注意事项	对产品使用可能遇到的情况做一个事先说明，有助于减少纠纷与异议

续表

序号	描述页放置内容	注释
10	达人心得	优质买家分享经验
11	常见问题答疑（FAQ）	对顾客最常见的疑问如价格能否优惠，是否正品，是否包邮，多久到货，保修问题等做详细的解答和说明，有助于减轻网络客服的工作量
12	产品相关信息介绍	如产地、厂家、相关证书、生产线、包装发货等相关信息
13	热销产品推荐	提高店铺的转化率

　　大多数淘宝旺铺的商品描述页都包含有以上内容中的至少三项，在实际运用中，要根据所销售商品的特性适当选择上述内容放置在商品描述页中。例如，OLAY 品牌淘宝官方旗舰店的某一款产品的商品描述页分别放置了如图 2-3-1 所示的内容。

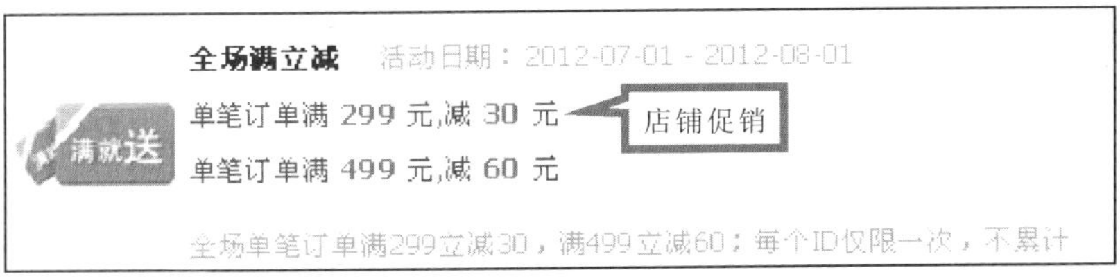

(a)

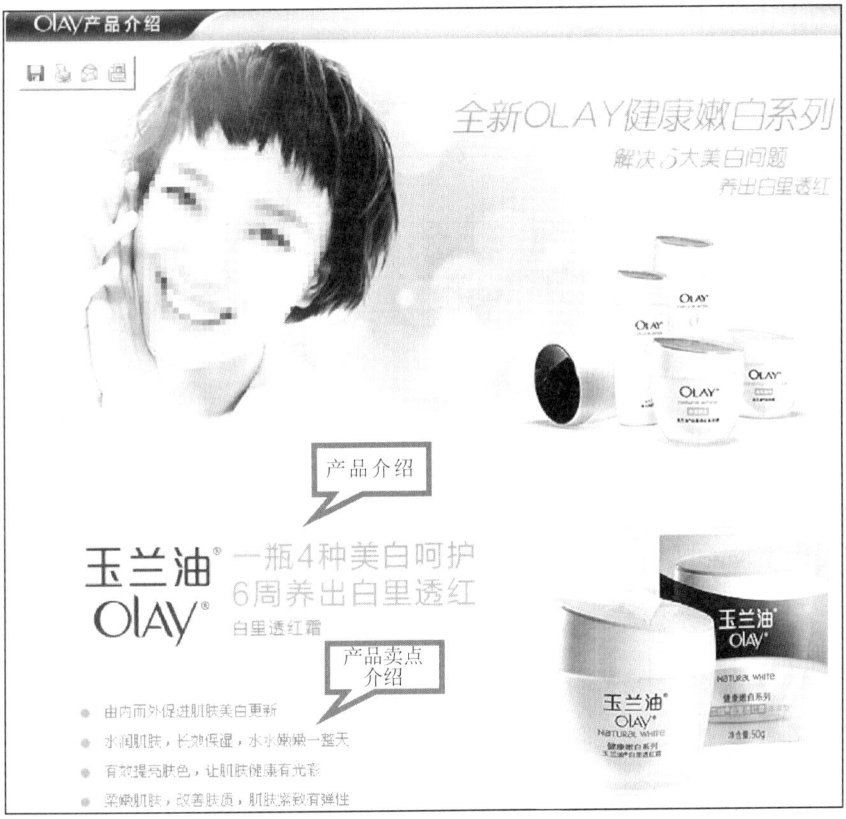

(b)

图 2-3-1
OLAY 品牌淘宝官方旗舰店某一款产品的商品描述页

OlAY产品展示
产品展示
100%
正品
100%
OLAY 官方正品,放心购买
玉兰油
OlAY
NATURAL WHITE
健康嫩白系列
质地轻薄
质感柔滑，均匀推开，容易吸收

(c)

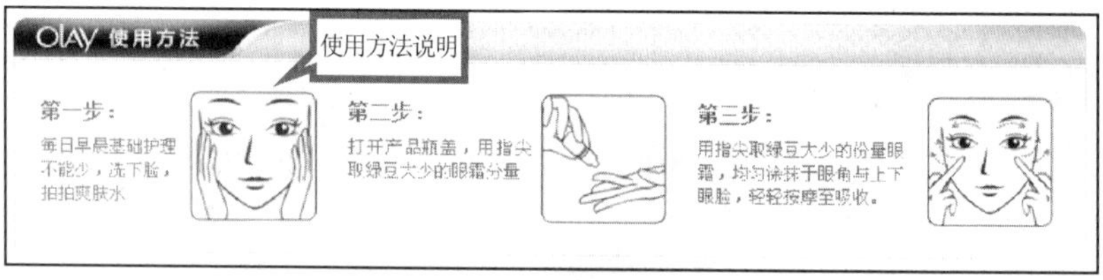
OlAY 使用方法
使用方法说明
第一步：
每日早晨基础护理不能少，洗下脸，拍拍爽肤水
第二步：
打开产品瓶盖，用指尖取绿豆大少的眼霜分量
第三步：
用指尖取绿豆大少的份量眼霜，均匀涂抹于眼角与上下眼脸，轻轻按摩至吸收。

(d)

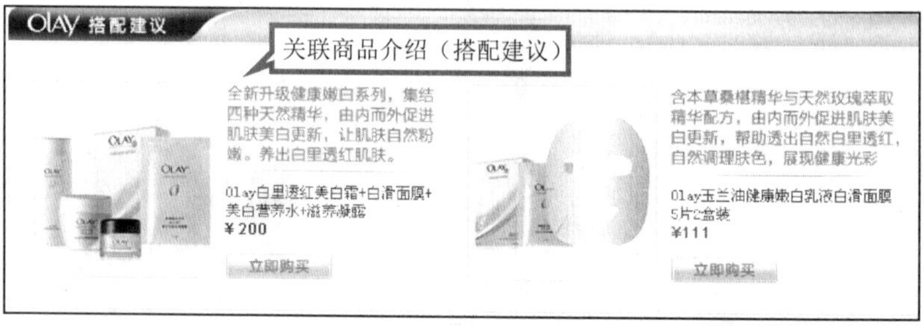
OlAY 搭配建议
关联商品介绍（搭配建议）
全新升级健康嫩白系列，集结四种天然精华，由内而外促进肌肤美白更新，让肌肤自然粉嫩。养出白里透红肌肤。
Olay白里透红美白霜+白滑面膜+美白营养水+滋养凝露
￥200
立即购买
含本草桑椹精华与天然玫瑰萃取精华配方，由内而外促进肌肤美白更新，帮助透出自然白里透红，自然调理肤色，展现健康光彩
Olay玉兰油健康嫩白乳液白滑面膜5片2盒装
¥111
立即购买

(e)

图 2-3-1（续）

听听明星产品有多棒！
达人亲身推荐！值得期待！
一下就可解决暗哑，干燥等肌肤问题，
推荐使用 OLAY 白里透红系列。
瞬间重现健康嫩白，你值得一试！
达人心得

(f)

(g)

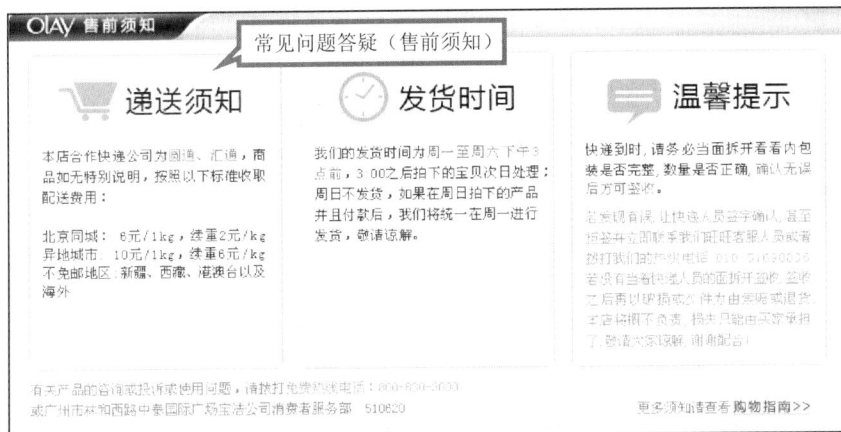

(h)

图 2-3-1（续）

实践操作

基础实训 1　设计商品促销区

实训目的：掌握产品促销区的设计和制作方法。

操作要求：能自行使用 Photoshop 软件设计和制作出配色和布局合理的商品促销区，能充分展示该产品的特性，激发消费者的购买欲。

技能点拨：淘宝网的商品描述页 PC 端宽度为 750 像素，移动端为 640 像素，天猫的商品描述页 PC 端宽度为 790 像素，移动端为 750 像素，京东网的商品描述页 PC 端宽度为 990 像素，移动端为 640 像素，电子商务实训平台的商品描述页宽度为 750 像素。根据不同的应用平台选择合适的页面宽度。商品促销区的背景切忌太过复杂花哨，要能较好的烘托出主题产品的形象。

实训步骤

1. 新建图片文档

启动 Photoshop，单击菜单栏中的"文件"→"新建"命令，创建一个"宽度"为"740 像素"，"高度"为"300 像素"，"分辨率"为"72 像素 / 英寸"，"颜色模式"为"RGB 颜色"，"背景内容"为"白色"的图片文档。

2. 填充渐变背景色

01 在"图层"面板中单击"创建新图层"按钮，创建图层1。

02 在工具箱中选择"渐变工具"按钮，如图 2-3-2 所示，在属性栏中单击"线性渐变"按钮，单击颜色条，打开"渐变编辑器"，如图 2-3-3 所示。

03 在"渐变编辑器"中，双击左边的色标按钮 ，设置颜色为浅绿色。设置完毕后"确定"按钮。

04 在图片文档窗口中，按住"Shift"键从上往下拉渐变线。填充渐变背景为浅绿到白色，如图 2-3-4 所示。

图 2-3-2　设置"渐变工具"选项

图 2-3-3　渐变编辑器

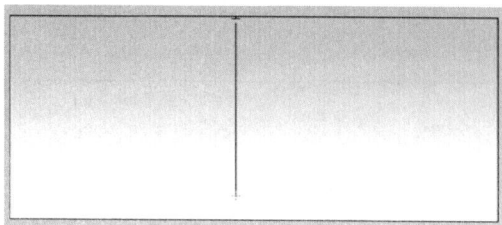

图 2-3-4　填充渐变

> **小贴士**
>
> 按住 Shift 键可以方便绘制水平、垂直或者角度为 45° 的直线。

3. 绘制圆形的背景图案

01 在工具箱中选择"画笔工具"，在"画笔工具"属性栏中单击"切换画笔调板"按钮，打开"画笔调板"，如图 2-3-5 所示。

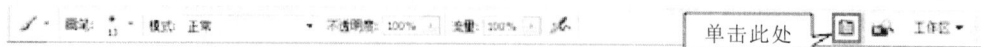

图 2-3-5　"画笔工具"选项

02 在"画笔调板"面板中设置"画笔预设"为"尖角19像素"。

03 在面板左边勾选"画笔笔尖形状"复选框，设置画笔直径为100px，间距为300%，如图 2-3-6 所示。

04 勾选"形状动态"复选框，并设置大小抖动为50%，其他为默认值，如图 2-3-7 所示。

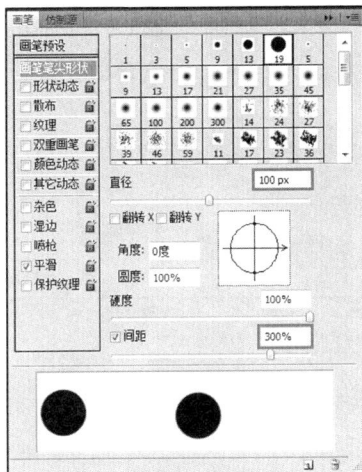

图 2-3-6   设置"画笔笔尖形状"

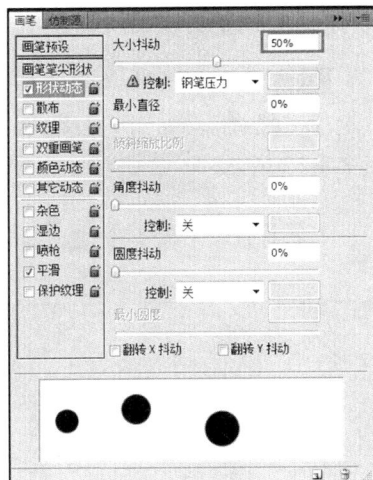

图 2-3-7   设置"形状动态"

05 勾选"散布"复选框，勾选"两轴"，并设置"散布"为"1000%"，数量为"5"，其他为默认值，如图 2-3-8 所示。

06 勾选"其它动态"，设置"不透明度抖动"和"流量抖动"分别为"50%"，如图 2-3-9 所示。

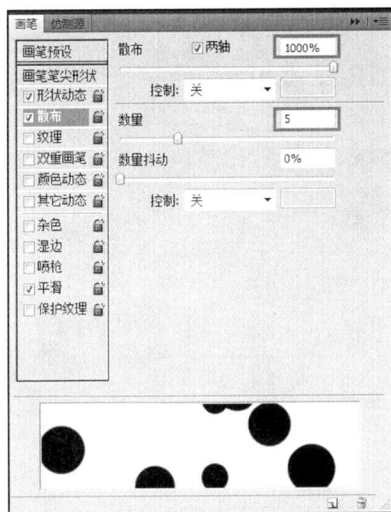

图 2-3-8   设置"画笔散布"

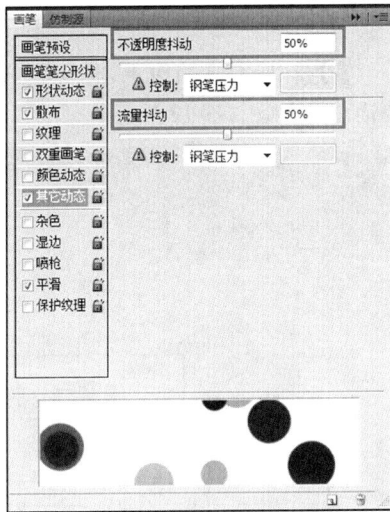

图 2-3-9   设置"其它动态"

07 设置完毕后再次单击"切换画笔调板"按钮，关闭"画笔调板"。设置前景色为更浅的绿色。

08 新建图层 2，用画笔在画布上随意绘制，效果如图 2-3-10 所示。

图 2-3-10   用画笔绘制圆形的背景图案

4．绘制和调整路径

01 在工具箱中单击"矩形工具"按钮，在"矩形工具"属性栏中选择"路径"，如图 2-3-11 所示。在画布下端绘制一个矩形路径，如图 2-3-12 所示。

图 2-3-11
设置"矩形工具"选项

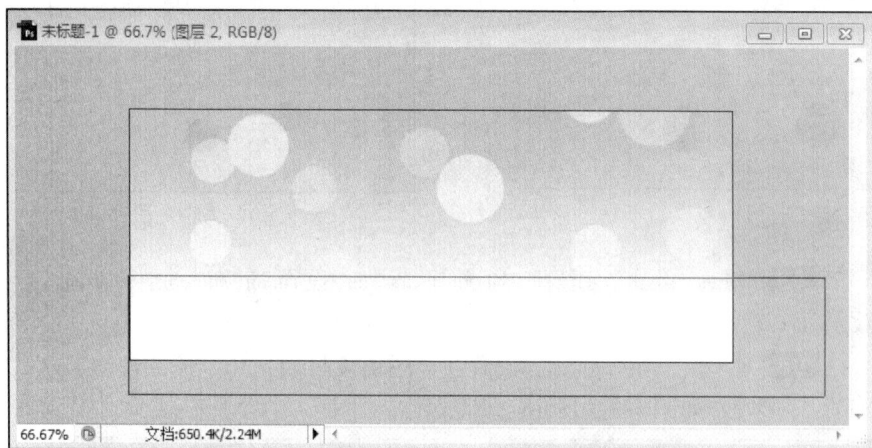

图 2-3-12
绘制矩形路径

02 在工具箱中单击"添加锚点工具"，在矩形路径的上侧添加两个锚点，如图 2-3-13 所示。

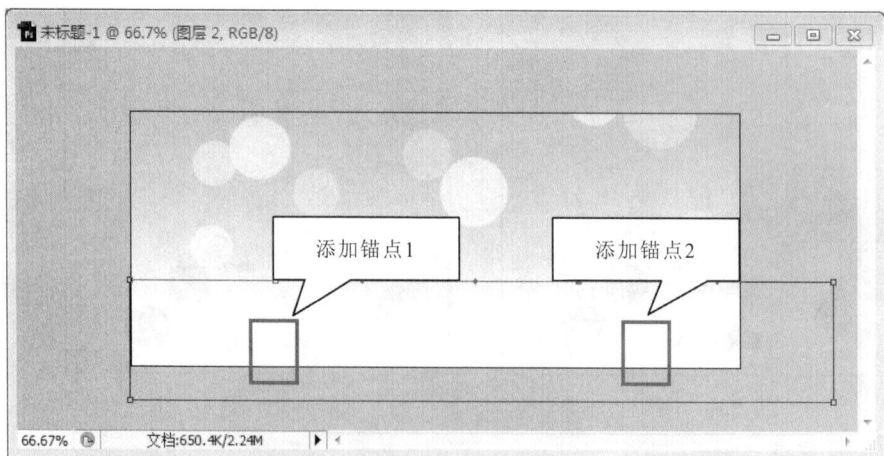

添加锚点1

添加锚点2

图 2-3-13　添加锚点

03 使用"直接选择工具"选中添加的第一个锚点，选中的锚点变成实心方点，向上拖动该锚点。同样的方法选择第二个锚点，向下拖动，如图 2-3-14 所示。

04 在"路径"面板中单击"将路径作为选区载入"按钮，把该路径转化为选区，如图 2-3-15 所示，也可按"Ctrl + Enter"快捷键进行同样的操作。

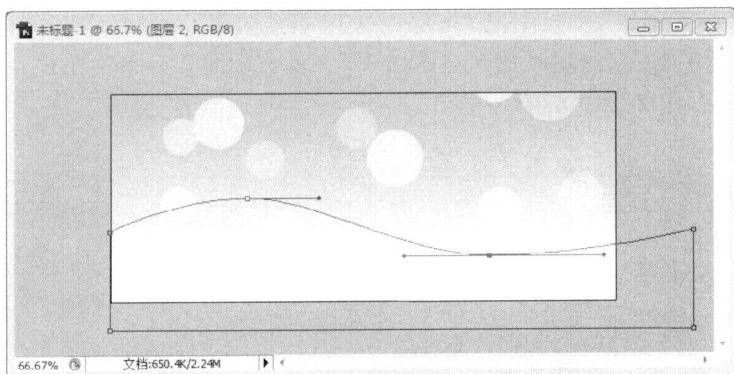

图 2-3-14　调整锚点位置　　　　图 2-3-15　将路径转化为选区

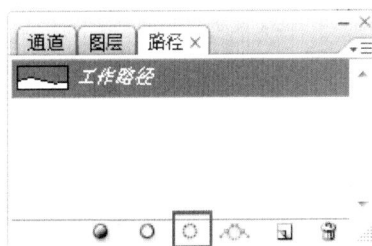

05 新建图层 3，使用"渐变工具"，在选区中从上往下绘制从绿色到浅黄色的线性渐变，完成后按"Ctrl + D"快捷键取消区。效果如图 2-3-16 所示。

图 2-3-16　填充渐变色

06 进入"路径"面板，选中"工作路径"，画布中出现之前所绘制的路径。用"路径选择工具"选中路径并向左移动到合适的位置，如图 2-3-17 所示。

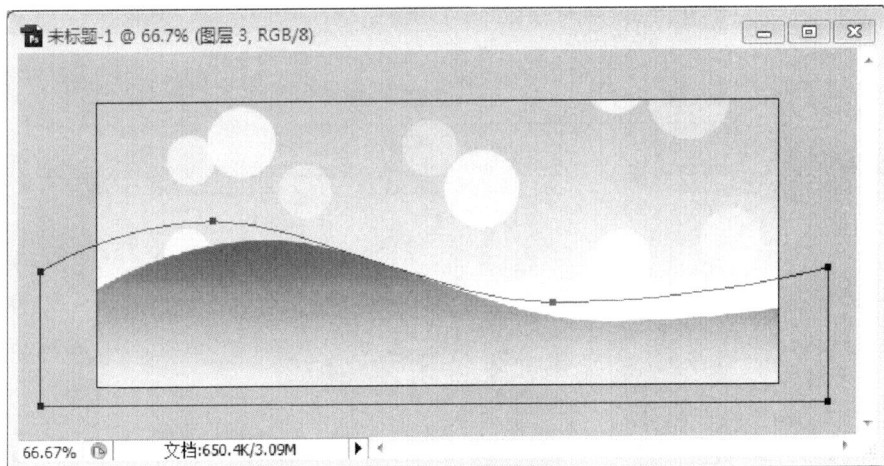

图 2-3-17　移动路径

07 按"Ctrl + Enter"快捷键转化为选区，回到"图层"面板，新建图层 4，使用"渐变工具"绘制线性渐变，渐变色按之前的不变。按"Ctrl + D"快捷键取消选区。

08 在"图层"面板中把"图层4"的"不透明度"调整到"70%",并把"图层4"下移一层,放在"图层3"下面,如图2-3-18所示,完成后的效果如图2-3-19所示。

图 2-3-18　调整图层透明度并下移图层　图 2-3-19　调整图层透明度并下移图层后的效果

5. 使用钢笔工具绘制路径

01 在工具箱中单击"钢笔工具"按钮,在画布上适当的位置绘制一个三角形,如图2-3-20所示。

02 用步骤4的方法,采用"添加锚点工具"在三角形的上下两个边各添加两个锚点,如图2-3-21所示。

图 2-3-20
绘制三角形路径

图 2-3-21　添加锚点

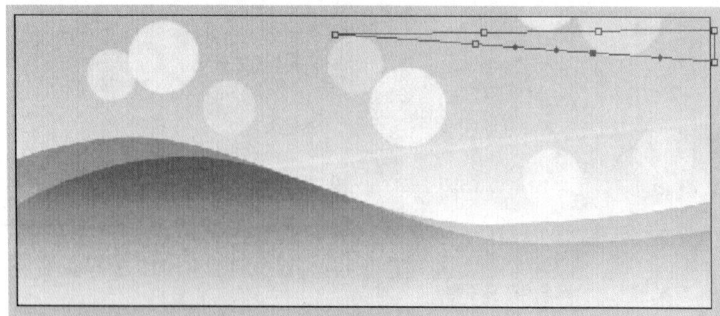

03 使用"直接选择工具"选中添加的左边两个锚点向下拖动并调整位置,再选中添加的右边两个锚点向上拖动并调整位置。选中其他的锚点进行微调,调整后的形状如图2-3-22所示。

04 按"Ctrl + Enter"快捷键将路径转化为选区，在图层面板中新建图层 5，并填充绿色，如图 2-3-23 所示。

图 2-3-22
调整锚点位置

图 2-3-23
为选区填充颜色

6．添加产品图片

01 打开"夏士莲 1.psd"图片文件，使用"移动工具"把夏士莲产品图片拖入画布中，按"Ctrl + T"快捷键打开变形调整框，并按住"Shift"键拖动控点等比例缩小图片大小。调整合适后按"Enter"键确认变形。

02 按住"Alt"键的同时，使用"移动工具"拖动并复制一个新的夏士莲图片图层。调整大小和位置，效果如图 2-3-24 所示。

图 2-3-24
放置产品图片

7．添加倒影

01 选中夏士莲所在的图层 6，用"移动工具"按住图层 6 拖动到"图层"面板的"创建新图层"按钮上复制多一个图层，如图 2-3-25 所示。新复制的图层自动命名为"图层 6 副本 2"。

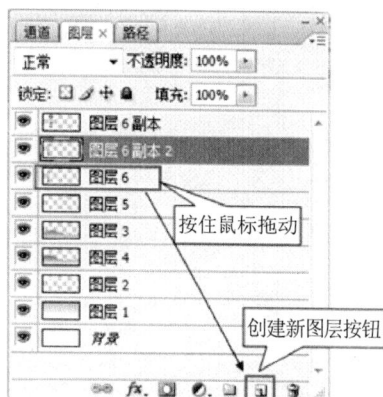

图 2-3-25　复制图层

02 按"Ctrl + T"快捷键打开变形调整框，在框中右击"垂直翻转"，按"Enter"键确认变形，然后使用"移动工具"把该图片向下移动放置在合适的位置，并把该图片所在图层（即"图层 6 副本 2"）下移到"图层 6"下面。

03 按住"Ctrl"键的同时单击"图层 6 副本 2"缩略图，载入该图层的对象选区，使用"渐变工具"为选区填充从绿色到黄色的线性渐变，颜色值按之前的设置不变，填充完后按"Ctrl + D"快捷键取消选区。

04 用同样的方法为另一个夏士莲瓶子添加倒影。效果如图 2-3-26 所示。

图 2-3-26　添加瓶子倒影

8．输入文字

01 在工具箱中单击"文字工具"按钮，在文档中输入文字"Hazeline 夏士莲"，文字大小为"28 点"，消除锯齿的方法为"浑厚"，字体颜色为"白色"。选中英文"Hazeline"，设置字体为"Arial"，选中中文"夏士莲"，设置字体为"黑体"，如图 2-3-27 所示。

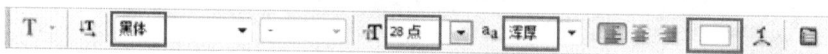

图 2-3-27　设置"文字工具"选项

02 在"图层"面板新建图层 7，并把图层 7 下移一层，拖动到文字图层下面。

03 单击"圆角矩形工具"按钮，在"圆角矩形工具"栏中设置属性为"填充像素"，半径为"10px"，并设置前景色为绿色，如图 2-3-28 所示。设置完成后在文字所处的位置上绘制一个圆角矩形。注意圆角矩形要绘制在图层 7 中。

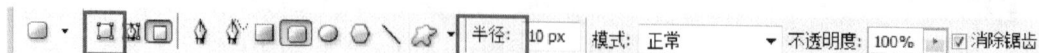

图 2-3-28　设置"圆角矩形工具"选项

04 在圆角矩形中输入"夏士莲薰衣草黄菊沐浴露"，设置文字大小为"17点"，字体为"黑体"，消除锯齿的方法为"浑厚"，颜色为绿色，单击工具栏上的"显示/隐藏字符和段落调板"按钮，打开"设置"面板，设置字符间距为"0"，字体形状为"仿粗体"，如图2-3-29所示。输入"沐浴自然 全家共享"，其文字大小为"52点"，字体为"黑体"、"浑厚"，颜色为绿色。用同样的方法在"字符调板"中设置字体形状为"仿粗体"，完成后的效果如图2-3-30所示。

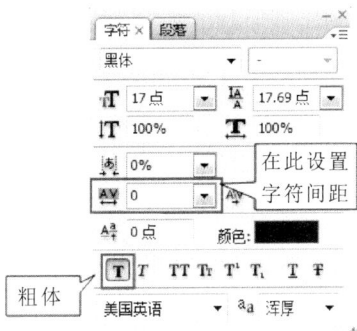

图 2-3-29　设置字符调板选项1

图 2-3-30
输入文字并设置"字符"选项后效果

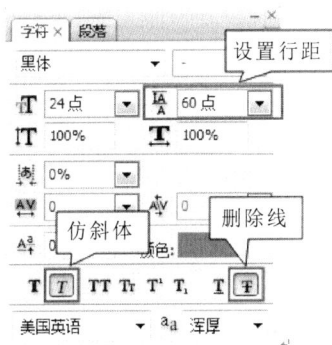

05 在文档右下角输入如图2-3-31所示的字符，选中"32"，设置字体为"Times New Roman"，大小为"60点"，在"字符调板"中设置字体形状为"仿粗体"、"仿斜体"，颜色为红色；选中"元"，设置为黑体、24点、红色、仿斜体，其他字符设置为黑体、24点、绿色。打开"字符调板"，选中右下角所有字符，设置行距为"60点"，选中第二行字，单击"删除线"按钮，为第二行字添加删除线，效果如图2-3-32所示。

06 添加图层样式。选中"沐浴自然 全家共享"文字图层并双击，打开"图层样式"，选择"外发光"选项，参数按默认设置。用同样的方法为"夏士莲薰衣草黄菊沐浴露"文字图层添加"外发光"图层样式，参数按默认设置。效果如图2-3-31所示。

图 2-3-31　输入右下角文字并设置"字符"选项后效果　　图 2-3-32　设置字符调板选项2

基础实训 2　设计分类标题栏

实训目的：掌握分类标题栏的设计和制作方法。

操作要求：能自行使用 Photoshop 软件设计和制作出分类标题栏，要能较好地体现出标题栏的质感。

技能点拨：分类标题栏的质感体现主要通过 Photoshop 的"图层样式"面板进行调整和设置。按钮的立体感一般通过渐变主体色、高光和暗部这三个要素来体现。

实训步骤

01 新建图片文档。启动 Photoshop，单击菜单栏中的"文件"→"新建"命令，创建一个"宽度"为"740 像素"，"高度"为"35 像素"，"分辨率"为"72 像素 / 英寸"，"颜色模式"为"RGB 颜色"，"背景内容"为"白色"的图片文档。

02 为新图层填充前景色。在"图层"面板新建图层 1，按"Alt + Delete"快捷键填充前景色。在图层面板上双击图层 1，打开"图层样式"面板。

03 设置渐变叠加。在"图层样式"面板中勾选"渐变叠加"复选框，单击"渐变"编辑框编辑渐变色，设置渐变色为绿色到黄绿色，如图 2-3-33 所示。设置完成后单击"确定"按钮。

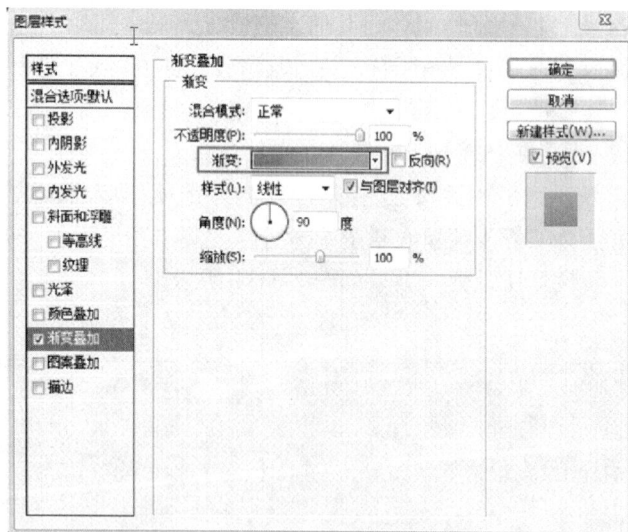

图 2-3-33
设置"渐变叠加"样式

04 绘制右侧区域并填充前景色。使用"钢笔工具"绘制如图 2-3-34 所示的路径，按"Ctrl + Enter"快捷键把路径转化为选区。在图层面板中新建图层 2，按"Alt + Delete"快捷键为选区填充前景色，然后按"Ctrl + D"快捷键取消选区。

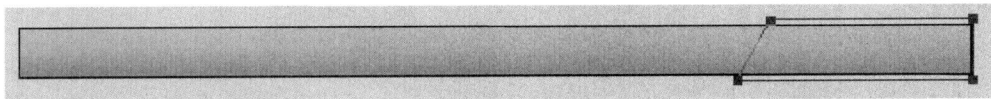

图 2-3-34 绘制路径

05 添加渐变色。双击图层 2，打开"图层样式"面板，用步骤 3 的方法设置"渐变叠加"，渐变色为黄色到鲜黄色。效果如图 2-3-35 所示。

图 2-3-35 绘制渐变色效果

06 添加高光。

① 为了便于观察高光效果，应先扩充画布大小。单击菜单栏中的"图像"→"画布大小"命令，打开"画布大小"面板，勾选"相对"，设置"宽度"和"高度"分别为"3 厘米"（即相对原来的大小，宽和高都增加 3 厘米）。"画布扩展颜色"为"白色"，设置完成后单击"确定"按钮，如图 2-3-36 所示。

② 绘制高光部分。在"图层"面板中新建图层 3，在工具箱中单击"直线工具"按钮，设置其"粗细"为"1px"，"不透明度"为"60%"，如图 2-3-37 所示。把前景色设为"白色"，按住"Shift"键拖动鼠标，在图像靠近顶部的位置绘制一条直线。效果如图 2-3-38 所示。

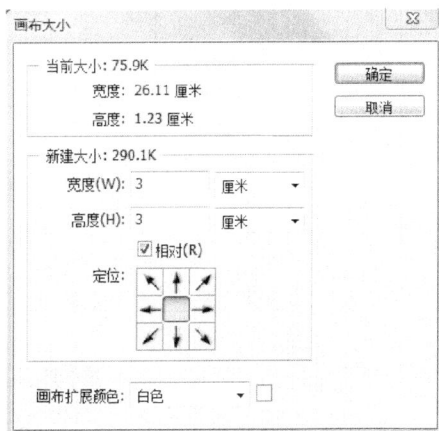

图 2-3-36 扩充画布大小

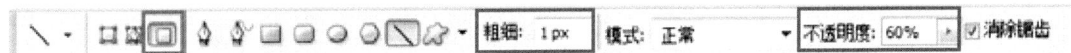

图 2-3-37 设置"直线工具"选项

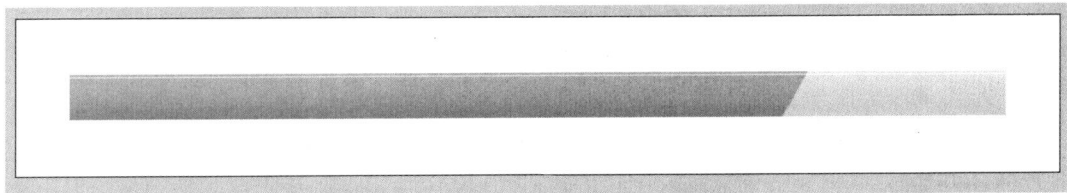

图 2-3-38 使用"直线工具"绘制高光效果

07 绘制圆形小孔。在"图层"面板新建图层4，在工具箱中单击"椭圆选框工具"按钮，在画布中按住"Shift"键绘制一个正圆形并填充为白色。双击"图层4"，在"图层样式"面板中勾选"内阴影"复选框，设置"不透明度"为"50%"，"角度"为"60度"，"距离"为"2像素"，"大小"为"5像素"，其他为默认值，单击"确定"按钮完成设置。如图2-3-39所示。

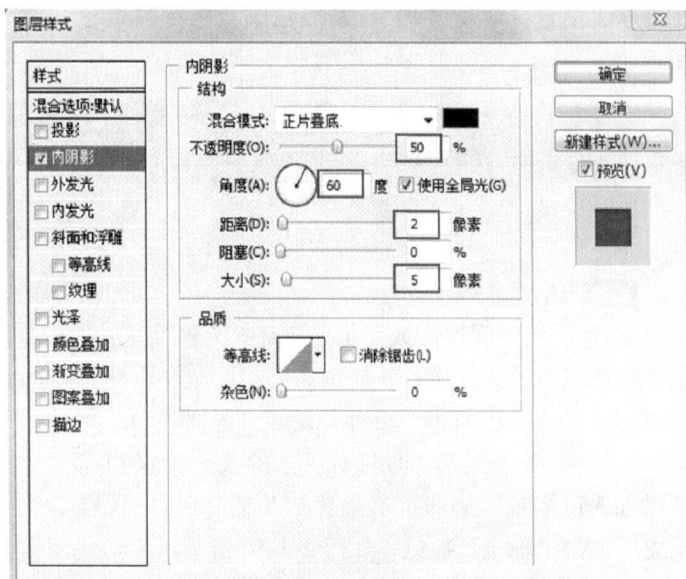

图2-3-39
设置"内阴影"图层样式

08 输入文字。在工具箱中单击"横排文字工具"按钮，在文本框中输入文字"商品介绍"，设置字体为"黑体"，大小为"18点"，字体颜色为"白色"。用同样的方法输入英文字"WELCOME TO MY SHOP，HAPPY SHOPPING"，字体为"黑体"，大小为"14点"，第一行字的颜色为白色，第二行为黄色。完成后的效果如图2-3-40所示。

图2-3-40　商品介绍标题栏效果

09 更改文字，制作所需的一系列分类标题栏。

拓展实训1　设计商品介绍区

实训目的：掌握商品介绍区的设计和制作方法。

操作要求：能自行使用Photoshop软件设计和制作出商品介绍区，要求颜色搭配合理，版面布局美观大方。

技能点拨：商品介绍区要突出商品的卖点及相关说明与参数。商品介绍区的设计涉及段落文本和图片的排版与布局，需做到布局合理，既能直观地把信息传达给客户，又能给人以美的感受。

商品介绍区设计效果如图 2-3-41 所示。

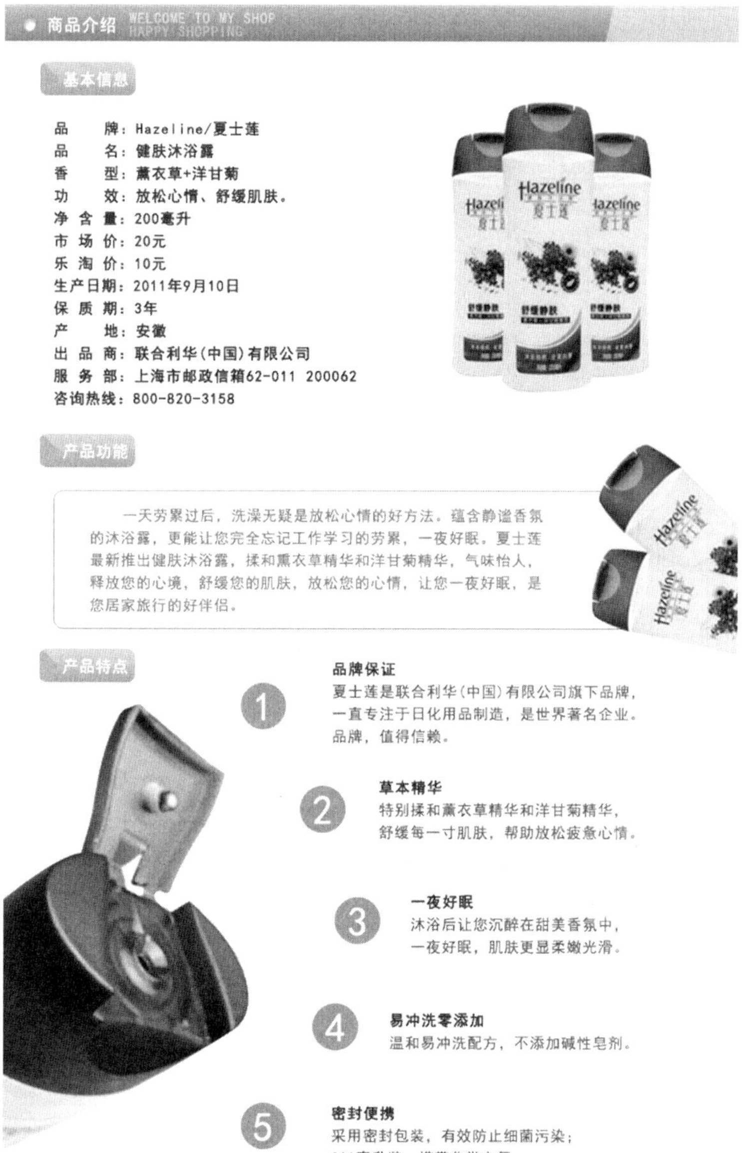

图 2-3-41　商品介绍区设计效果

实训步骤

1．新建图片文档

启动 Photoshop，单击菜单栏中"文件"→"新建"命令，创建一个"宽度"为"740 像素"，"高度"为"1200 像素"，"分辨率"为"72 像素 / 英寸"，"颜色模式"为"RGB"颜色，背景为白色的图片文档。

2．合并图层

打开"基础实训 2"设计制作完成的"商品介绍"标题栏，在"图层"

面板中选中除背景图层之外的所有图层，在右键菜单中选择"合并图层"选项即可把所选的图层全部合并。单击工具箱中的"移动工具"按钮，选中刚合并的图层并拖动到新文档中，放置在文档顶端。

3. 绘制小标题按钮

01 在工具箱中单击"圆角矩形工具"按钮，在"圆角矩形工具"栏中设置属性为路径，"半径"为"10px"，如图 2-3-42 所示，设置完成后在画布的空白处拖动鼠标绘制一个圆角矩形。按"Ctrl + Enter"快捷键把路径转化为选区，在"图层"面板新建图层 1，按"Alt + Delete"快捷键为选区填充前景色。按"Ctrl + D"快捷键取消选区。

图 2-3-42　设置"圆角矩形工具"选项

02 双击图层 1 打开"图层样式"面板，选中"渐变叠加"，设置渐变色为橙色到橙黄色，如图 2-3-43 所示，单击"确定"按钮退出。

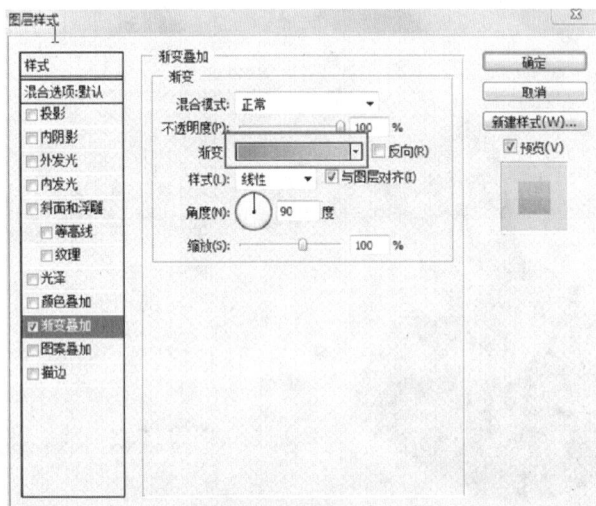

图 2-3-43
设置"渐变叠加"图层样式

03 在工具箱中单击"钢笔工具"按钮，在橙色按钮上绘制三角形路径。为了绘制整齐，可以使用辅助线，绘制完后把路径转化为选区。新建图层 2，设置前景色为绿色，为选区填充前景色，效果如图 2-3-44 所示。

04 裁剪掉绿色三角形路径多余的角。按住"Ctrl"键单击图层 1 缩略图，载入图层 1 对象的选区。按"Shift + Ctrl + I"快捷键反选选区，单击图层 2，按"Delete"键删除多余的角，然后按"Ctrl + D"快捷键取消选区，效果如图 2-3-45 所示。

图 2-3-44
绘制按钮

图 2-3-45
裁剪多余的角

05 输入文字。使用"横排文本工具"输入文字,设置字体为"黑体",大小为"16点",消除锯齿的方法为浑厚,字体颜色为白色,如图2-3-46所示,完成后的效果如图2-3-47所示。

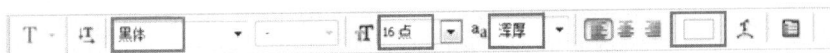

图2-3-46　设置"文字工具"选项　　　　图2-3-47　输入文字

06 链接按钮图层。同时选中有关按钮的三个图层,右击并选择"链接图层"选项。把有关按钮的几个图层链接起来,并把按钮移动到文档中合适的位置。

07 按住"Alt"键的同时,拖动并复制两次按钮,分别放在合适的位置,然后修改文字图层中的文字。

08 创建组文件夹对图层进行管理。为了避免图层太多,看起来比较杂乱,可以在"图层"面板中创建图层组对图层进行管理。在图层面板中单击"创建新组"按钮,创建"组1"文件夹,选中所有的按钮图层,并向上拖动到"组1"文件夹中。可以单击"组1"文件夹左边的箭头收起和展开图层,图2-3-48是收起图层的效果。

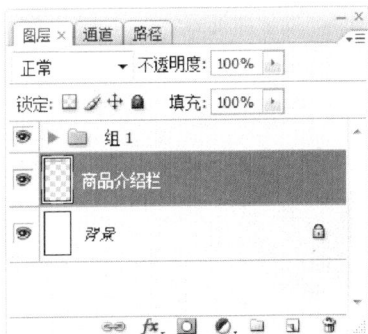

图2-3-48　创建组文件夹管理图层

4. 插入图片

01 打开"夏士莲1.psd"图片文件,使用"移动工具"把图片拖入画布中,按"Ctrl + T"快捷键打开变形调整框,并按住"Shift"键拖动控点等比例缩小图片大小。调整合适后按"Enter"键确认变形。按住"Alt"键的同时,用"移动工具"拖动并复制一个新的图片图层,重复该步骤再复制多个图片图层,调整各图层图片的大小和位置,参照图2-3-49放置在文档中的恰当位置。

02 用同样的方法打开"夏士莲2.psd"图片,拖动并放置在文档的恰当位置,按"Ctrl + T"快捷键调出变形调整框,等比例缩小图片大小,并旋转图片到合适的角度,效果如图2-3-49所示。

03 在"图层"面板中新建"组2",选中所有的图片图层并拖动到"组2"文件夹中,单击"组2"文件夹左边的向下箭头把文件夹中所包含的图层收起来。

5. 绘制项目符号图标

01 在工具箱中单击"椭圆选框工具"按钮,在工具属性栏中设置其样式为固定大小,"宽度"和"高度"为"60px",如图2-3-50所示。

图2-3-49　插入图片后效果

图2-3-50
设置"椭圆选框工具"选项

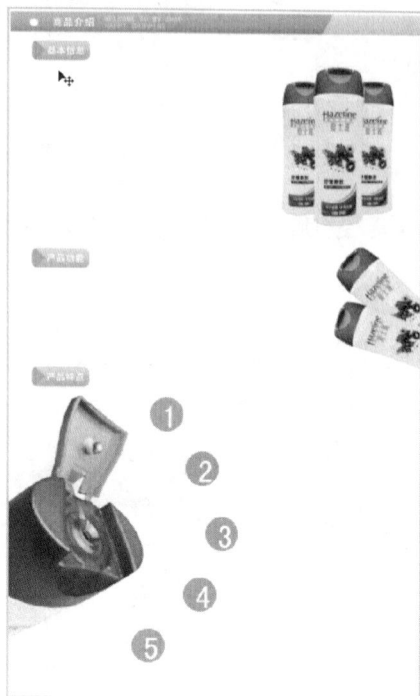

图 2-3-51　绘制项目符号图标后的效果

02 在"图层"面板中新建一个图层，在文档的适当位置单击，即可绘制一个 60 像素的正圆形。

03 设置前景色为绿色，按"Alt + Delete"快捷键即可为选区填充前景色。按"Ctrl + D"快捷键取消选区。

04 使用"横排文本工具"输入文字，设置字体为"黑体"，大小为"55 点"，消除锯齿方法为浑厚，字体颜色为白色。

05 选中文字图层和绿色圆形所在的图层，右击并选择"链接图层"选项，把两个图层链接在一起。

06 按住"Alt"键的同时使用"移动工具"拖动并复制另外四个图形对象，更改数字，放置在合适的位置。效果如图 2-3-51 所示。

07 在图层面板中新建"组 3"文件夹，选中所有的项目符号相关的图层并拖动到"组 3"文件夹中。

6. 插入段落文字

01 在工具箱中单击"横排文本工具"按钮，在文档中按下鼠标拖动创建一个矩形的文本输入框。打开"夏士莲 .txt"文本文件，复制"基本信息"相关的段落文字，在文本框中右击，选择"粘贴"选项，把段落文本粘贴入文本框。

02 选中所有段落文字，设置字体为"黑体"，大小为"15 点"，消除锯齿的方法为"浑厚"，字体颜色为"深灰色"，如图 2-3-52 所示。

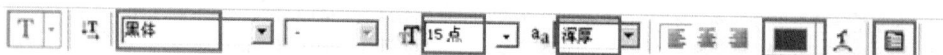

图 2-3-52　设置"文本工具"选项

03 设置字符行距。在工具栏单击"显示 / 隐藏字符和段落调板"按钮，打开设置面板。在该面板中设置行距为"22 点"，如图 2-3-53 所示。设置后的效果如图 2-3-54 所示。在工具箱中单击其他工具按钮退出文本编辑状态。

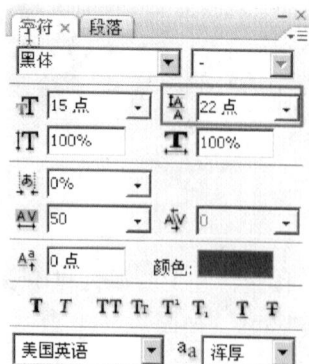

图 2-3-53　设置"字符调板"

图 2-3-54　设置字符选项后的效果

04 用同样的方法插入"产品功能"说明文字。设置字体为"黑体",大小为"15 点",消除锯齿方法为"浑厚",字体颜色为绿色,字符行距为"22 点"。

05 绘制"产品功能"说明文字的圆角矩形边框。在"图层"面板中新建图层,并把新建的图层移动到背景图层上一层的位置。在工具箱中单击"矩形工具"按钮,在"矩形工具"属性栏中选择"路径"选项,设置半径为"10px",在"产品功能"标题按钮下绘制一个圆角矩形框,把说明文字框在里面。按"Ctrl + Enter"快捷键把路径转化为选区。单击"编辑"→"描边"命令,在"描边"面板中设置"宽度"为"1px",位置为"居中",颜色为"灰色",如图 2-3-55 所示,单击"确定"按钮退出后,按"Ctrl + D"快捷键取消选区,效果如图 2-3-56 所示。

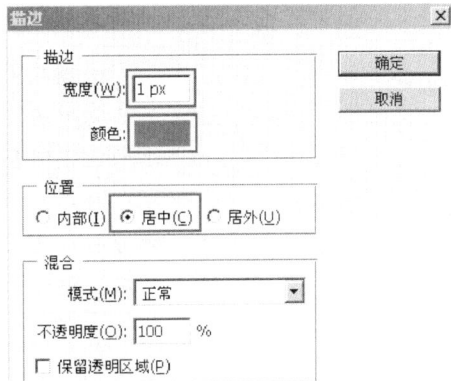

图 2-3-55 设置"描边"选项

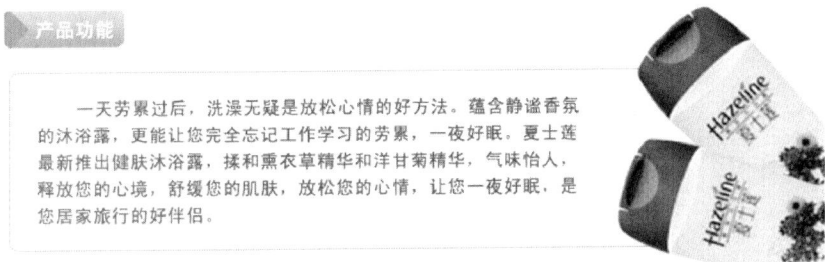

产品功能

一天劳累过后,洗澡无疑是放松心情的好方法。蕴含静谧香氛的沐浴露,更能让您完全忘记工作学习的劳累,一夜好眠。夏士莲最新推出健肤沐浴露,揉和熏衣草精华和洋甘菊精华,气味怡人,释放您的心境,舒缓您的肌肤,放松您的心情,让您一夜好眠,是您居家旅行的好伴侣。

图 2-3-56 为文字加上圆角矩形框后的效果

06 用同样的方法插入"产品特点"说明文字。小标题文字颜色为紫色,字体为"黑体",大小为"20 点",正文文字颜色为灰色,大小为"16 点",如图 2-3-57 所示。

产品特点

1 **品牌保证**
夏士莲是联合利华(中国)有限公司旗下品牌,专注于日化用品研制,是世界知名企业之一。品牌,值得信赖。

2 **草本精华**
特别揉和薰衣草精华和洋甘菊精华,舒缓每一寸肌肤,帮助放松疲惫心情。

3 **一夜好眠**
沐浴后让您沉醉在甜美香氛中,一夜好眠,肌肤更显柔嫩光滑。

4 **易冲洗零添加**
温和易冲洗配方,不添加碱性皂剂。

5 **密封便携**
采用密封包装,有效防止细菌污染;200毫升装,携带非常方便。

图 2-3-57
图文排版效果

小贴士

选中连续的多个图层的方法是先选中最下面的图层,按住"Shift"键的同时单击最上面的图层,即可把上下范围内的所有图层一起选中;选中不连续的多个图层的方法是先选中其中的一个图层,然后按住"Ctrl"键,单击选择需要的其他图层。

拓展实训2　设计商品展示区

　　实训目的：掌握商品展示区的设计和制作方法。

　　操作要求：能自行使用 Photoshop 软件设计和制作商品介绍区，要求颜色搭配合理，版面布局美观大方。

　　技能点拨：商品展示区是商品外观及细节图的展示区域，在设计这部分时通常要用到剪贴蒙版，剪贴蒙版可以在不破坏素材大小和形状的基础上调整素材的形状、大小和显示区域。

　　商品展示区设计效果如图 2-3-58 所示。

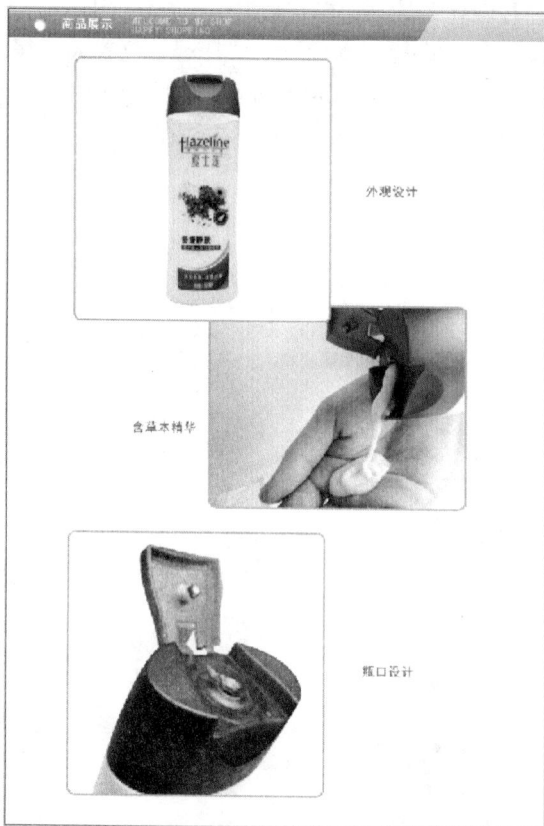

图 2-3-58
商品展示区设计效果

实训步骤

　　01 新建图片文档。启动 Photoshop，单击菜单"文件"→"新建"命令，创建一个"宽度"为"740 像素"，"高度"为"1090 像素"，"分辨率"为"72 像素 / 英寸"，"颜色模式"为"RGB 颜色"，"背景内容"为"白色"的图片文档。

　　02 打开"基础实训2"，设计制作的"商品展示"标题栏，单击工具箱中的"移动工具"按钮，选中该图片并拖动到新文档中，放置在文档顶端。

03 在"图层"面板新建图层 1,在工具箱中单击"圆角矩形工具"按钮,在"圆角矩形工具"属性栏中设置属性为填充像素,半径为"10px",并设置前景色为白色,如图 2-3-59 所示。设置完成后在文档的适当位置绘制一个圆角矩形。

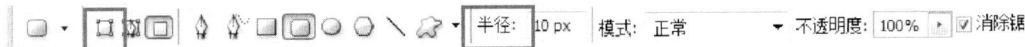

图 2-3-59　设置"圆角矩形工具"选项

04 双击图层 1,打开"图层样式"面板,勾选"描边"复选框,设置大小为"3 像素",颜色为橙色,其他为默认值,如图 2-3-60 所示。设置完成后单击"确定"按钮退出。

05 打开"夏士莲 1.psd"图片文件,使用"移动工具"把夏士莲产品图片拖入画布中,按"Ctrl + T"快捷键打开变形调整框,并按住"Shift"键拖动控点等比例缩小图片。调整合适后按"Enter"键确认变形,并把该图片放置在之前绘制的圆角矩形框中。

06 新建图层 3,绘制一个圆角矩形,并设置橙色描边。打开"夏士莲 3.psd"图片,将该图片拖入画布,并调整大小。

07 在"图层"面板中右击图层 4,即"夏士莲 3"图片所在图层,选择"创建剪贴蒙版"选项。创建剪贴蒙版后的图层面板如图 2-3-61 所示。可以使用"移动工具"移动"夏士莲 3"图片的位置,调整该图片在圆角矩形框里的显示范围。

图 2-3-60　设置"描边"图层样式

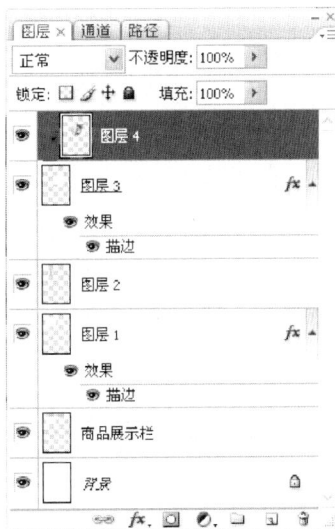

图 2-3-61　创建剪贴蒙版

08 同时选中图层 3 和图层 4,使用"移动工具"把这两个图层移动到图层 1 下面。

09 用同样的方法绘制下面的圆角矩形框并把名为"夏士莲2"的商品细节图放入圆角矩形框内。适当地调整该图片的大小和角度。

10 输入文字，文字为"黑体"，大小为"18点"，颜色为绿色。完成后的效果如图2-3-58所示。

拓展实训3　设计帮助与说明区

实训目的：掌握帮助与说明区的设计和制作方法。

操作要求：能自行使用Photoshop软件设计和制作出帮助与说明区，要求颜色搭配合理，版面布局美观大方。

技能点拨：帮助与说明区可以对常见问题进行答疑，也可以对可能引起的争议事项做事先的说明。本案例中所使用的图标来自于Photoshop自带的自定义形状工具。

帮助与说明区的设计效果如图2-3-62所示。

图2-3-62　帮助与说明区设计效果

实训步骤

01 新建图片文档。启动Photoshop，单击菜单栏中"文件"→"新建"命令，创建一个"宽度"为"740像素"，"高度"为"600像素"，"分辨率"为"72像素/英寸"，颜色模式为"RGB颜色"，背景为白色的图片文档。按前述的方法放置好"购物须知"标题栏，绘制圆角矩形框并插入段落文本。具体方法可参照"拓展实训1"，在此不再赘述。

02 绘制图标。在工具箱中单击"自定义形状工具"按钮，在"自定义形状工具"属性栏中设置属性为填充像素，并设置前景色为需要绘制的图标颜色，单击"形状"下拉按钮，并在打开的下拉菜单中单击右箭头，如图 2-3-63 所示。在打开的菜单中选择"全部"，打开提示框，提示"是否用全部 .csh 中的形状替换当前的形状？"如图 2-3-64 所示。单击"确定"按钮进行替换。

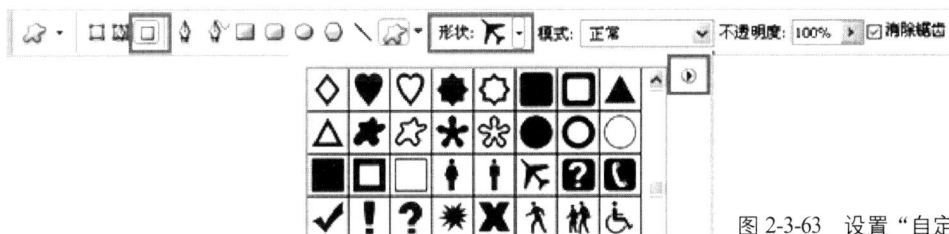

图 2-3-63　设置"自定义形状工具"选项

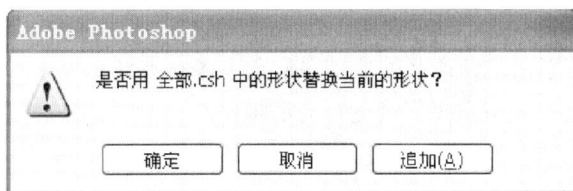

图 2-3-64　系统提示框

选中需要的图标，如飞机、电话等矢量图像，按住"Shift"键的同时，拖动鼠标在画布上绘制图像即可完成。用同样的方法绘制其他白色的图标，并在白色的图标下新建图层，绘制从黄绿色到绿色的渐变色矩形作为背景。全部完成后的效果图参见图 2-3-62 所示。

> **小贴士**
>
> 在设计小图标的时候，借助 Photoshop 自带的自定义形状工具选项进行设计，可达到事半功倍的效果。

项目小结

本项目主要介绍了在淘宝天猫及京东网上开设店铺及进行网店装修的流程和方法，并结合电子商务技能竞赛的要求介绍了电子商务实训平台的使用方法和网店装修技巧。

在淘宝网上开店的流程和电子商务实训平台的开店流程类似，包含了注册用户，开通支付工具、开通网店、发布商品、店铺装修等流程。至于网店装修，又具体涉及店标店招设计，店铺促销区设计，左侧栏设计如设置左侧搜索栏模块、宝贝分类模块、客服中心模块等，其他模块如设置掌柜推荐、宝贝推广区等。

店面装修的设计要注意店铺的主营产品方向和店铺风格，根据需要使用不同的颜色搭配、字体搭配和配图，让顾客能够一目了然，能够通过店铺的装修了解店铺的营业方向等。

商品描述页的设计要注意和店铺整体风格的设计相匹配，除了要注意用色和布局之外，还要注意站在消费者角度进行商品描述页的设计。要换位思考，弄清顾客最关心的内容，把顾客最感兴趣的内容展示或描述出来。通常，商品描述页放置的内容包括商品促销内容、商品卖点介绍、商品的形象展示和细节图展示、售前说明或购买须知等相关内容。

习 题

一、理实一体化题

1. 网店装修指在淘宝、易趣、拍拍等网络平台允许的_____范围内，通过使用_____、_____及_____等让店铺变得更美观的过程。

2. 淘宝网的店招默认为_____像素，文件需小于_____KB，所支持的格式有_____、flash 等，一般在店招位置展示_____、_____、_____和联系方式等信息。

3. 宝贝分类的图片宽度在_____像素以内。

4. 淘宝网的商品描述页宽度为_____像素，电子商务平台的商品描述页宽度为_____像素。

5. 简要叙述在淘宝网上开设标准版旺铺的流程。

6. 比较在淘宝网上进行网店装修及在电子商务实训平台上进行网店装修的异同，它们各自允许装修设计的模块分别有哪些？

7. 网店装修在风格设计上要注意什么？针对不同主营产品的店铺在配色上各自有什么要求？

8. 商品描述页通常放置哪些内容？请列举出来并按重要程度进行先后排序。

二、实训题

实训题 1　设计儿童服饰店铺的店招。

操作要求：掌握儿童服饰店店招的设计方法。

技能点拨：针对儿童的特点，可将店招设计得较可爱活泼。

实训题 2　设计书画店导航。

操作要求：掌握书画店的导航设计方法。

技能点拨：针对书画店的特点，可将导航条与书画结合，设计书画风格的导航条。

实训题 3　自己动手在淘宝网上开设一个网络店铺，并进行网店装修。

操作要求：掌握开设网络店铺和网店装修的流程。

技能点拨：网店装修具体包含店标店招设计，店铺促销区的设计、左侧栏设计、模块设计。

实训题 4　设计商品描述页。

操作要求：选择一种自己熟悉的商品，用 Photoshop 软件为该商品设计商品描述页。

技能点拨：商品描述页包括商品促销区、商品介绍区、商品展示区以及购物须知等相关模块的设计。

项目3 网络营销

岗位情景设计

　　在经历了前期的商品拍摄和店铺装修后，马华云的网店终于开起来了。但是成交量与马华云预期的效果相差甚远。看来虽然网上开店容易，赚钱却非易事。从经营方面来说，网店和实体店一样，都存在很大的竞争，但网店面对的是全球网民，商圈更大，对从业者的要求也更高。那么，如何在众多网店中脱颖而出呢？马华云听说同学小林通过论坛发帖、邮件投递促销信息等网络营销方式成功达成了许多交易，提升了销售额，于是他也想试一试……

学习目标

- 掌握网络营销方案的制定。
- 了解网络营销市场调研的开展。
- 理解搜索引擎优化的原理并掌握操作技能。
- 掌握多种网络营销工具的使用。

学习任务

- 营销方案制定
- 网络营销市场调研
- SEO搜索引擎优化
- 其他营销工具使用

3.1 营销方案制定

在网络经济时代，商品要具有竞争力，不仅在于商品本身的质量，还与卖家的运作、营销的方法、商品的价格有很大关系。网络营销已随着网络的普及而逐渐被越来越多的企业所关注，但是要获得网络营销策划的成功需要谦虚学习，不断探索，网络营销与传统营销是相似的，"事无预则不立"，成功与失败的关键因素在于营销方案策划。网络营销策划的第一个结果是形成网络营销方案。网络营销方案必须具有可操作性，否则毫无价值可言。这种可操作性表现为，在网络营销方案中，策划者根据企业网络营销的目标和环境条件，就企业在未来的网络网站推广营销活动中做什么、何时做、何地做、何人做、如何做的问题进行了周密的部署、详细的阐述和具体的安排。网络营销策划的关键因素有以下几点。

1. 网络营销的正确认识

网络营销的成功案例非常多，在做网络营销策划时不要只看到网络营销的成功案例，而是要根据企业自身的情况，要考虑到整个营销策划的细节，在这点上网络营销和传统营销是相同的。

2. 专业的网络营销团队

"工欲善其事，必先利其器"，组建合适的团队是营销成功的先决条件。在团队的管理上，还必须要做到分工合理，相应的职责要明确到每一个人，检查起来才有据可查，责任才能落实到每个人，相应的计划才能执行下去。

3. 有效的营销方案制定

对于网络营销目标的制定，很多企业都不太在意，要么觉得能做多少算多少，要么觉得越大越好。这种想法直接导致的是网络营销工作无法检查，因为没有一个标准，谁也不需要为此负责任，在这种情况下，要想成功是有些困难的。

4. 营销方案的有效执行

再完美的方案不执行也只是一个方案，做网络营销策划同样需要成本，需要考虑投资回报率，及时高效的方案执行才会降低成本，付费的就要精于预算，在将免费的营销方式完成之后要有效地控制付费的推广，不是所有的访问都会创造价值。执行力在一定程度上影响着网络营销的成本。

当然，一个好的策划要考虑的因素会很多，有了好的方案并将营销落实到细节才是重要的。

◻ 实践操作

基础实训 设计网络营销方案

实训目的：学会搜索完整的网络营销战略规划书案例，分析理解规划书的内容提纲结构。

操作要求：掌握上网搜集营销方案的关键字组合技巧。

技能点拨：看完案例后，列出规划书的提纲并分析哪些是必要的可借鉴的模式。

实训步骤

01 上网搜索。搜索完整的网络营销战略规划书案例。

02 列出提纲。根据收集到的信息尽可能详细地列出网络营销战略规划的主要内容提纲。

下面给出某手机品牌 A 网络营销方案策划书供参考。

手机品牌 A 网络营销方案策划书

一、网络营销设计方案

（一）网络营销目标

A 在普通民众中的知名度不高，然而对于一个企业来说，品牌的知名度是非常重要的。创造利润是最终目标，所以销售是非常重要的。因此 A 公司制定了两个目标，即销售目标和品牌推广目标。

销售目标主要是为 A 拓宽销售网络，借助网上的交互性、直接性、实时性和全球性为顾客提供方便快捷的网上售点。凭借互联网的各种形式多样的方式向消费者传递各种有利的信息。利用网络销售成本低等特点，为企业创造利润。

品牌推广目标主要是在网上树立起自己的品牌形象，利用各种互联网上的资源，宣传 A 的各种有利形象，加强消费者对自己的印象，建立顾客的品牌知名度，为企业的后续发展打下扎实的基础。配合企业现行的销售目标，提高销售收入。

（二）网络营销实施策略

从营销手法上，采用传统的 4P 营销手法，即产品（product）、价格（price）、渠道（place）和促销（promotion）。因为现在 A 还处于企业发展的上升阶段，应该以满足市场需求为主要目标，拓宽市场，提高销量。

1. 产品和价格策略

企业要想卖出产品，首先应该了解顾客需要什么样的产品。销售

产品,就必须以市场为导向,不能闭门造车。这就要求企业要不停创新,这也是 A 的基本原则。只有走在潮流的前头,才不会被时代所淘汰。

A 将其产品定位为时尚的、具有个性的手机。其手机产品外形时尚,具有鲜明的个性,工业设计优良,同其他手机具有鲜明的区别,具有其他手机无法替代的优点,独具匠心。只有这样的独一无二性,才能受到市场的青睐,不会使消费者产生审美疲劳。

A 目前主要定位于中高端市场,应用一些高端的硬件配置,以使手机的性能达到同类产品的前列,因此手机的价格也就相对较高。但是随着工艺的提高以及技术的发展,价格也就随之慢慢降低。A 也生产低端产品,在保持质量和工艺不变的情况下降低手机的硬件配置,以降低价格区间,满足低端消费者的需求。

2. 渠道与促销策略

网络营销主要分为网站建设和产品推广两部分。

(1)网站建设

A 公司的网站虽然简洁,但是仍很好地满足了用户的信息需求。通过网站,能吸引潜在的客户,增强网络营销的有效性。所以这是一个成功的网站。

(2)产品推广

1)提供免费服务。人们都喜欢免费的东西,并且会被免费的信息所吸引。通过免费的信息吸引人们访问网站,比被动地等别人来访问网站更有效。A 可以提供免费的手机应用软件给消费者,这样既能巩固现有的用户,也能吸引其他用户成为潜在客户。提供免费服务的同时,网站可以提供其他的互动方式,同用户保持互动,了解用户的需求,提供一些免费的产品,以吸引更多的用户。

2)E-mail 策略。可以通过给一些注册用户发送 E-mail,把最近的一些动态信息通过邮件让用户了解,并通过一些实际利益让用户把邮件转发给好友,只要满足某些条件,该用户就能获得 A 公司提供的奖品或其他东西。

建立完善的客户系统,每隔一段时间向用户发送新闻邮件,随时保持和用户的联系,用户可以向公司反映一些问题,公司帮助他们解决问题。这可以与客户保持联系、建立信任。这是发展品牌和建立长期关系的最好方法之一。

3)广告策略。网络广告是常用的网络营销方法之一。主要价值表现在品牌形象、产品促销等方面。主要有标志广告和关键字广告。

标志广告是最主要也是最基本的形式之一。A 公司可以在一些导航网站、门户网站上发布标志广告,通过发布一些促销信息、最新产品信息等吸引用户，增加产品的知名度，吸引潜在用户。

关键字广告的载体是搜索引擎，目前主要有百度的竞价排名和谷歌的关键字广告。我们可以在百度和谷歌上购买关键字，如手机、A、WM、Android 等。通过关键字广告，可以自由控制广告的预算，降低制作成本，提高投放效率，可以吸引潜在用户直达任何一个期望的目的网页，广告的效果便于统计。

4）合作策略。由于网络的自由性、开放性，网络时代的市场竞争是透明的，谁都能比较容易地掌握同业的竞争对手的产品信息与营销行为。因此网络营销争取顾客的关键在于适时获取、分析、运用来自网上的信息，运用网络组成一个关系可靠、互惠互利的合作联盟，并以网络合作为基础，实现资源共享，创造竞争优势。建立网络联盟或网上伙伴关系，就是将企业自己的网站与他人的网站关联起来，以吸引更多的网络顾客。A 可以和网易、新浪等门户式网站结成合作伙伴联盟，相互提供网站链接地址，也可以采用站内搜索的方式，相互提供搜索内容。

3. 客户关系管理策略

（1）建立消费者个人信息数据库

为用户建立起完善的个人信息数据库系统，以便随时了解用户的动态信息和用户的诉求。一个完整、有效的个人数据库对于企业至关重要，它可以把公司的最新产品信息传递给用户，以吸引用户的好奇心，并消费这个产品。

（2）定期与顾客保持联系

可以通过电话或邮件随时和客户保持联系，增加互动。询问他们对现有产品的使用感受、优缺点等，以及心目中理想产品的要求，增加对消费者的了解。

（3）为网站访问者提供免费的在线产品

这些产品可以是手机应用、手机使用等。还可以以实物作为具体回报，以答谢一些资深的、对产品做出贡献的用户。

二、方案实施计划

（一）具体行动方案

1. 活动主题

来 A 网站，感受时尚冲击，赢手机大奖。

2．活动时间

×××× 年 ×× 月 ×× 日到 ×××× 年 ×× 月 ×× 日。

3．线上活动内容

活动参与形式：本次线上的参与形式主要以抽奖为主，只要是注册 HTC 网站的用户，均有机会参加抽奖，100% 的中奖机会。在线时间越长，抽奖机会越多。

宣传方式：通过邮件发布消息给已经注册的用户，并告之转发邮件达到一定条件可以增加抽奖机会；在各大网站上发布网络广告；和合作网站合作，使他们配合此次活动。让这次活动得到大范围的传播，使更多人参加。

奖 品 设 置

奖项	奖品	数额
一等奖	A——Hero 手机	10 名
二等奖	A——Magic 手机	20 名
三等奖	A——Click 手机	50 名
优秀奖	A 网站荣誉会员	参加活动的所有人

（二）策划方案各项费用预算及效果

本次线上活动的具体预算及效果如下：

1）网上活动费用和网络广告费用及其他支出（包括奖品费用、人员支出等）预计为 ×× 万元。

2）本次活动预计会有 ×× 万人参加，从而达到提升品牌知名度的目的。

3）利用口碑效应，使这次活动从线上传到线下。

4）通过线上活动，可以得到大量的用户信息，构建更加完整的数据库，并且可以影响他们成为潜在消费者。

（三）方案调整

世界是变化的，因此方案也要有变动以应对突发情况。

1）可以根据用户的参与度调整预算，适当地增加或者减少。

2）根据参与人数的多少，可以适当增加奖品。

3）可以根据活动的影响，适当调整方案，增加后继的活动以引起持续的影响。

小贴士

在搜索时注意使用相近的关键字组合，如网络营销战略计划、网络营销规划、网络营销策划、网络营销方案、网络营销计划、网络营销实施方案等。

拓展实训　制定网络营销策划书

实训目的：了解制定网络营销方案策划书的步骤和实施方法。

操作要求：分析每个步骤的核心内容，围绕核心内容制订方案。

技能点拨：营销方案的制定关系到之后如何实施网络营销活动，切忌草率和随意制定，实施过程可采取上网查找资料、讨论与实地考察商品特点等方法。

实训步骤

01 分析商品的自身与行业特点。分析的内容包括网络市场环境、网上市场规模和购买力水平情况、竞争对手网络营销状况、产品性质与特点、产品在线销售的可能性、消费者的消费行为习惯和个性化需求，如图 3-1-1 所示。

目 标 群 体

据一项统计数据表明，已有超过六成的中国都市女性尝试过网上购物，网上"她经济"十分红火。一项调查显示，在 C2C 网上交易最主要的服装、化妆品和珠宝买卖中，女性买家和卖家的数量均超过男性。

网络之所以能够迅速成为女性购买物品的集散地，是因为女性容易受人影响，跟风和从众心理普遍，而网络则为女性提供了一个可以发表意见和接受意见的平台。另外，网上购物会使女性更忽略数字，使消费成为一种习惯。

在 C2C 和 B2C 领域，网上卖得最火的前五位商品分别是潮流时尚服装、饰物配件、箱包鞋帽、美容护肤化妆品、内衣产品。服装产品当仁不让地稳坐网络热销产品第一位。从传统的销售渠道可以看出，时尚类服饰尤其是女装，众多小型的服装店是销售货物的主要渠道。这也解释了为何淘宝上服装店汇聚了如此多的、极具特色的、个性化的服装产品，并且能够有那么多的购买需求。

向更广阔的市场营销自己，向全世界营销自己，是我国中小企业多年的愿望，网络营销就能实现这个愿望。

图 3-1-1　某服装企业所做的目标群体分析

02 确定网络营销的方案。确定本公司目标市场、网上产品定位网站的定位与功能、内容设计网站的推广方式组合、网站营销策略组合、确定网络营销的物流平台、网络营销的效果评估等。

03 撰写网络市场营销策划书。策划书要求思路清晰、重点突出、营销方案切实可行，字数在三千字左右。图 3-1-2 为某服装企业所做的网络营销策划书目录。

图 3-1-2　某服装企业所做的网络营销策划书目录

小贴士

　　网络营销策划是网络技术和市场营销经验协调作用的结果。它也是一个相对长期的工程，期待网站的营销在一夜之间有巨大的转变是不现实的。有关电子商务技术大赛在网络营销环节主要考查选手对网络营销策划、商品推广等方面的技术技能。

3.2　网络营销市场调研

知识准备

　　一个策划完美的营销方案必须建立在对市场细致周密的调研基础上，市场调研是营销链中的重要环节，没有市场调研，就无法把握市场。网上调研就是利用互联网发掘和了解顾客需要、市场机会、竞争对手、行业潮流、分销渠道及战略合作伙伴等方面的情况。通过调研可以获得竞争对手的资料，摸清目标市场和营销环境，为经营者细分网上市场、识别上网顾客需求、确定网上营销目标等提供相对准确的决策依据。

网络调研的步骤如下：①确定调研问题；②设计调研方案；③收集数据；④分析数据并得出结论；⑤制作调研报告。

实践操作

基础实训 1　体验网络调研

实训目的：感受网络调研的效果，了解网络调研的步骤。

操作要求：在参与过程中要注重真实填写并查看调研结果。

技能点拨：注册会员请务必输入真实的邮箱，以备将来取得反馈信息。

实训步骤

01 登录调查网站。登录中国调查网（http://www.zdiao.com/），进入网站首页，如图 3-2-1 所示。

图 3-2-1　中国调查网

02 注册用户。单击网页上方"注册"按钮，进入注册页面，填写相关资料进行注册用户，如图 3-2-2 所示。

03 参与调查。选择问题答案并提交。注意在参与调查的过程中需本着真实诚恳的态度填写，如图 3-2-3 所示。

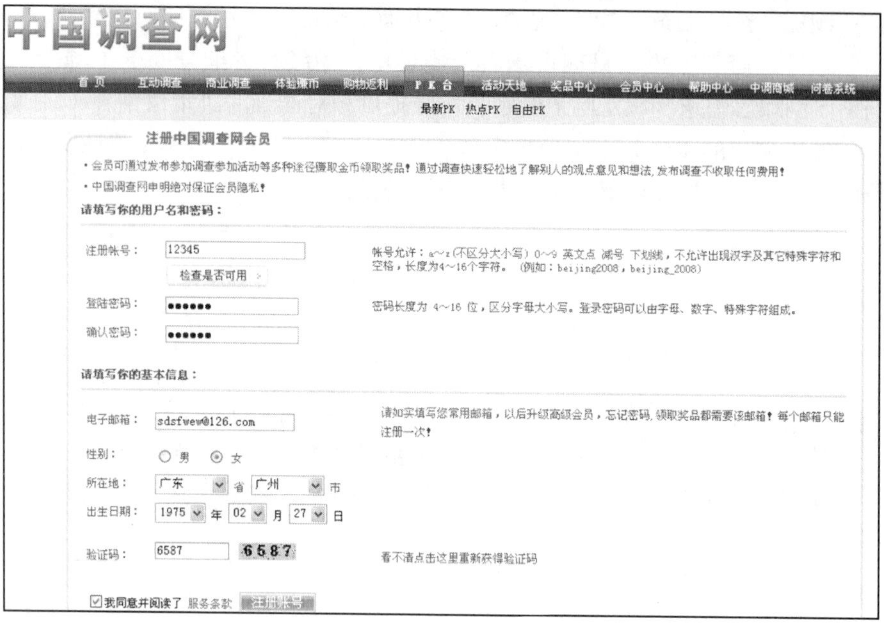

图 3-2-2　注册账号

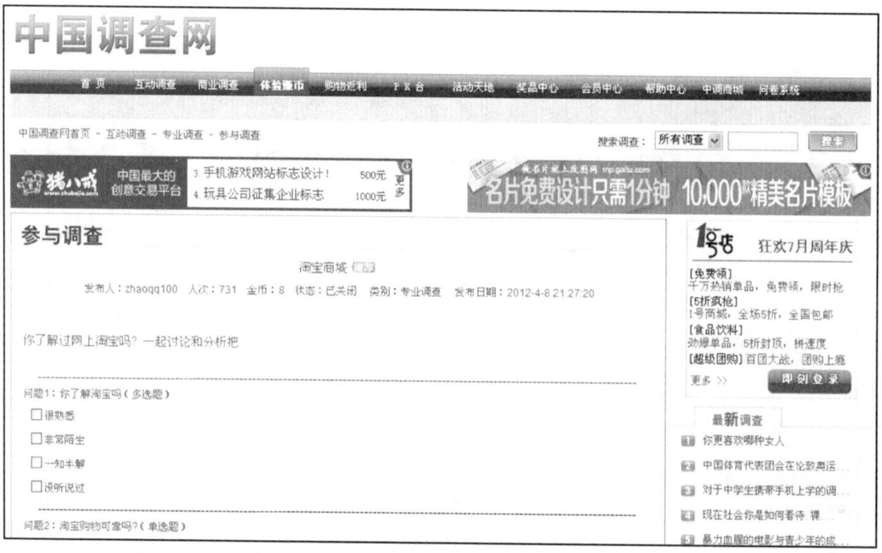

图 3-2-3　参与调查

04 查看结果。通过查看调查结果，了解市场的消费情况及消费者的看法，明确销售情况，从而为商品在市场的销售制定良好的决策，如图 3-2-4 所示。

调查结果

关于手机在市场中的调查问卷（修改）

发布人：gao_123　人次：1233　金币：8　状态：进行中　类别：社会生活　发布日期：2010-10-9 11:08:17

通过此调查问卷，来了解手机在市场中的消费情况以及人们对各种不同手机的看法，这样，才能明确手机的销售情况，从而为手机在市场中的销售制定良好的决策，使手机的销售出路越走越好！

问题1：1.您的年龄是（ ）（单选题）

A 16岁以下	13.2%	163票
B 17—21之间	21.9%	271票
C 22—30之间	40.5%	500票
D 31岁以上	24.3%	300票

问题2：2.您现在的工作是（ ）（单选题）

A 学生	33.3%	411票
B 教师	15.6%	193票
C 外地打工	23.0%	284票
D 其他	28.0%	346票

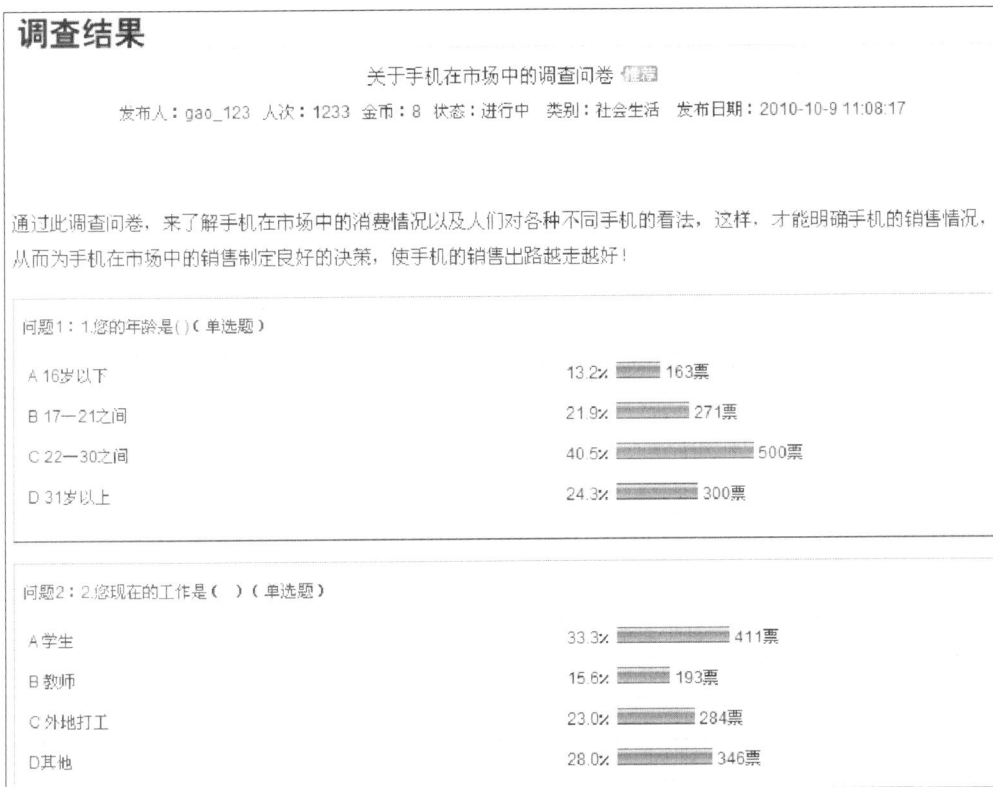

图 3-2-4　调查结果

小贴士

　　参与网络市场调研可以亲身体会到调查问卷一步步吸引消费者参与的方法，题目和选项设置合理的要求等，从而为下一步设计问卷做准备。

基础实训 2　设计网络调查问卷

　　实训目的：通过互联网查阅相关的资料和结论，然后设计问卷进行调查。

　　操作要求：掌握市场调查问卷的基本方法和要点。

　　技能点拨：在设计问卷的过程中要注意合乎常理，使参与者容易答题，又要达到调查目的和方便统计。

实训步骤

　　01　事前准备。首先要明确调查目的，对原有资料、信息进行分析，设定假说。

　　02　设计调查问卷。决定调查项目和提问项目，设定问题项目的制作提问形式、回答形式，推敲设定问题方案的内容及对措辞用字进行检查，斟酌提问的顺序，并进行预备测试。

03 检查问卷。完成调查问卷设计后，根据预备测试进行修正、校对，最终形成可以投放的网络市场调研问卷。

下面给出汇源公司网站上调查题目，以供参考，如图3-2-5所示。

汇源果汁问卷调查

汇源作为中国果汁行业第一品牌，自公司成立之日起，即致力于为广大消费者提供优质、健康的果蔬饮品。最近汇源推出一款柠檬味的低浓度果汁，为获得及时、准确的消费者信息，现诚挚地邀请您参与填写这份问卷调查。

1. 您的性别：○男　　○女

2. 您的年龄：_____

3. 在选择饮品上，您是否会只买一两个品牌的饮料？

○ 是的，一般只买固定品牌。如果货架上没有，就不买了

○ 不会，货架上有什么就买什么

○ 是的，不过如果当时没有看到这些品牌的饮料，还是会买类似的产品

4. 如果让您选择柠檬味的果汁，您的购买理由是什么？［多选题］

□ 包装

□ 广告代言人

□ 品牌

□ 广告上宣传的饮料好处，比如健康、美容

5. 关于汇源的果汁产品，您觉得怎样？

○ 市面上有很多汇源的产品，常常买，觉得挺不错

○ 不是很喜欢喝果汁

○ 能购买到的汇源产品都不怎么适合我的口味

○ 虽然会买，但没什么了解

6. 关于汇源打算出售给外资公司一事，您有什么看法？

○ 不是很了解这事，无所谓国产还是外资。一样会买汇源的产品

○ 反对汇源出售给外资公司。如果被并购，就不买汇源的产品了

○ 支持出售，既有技术支持又有资金支持

○ 虽然不希望出售，但假如真的出售给外资，虽然无奈还是会买汇源的产品

7. 统一奶茶的心情故事和娃哈哈矿泉水的12星座包装瓶，您一般会

○ 收集一些喜欢的瓶子

○ 会冲着这包装去买，但不会收集

图 3-2-5　汇源果汁网络问卷调查

○ 会收集，并想把他们晒出来

○ 觉得没什么收藏价值

8. 关于现在的果汁饮料市场，您有什么看法？

○ 很多产品只是风靡一时，无法做久

○ 山寨产品太多，我们购买的时候不容易分辨真伪

○ 大多产品没有附加价值。不像百事给人时尚感觉，雪碧则是激情

○ 不就是喝的嘛，哪有那么多看法

9. 假如有款您喜欢的饮料上市，什么因素会妨碍到您的购买？

○ 可以购买的渠道太少

○ 旁边的人喝这个的不多

○ 这个饮料品牌的知名度

10. 对于购买果汁饮料，您有什么看法？［多选题］

□ 喝果汁比较健康

□ 喝果汁显得时尚

□ 纯粹是个人喜好问题

□ 周围人的口碑相传

图 3-2-5（续）

拓展实训　在线发布调查问卷

实训目的：学会发布调研问卷，掌握发布问卷的步骤。

操作要求：熟悉电子商务网站后台添加和管理调查问卷的流程。

技能点拨：发布问卷时要注意填写标题能吸引眼球，激发参加的欲望。

实训步骤

01 进入会员中心。进入中国调查网（http://www.zdiao.com/），并输入账户名和密码登录，单击"进入会员中心"按钮，如图 3-2-6 所示。

02 升级成为高级会员。只有完善资料，经网站管理员审批后才可成为高级会员，高级会员可免费发布互动调查问卷。单击"升级成为高级会员"按钮，完善现有注册资料并提交，如图 3-2-7 和图 3-2-8 所示。

03 发布调查问卷。单击"发布新调查"按钮，进入"发布调查"界面，填写"调查标题"、"调查类别"、"所在城市"、"调查说明"、"截止时间"、"人次限制"等内容，单击"下一步"，如图 3-2-9 和图 3-2-10 所示。

图 3-2-6 中国调查网会员中心

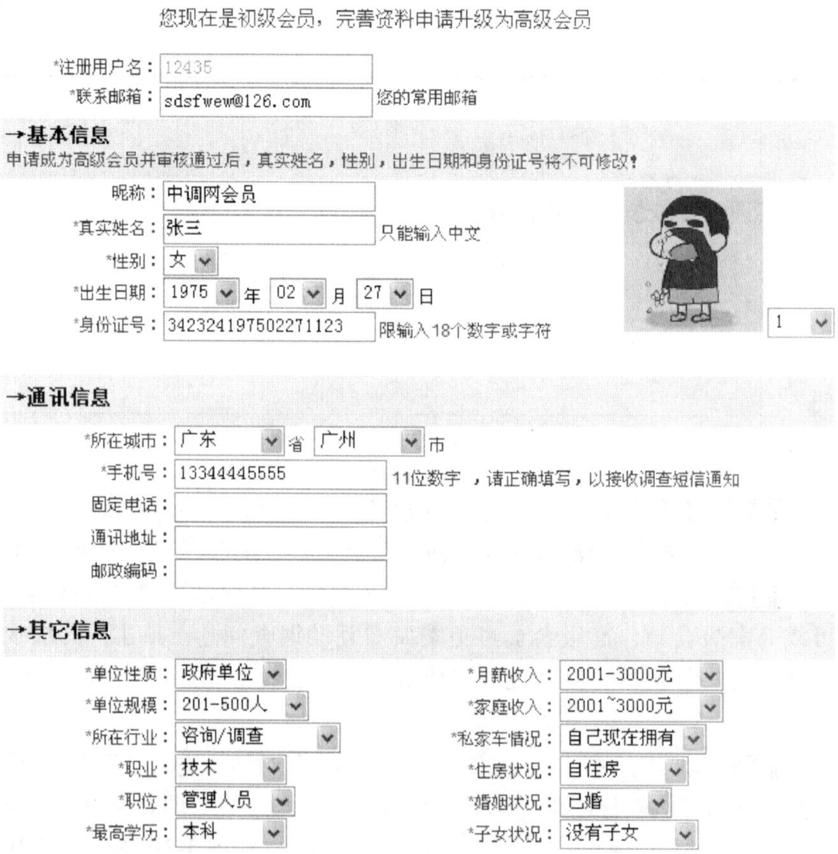

图 3-2-7 填写详细资料

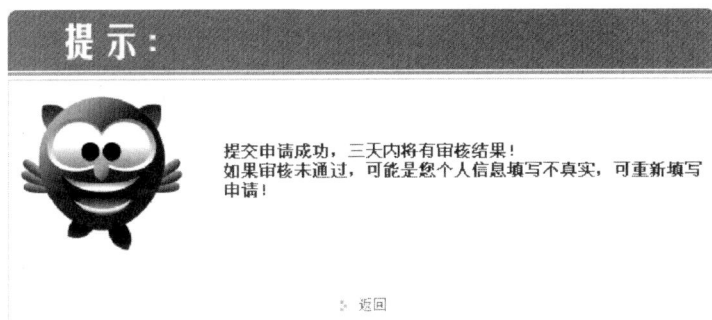

图 3-2-8　提交申请

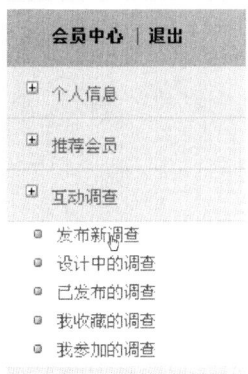

图 3-2-9　发布新调查

图 3-2-10　填写调查内容

小贴士

　　在中国调查网上发布免费的互动调查问卷，吸引网民参与调查，非常适合在校学生操作实训，但是如果要发布非常专业的商业问卷，则需要提交1000元开户费用后，联系客服开通。

3.3 SEO搜索引擎优化

🖵 知识准备

SEO 是 "search engine optimization" 的缩写，其中文含义是搜索引擎优化。SEO 主要就是通过对网站的关键字、主题、链接、结构、标签、排版等各方面进行优化，使百度，谷歌（Google）等搜索引擎更容易搜索到网站的内容，并且让网站的各个网页在各个搜索引擎（Google、百度、Yahoo 等）中获得较高的评分，获得较好的排名，增加网站的能见度，进而增加销售的机会。

SEO 技术并不简单，是一项需要足够耐心和细致的脑力劳动。大体上，SEO 优化主要分为八个步骤。

1．关键字分析

关键字分析（也叫关键词定位）是进行 SEO 优化最重要的一环，关键字分析包括关键词关注量分析、竞争对手分析、关键字与网站相关性分析、关键字布置、关键字排名预测。

2．网站架构分析

网站结构符合搜索引擎的爬虫喜好则有利于 SEO 优化。网站架构分析包括剔除网站架构不良设计、实现树状目录结构、网站导航与链接优化。

3．网站目录和页面优化

SEO 不止是让网站首页在搜索引擎有好的排名，更重要的是让网站的每个页面都带来流量。

4．内容发布和链接布置

搜索引擎喜欢有规律的网站内容更新，所以合理安排网站内容发布日程是 SEO 优化的重要技巧之一。链接布置则把整个网站有机地串联起来，让搜索引擎明白每个网页的重要性和关键字，实施的参考是第一点的关键字布置。友情链接战役也是这个时候展开。

5．与搜索引擎对话

向各大搜索引擎登录入口提交尚未收录站点。在搜索引擎看 SEO 的效果，通过"site:(你的域名)"，知道站点的收录和更新情况。通过"domain:(你的域名)"或者"link:(你的域名)"，知道站点的反向链接情况。要更好地实现与搜索引擎对话，建议采用 Google 网站管理员工具。

6．建立网站地图 SiteMap

根据自己的网站结构，制作网站地图，使网站对搜索引擎更加友好化。让搜索引擎能过 SiteMap 就可以访问整个站点上的所有网页和栏目。

最好有两套 SiteMap，一套方便客户快速查找站点信息（HTML 格式），另一套方便搜索引擎得知网站的更新频率、更新时间、页面权重（XML 格式）。所建立的 SiteMap 要和网站的实际情况相符合。

7．高质量的友情链接

建立高质量的友情链接，对于 SEO 优化来说，提高网站 PR 值和网站的更新率，都是非常关键性的问题。

8．网站流量分析

网站流量分析从 SEO 结果上指导下一步的 SEO 策略，同时对网站的用户体验优化也有指导意义。流量分析工具，建议采用 Google analytics 分析工具和百度统计分析工具。

实践操作

基础实训 1　认识搜索引擎

实训目的：了解并识记常见的搜索引擎，对比各种搜索引擎的使用方法和界面。

操作要求：使用互联网进行搜索引擎的体验。

技能点拨：搜索引擎的使用要对比不同网站出现的排名差异。

实训步骤

01 百度（www.baidu.com），如图 3-3-1 所示。百度站点是面向用户的，有独特内容的网页，而不是简单抄袭和重复互联网上已有内容的网页，经常有新内容产生的站点。

图 3-3-1　百度搜索引擎

02 谷歌（www.google.com.hk），如图 3-3-2 所示。谷歌是基于全文索引的搜索引擎，起源于斯坦福大学的 BackRub 项目，由拉里·佩奇（Larry Page）及塞吉·布林（Sergery Brin）主要负责。到 1998 年，BackRub 更名为 Google，并成立公司，发展至今。其在 2006 年进入中国市场，现已退出中国市场。Google 对网站的收录很快，一般在 24 小时内。

Google 诺基亚 Google 搜索 高级搜索 | 使用偏好

网页 搜索百宝箱... 搜索 **诺基亚** 获得大约 **6,590,000** 条查询结果,以下是第 **1-10** 条。 (搜索用时 **0.18** 秒)

诺基亚官方网上专卖店 赞助商链接
www.shop.nokia.com.cn 全新诺基亚N97,现货火热销售中 优惠活动抢先知,买手机赠超值原厂配件

诺基亚的相关焦点
街机风范 诺基亚5800xm港行再杀新低 - 2 天前
【7月10日太平洋电脑网江苏讯】诺基亚首款全触控5800xm出世之日起便大受欢迎,这款主打音
乐和娱乐的手机不但和以往诺基亚的其他机型有很大不同,更可以看作是诺基亚 ...
新浪网 - 352 篇相关文章 »
500万像素自动对焦 诺基亚N82现售价2599元 - 新浪网 - 66 篇相关文章 »
13日行情:诺基亚N系旗舰欲破四千大关 - 腾讯网 - 26 篇相关文章 »

诺基亚 - 主页
全球最大的手机生产厂商。
www.nokia.com.cn/ - 网页快照 - 类似结果

图 3-3-2 谷歌搜索引擎

03 雅虎全能搜（www.yahoo.cn），如图 3-3-3 所示。雅虎是美国著名的互联网门户网站，20 世纪末互联网奇迹的创造者之一。其服务包括搜索引擎、电邮、新闻等，业务遍及 24 个国家和地区。

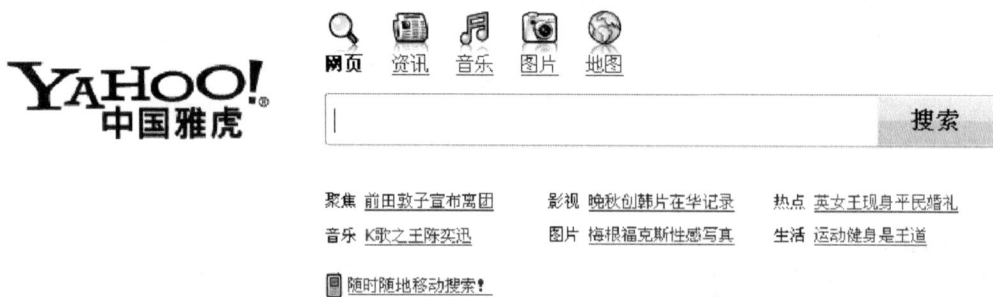

YAHOO! 中国雅虎
网页 资讯 音乐 图片 地图

搜索

聚焦 前田敦子宣布离团 影视 晚秋创韩片在华记录 热点 英女王现身平民婚礼
音乐 K歌之王陈奕迅 图片 梅根福克斯性感写真 生活 运动健身是王道

随时随地移动搜索!

图 3-3-3 雅虎搜索引擎

小贴士

除了以上搜索引擎外，还有很多其他的搜索引擎网站。你还知道哪些呢？搜索引擎的工作原理是什么？

基础实训 2 关键字定位

实训目的：了解关键字定位的方法，学会针对不同产品使用不同的方法。

操作要求：分析各种关键字定位方法的区别。

技能点拨：人群定位需要事先设置好商品之间的关联。

实训步骤

01 品牌定位。以淘宝网店为例，关键字的品牌必须精准，这样才能让消费者快速找到商品。进入淘宝网，在搜索栏输入"only"，查找结果如图 3-3-4 所示。

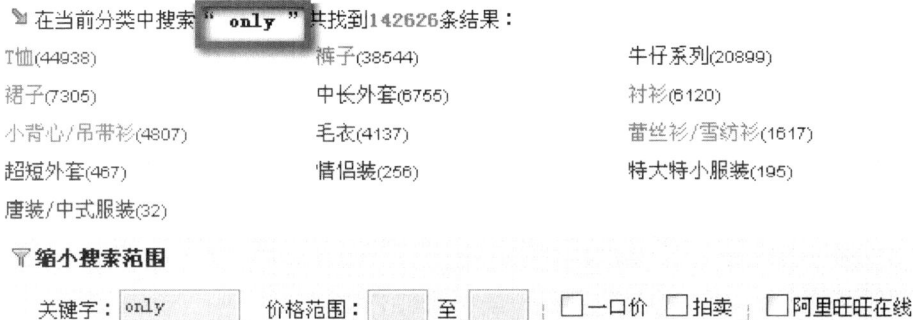

在当前分类中搜索" **only** "共找到**142626**条结果：

T恤(44938)	裤子(38544)	牛仔系列(20899)
裙子(7305)	中长外套(6755)	衬衫(6120)
小背心/吊带衫(4807)	毛衣(4137)	蕾丝衫/雪纺衫(1617)
超短外套(467)	情侣装(256)	特大特小服装(195)
唐装/中式服装(32)		

缩小搜索范围

关键字：only　价格范围：　至　　□一口价　□拍卖　□阿里旺旺在线

图 3-3-4　品牌定位

02 细分产品定位。细分产品定位需带限定的产品词，如"音乐手机"、"商务轿车"等。这些关键词表明网民已有了比较明确的需求，是值得争取的潜在用户，如图 3-3-5 所示。

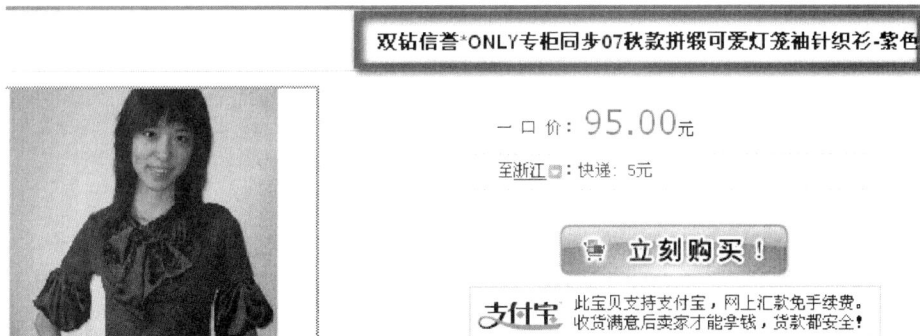

双钻信誉*ONLY专柜同步07秋款拼缀可爱灯笼袖针织衫-紫色

一口价：**95.00**元

至浙江□ 快递：5元

立刻购买！

支付宝　此宝贝支持支付宝，网上汇款免手续费；收货满意后卖家才能拿钱，货款都安全！

图 3-3-5
细分产品定位

03 通用词定位。通用词定位的特点是字数少，不包含品牌，被网民大量使用的搜索词，如"手机"、"鲜花"等。这些关键词表明网民有一些欲望和兴趣，但还不明确，他们中间有一些人是可以争取的潜在客户，如图 3-3-6 所示。

04 人群定位。人群定位与产品相关性小，但却是目标受众所表现出的主流兴趣点。例如，搜索"巧克力"的网民非常有可能是"鲜花"的潜在客户，相关性强的竞争对手的品牌也可以考虑，如图 3-3-7所示。

图 3-3-6　通用词定位

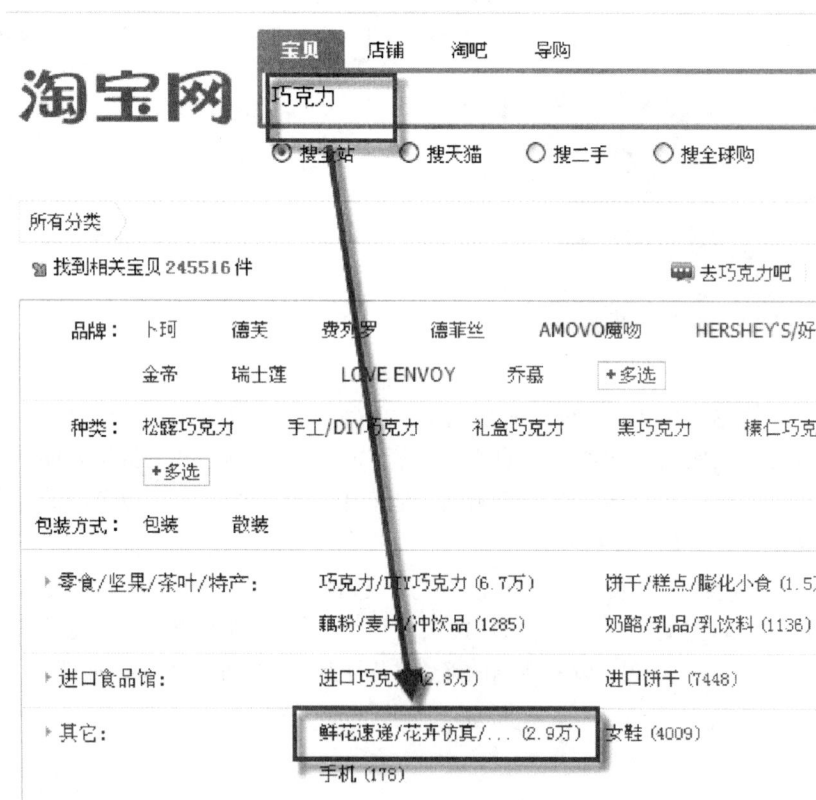

小贴士

在获取上述四类关键字数据后，再根据营销策略对关键字表进行裁剪，可以组合成几种推广方案，分别估算费用和效果，并选取一个最适合的。

图 3-3-7　人群定位

拓展实训　按关键字搜索

实训目的：了解什么是热门关键字，学会使用搜索引擎查找热门关键字。

操作要求：使用互联网搜索热门关键字时要留心热门度的排名。

技能点拨：在输入关键字时注意针对同一产品多找一些相对应的关键字，从而培养对热门关键字的分析能力。

实训步骤

01 打开推广网站。以百度为例，打开百度首页，单击"加入百度推广"进入主页面，如图 3-3-8 和图 3-3-9 所示。

02 输入关键字。输入要查询的关键字"小游戏"。对比与关键字"小游戏"相关的被检索次数最多的关键字排名，如图 3-3-10 所示。

图 3-3-8　登录百度首页

图 3-3-9　百度推广首页

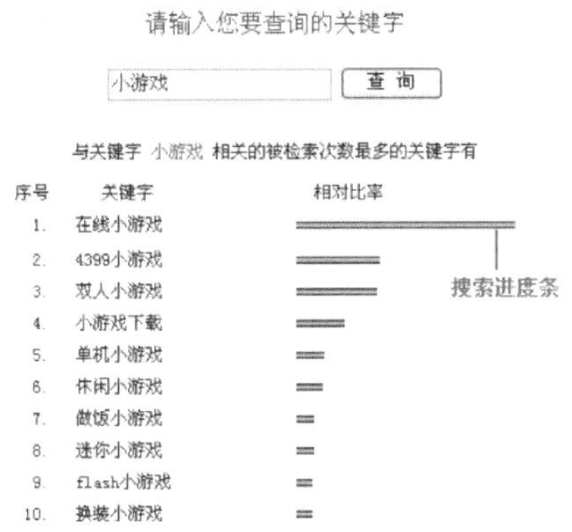

图 3-3-10　关键字检索次数对比

> **小贴士**
>
> 在了解了热门关键字后，可以针对本企业的情况进行相应的设置，从而达到搜索引擎优化的目的。

3.4 其他营销工具使用

知识准备

除了 SEO，还有很多营销工具，目前最热门的有软文营销、电子邮件营销和竞价排名营销等。

所谓软文，就是指通过特定的概念诉求，以摆事实讲道理的方式使消费者走进企业设定的思维圈，以强有力的针对性心理攻击迅速实现产品销售的文字模式和口头传播，如：新闻、第三方评论、访谈、采访、口碑。软文是基于特定产品的概念诉求与问题分析，对消费者进行针对性心理引导的一种文字模式。从本质上说，它是企业软性渗透的商业策略在广告形式上的实现，通常借助文字表达与舆论传播使消费者认同某种概念、观点和分析思路，从而达到企业品牌宣传、产品销售的目的。

电子邮件是 Internet 上使用得最广泛的一种服务，是 Internet 最重要、最基本的应用。它可发送和接收文字、图像、声音等多种媒体的信息，可以同时发送给多个接收者，还可以转发给第三者。早期应用于学术讨论，目前越来越广泛地应用在商业通信方面，是企业不可缺少的营销工具。

竞价排名是当多个商户选择了同一个关键字时，搜索引擎用拍卖机制来决定推广信息的排名。这个拍卖机制要求推广商户为每个关键词定一个最高单击出价，即搜索者单击推广信息时商户愿意支付的最高单价。搜索引擎会将这个出价作为重要因素计算出每个关键字搜索结果页上的排名。拍卖机制使商户拥有了对价格的控制权，可以根据不同关键字对自身的价值来设定出价和排名，从而追求最大的投入产出比。竞价排名可以帮助企业在短时间提升销售额，以低成本吸引新客户，是真正的按效果付费的网络营销方式。

实践操作

基础实训 1　软文营销

实训目的：了解软文营销的六种形式，比较它们的不同。

操作要求：通过互联网搜索并研读并转化吸收，为以后写作软文打下基础。

技能点拨：在编写软文题目时，要有新意，这样才可吸引更多的人想要去看全文的内容。

实训步骤

请通过互联网搜索出以下几种类型的软文，研读软文的标题和内容，比较各种形式的软文的表达形式。

01 悬念式软文营销。核心是提出一个问题，然后围绕这个问题自问自答。例如，"人类可以长生不老？""什么使她重获新生？""牛皮癣，真的可以治愈吗？"等，通过设问引起话题和关注是这种方式的优势。但是必须掌握火候，首先提出的问题要有吸引力，答案要符合常识，不能作茧自缚、漏洞百出，如图 3-4-1 所示。

脑白金之1人类可以长生不老？

时间：2011-4-14　来源：赢销网　作者：第一赢销网　点击：125次

图 3-4-1　悬念式软文

02 故事式软文营销。通过讲述一个完整的故事引出产品，使产品的"光环效应"和"神秘性"给消费者心理造成强暗示，使销售成为必然。例如，"1.2亿买不走的秘方""神奇的植物胰岛素""印第安人的秘密"等。讲故事不是目的，故事背后的产品线索是文章的关键。听故事是人类最古老的知识接受方式，所以故事的知识性、趣味性、合理性是软文成功的关键，如图 3-4-2。

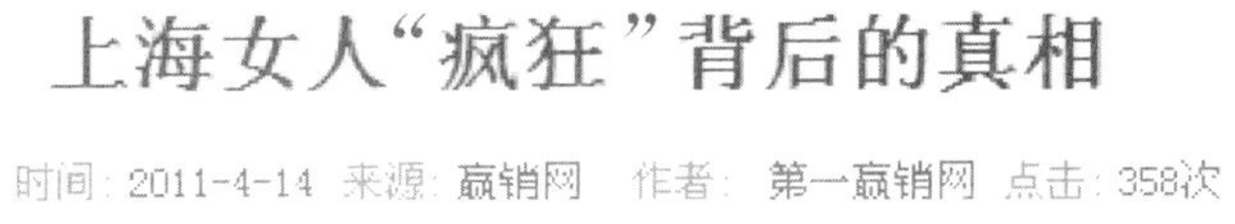

上海女人"疯狂"背后的真相

时间：2011-4-14　来源：赢销网　作者：第一赢销网　点击：358次

图 3-4-2　故事式软文

03 情感式软文营销。情感一直是广告的一个重要媒介，软文的情感表达由于信息传达量大、针对性强，更可以与人心灵相通。例如，"老公，烟戒不了，洗洗肺吧""女人，你的名字是天使""写给那些战痘的青春"等。情感最大的特色就是容易打动人，容易走进消费者的内心，所以"情感营销"一直是营销百试不爽的灵丹妙药，如图 3-4-3 所示。

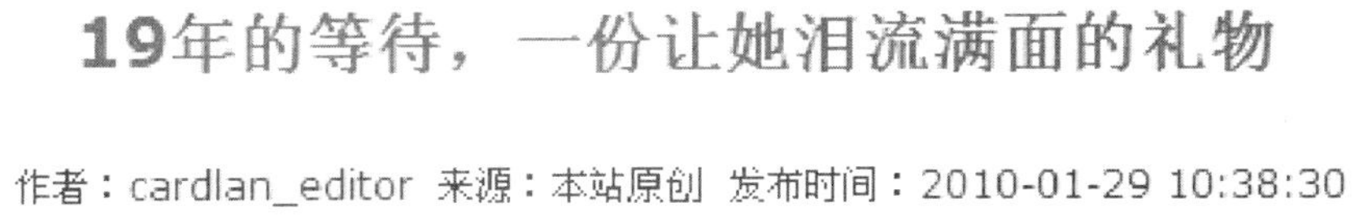

19年的等待，一份让她泪流满面的礼物

作者：cardlan_editor　来源：本站原创　发布时间：2010-01-29 10:38:30

图 3-4-3　情感式软文

04 恐吓式软文营销。属于反情感式诉求，情感诉说美好，恐吓直击软肋——"高血脂，瘫痪的前兆！""天啊，骨质增生害死人！""洗血洗出一桶油"。实际上恐吓形成的效果要比赞美和爱更具备记忆力，但是也往往会遭人诟病，所以一定要把握好度，不要过火，如图 3-4-4 所示。

脑白金之3不睡觉，人只能活五天

时间：2011-4-14 来源：赢销网 作者：第一赢销网 点击：81次

图 3-4-4 恐吓式软文

05 促销式软文营销。促销式软文常常跟进在上述几种软文时见效——"北京人抢购×××""×××，在香港卖疯了""一天断货三次，西单某厂家告急"等。这样的软文或是直接配合促销使用，或者就是使用"买托"造成产品的供不应求，通过攀比心理、影响力效应多种因素来促使消费者产生购买欲，如图 3-4-5 所示。

一天一件的疯抢神话

图 3-4-5 促销式软文

06 新闻式软文营销。为宣传寻找一个由头，以新闻事件的手法去写，让读者认为仿佛是昨天刚刚发生的事件。这样的文体有对企业本身技术力量的体现，但是，文案要结合企业的自身条件，多与策划沟通，不要天马行空地乱写，否则，多数会造成负面影响，如图 3-4-6 所示。

2012年C-BPI权威发布 达芙妮摘得女鞋行业桂冠

作者：晓龙 来源：本站整理 发布时间：2012-03-07 10:03:04

图 3-4-6 新闻式软文

> **小贴士**
>
> 各种类型的软文不是孤立使用的，是企业根据战略，整体推进过程的重要战役，如何使用就是布局的问题了。全国各类电子商务大赛在网络营销环节主要考查选手对网络营销策划、商品推广等方面的技术技能，在商品推广中可广泛使用不同形式的软文。

基础实训 2　邮件列表营销

实训目的：了解电子邮件发送的步骤，学会创建电子杂志和使用邮件列表。

操作要求：创建电子杂志，并向邮件列表用户发送一份电子邮件。

技能点拨：一个列表邮件，发送 50 个邮箱适宜。

实训步骤

以某企业为例（自拟）在 QQ 邮件列表（http://list.qq.com/）创建一份电子杂志，并向邮件列表用户发送一份电子邮件。

01 创建栏目。在网址中输入 http://list.qq.com，打开后，输入自己的 QQ 邮箱，登录后按照提示，创建新的栏目，如图 3-4-7 所示，收集订户可通过以下两种方法收集，第一种是链接方式，第二种是插件方式。

02 收集邮件地址。通过微博、QQ 群直接发送链接邀请他人来订阅。在网站或博客上嵌入一段代码，供用户订阅。在论坛发布一个帖子，邀请用户订阅，如图 3-4-8 ～图 3-4-10 所示。

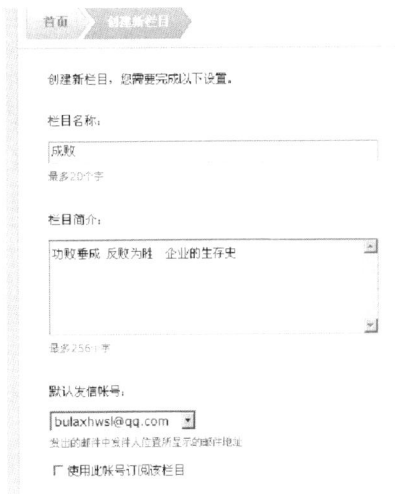

图 3-4-7　创建栏目

图 3-4-8　嵌入代码

图 3-4-9　QQ 空间订阅

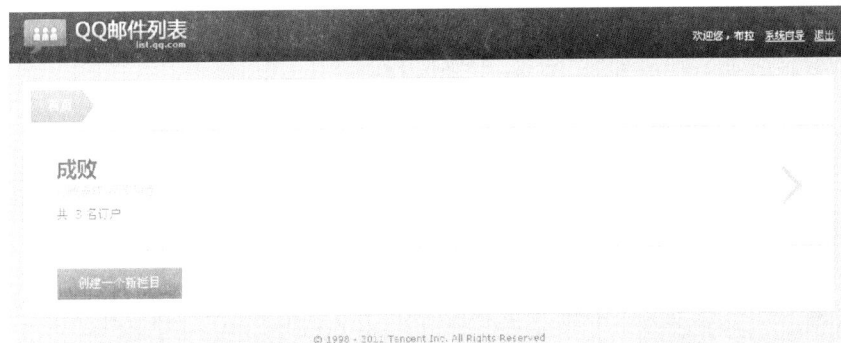

图 3-4-10　邮件列表

小贴士

邮件列表营销带来的营销效果是不错的，其内容要注意图文并茂。

03 向客户发送邮件。RSS 定时发送邮件、手工发送方式都可以，如图 3-4-11 所示。

感谢您订阅 娱乐新闻，订阅后，将会不定期给您推送相关邮件。
请点击下方链接确认订阅。

http://list.qq.com/cgi-bin/qf_bookact?key=a2a246841033cd726e99522e3cbd
4fcb54ef435da8c4c390d6092ca285da5c87fa96f2356a0da9bf27d105b0c28b58
e6

如果您未曾尝试订阅该栏目，请忽略此邮件。该邮件由 QQ 邮件列表 推送。

图 3-4-11　发送邮件

拓展实训 1　竞价排名营销

实训目的：了解竞价排名的结果如何展示，体验竞价排名的运营模式。

操作要求：分析竞价排名和百度快照的区别。

技能点拨：学习搜索结果如关键字、标题、网页描述、URL 地址表达方法。

图 3-4-12　用户输入搜索关键字

实训步骤

01 输入关键字。打开百度首页（www.baidu.com），输入关键字"电磁阀"。单击"百度搜索"按钮，如图 3-4-12 所示。

02 查看搜索结果。推广信息优先展示在最前面，如图 3-4-13 所示。

03 搜索结果。每条搜索结果的样式包括关键字、标题、网页描述、URL 地址，如图 3-4-14 所示。

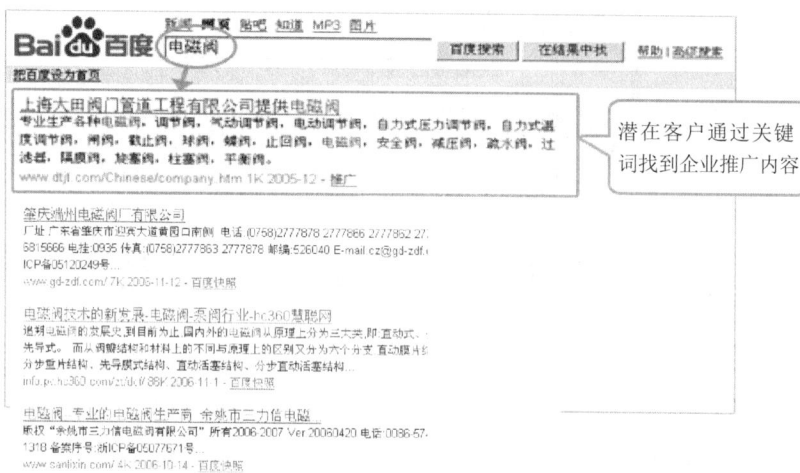

图 3-4-13　推广信息优先展示

图 3-4-14　搜索结果样式

04 进入企业网站。单击链接进入企业网站，浏览产品信息，联系企业洽谈合作意向，如图 3-4-15 所示。

图 3-4-15 企业网站

拓展实训 2 百度竞价排名

实训目的：了解如何参与竞价排名，学会竞价排名的操作。
操作要求：熟练掌握竞价排名的关键字信息的设置。
技能点拨：操作时关注竞价排名的收费情况和加价幅度。

实训步骤

01 用户注册。登录百度网站（www.baidu.com）进入推广页面进行用户注册，需填写真实有效的资料，成为百度的注册用户，如图 3-4-16 和图 3-4-17 所示。

图 3-4-16 登录百度首页

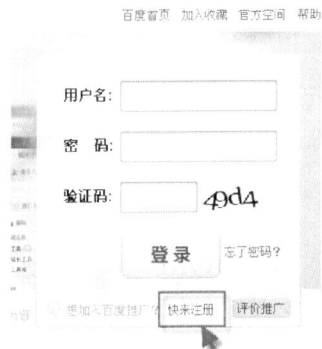

图 3-4-17 注册账户

02 关键字提交。进行竞价的关键字信息包括如下内容：①关键字。②单击付费的单价，每次单击付费最低从人民币 0.3 元起，以分为单位加价，无上限。③标题，公司站点的标题，将出现在作为检索结果的站点列表中。④URL、网站或网页的 URL 地址，用户直接单击此地址即可到达公司网站。⑤网站描述，主要说明网站的主题、性质、内容等，将出现在作为检索结果的站点列表中。内容必须与网页内容相符合，夸大或无关的描述不能通过审核。

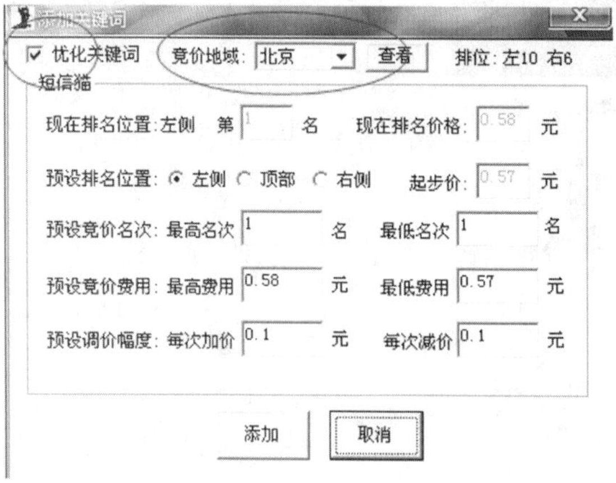

图 3-4-18　竞价排名管理

03 百度收费。百度竞价排名服务的费用是以预付金形式实现的，然后按照用户给每个关键字指定的价格，网民每单击一次网站链接，就从预付金中扣除一次费用。预付金用完后，关键字查询信息不再出现在百度的搜索引擎中，但系统会自动发 E-mail 通知，续费后可以继续使用。后台管理系统如图 3-4-18 所示。

04 审核通过。服务人员从财务部确认预付款到位，对客户的关键字进行审核，审核在 24 小时内完成。关键字审核通过后，30 分钟即可在百度支持的所有搜索引擎上出现。

小贴士

使用竞价排名进行网络营销需合理出价。尽管第一名能获得最高的单击量，但如果激烈的竞争致使单击价格过高，预算会在这种出价的血拼中迅速消耗光，这很有可能背离了营销的初衷而变成了一场争强好胜的斗争。也许，用较低价格选择第二名是更明智的选择。合理的出价是基于投入产出的综合统筹，对一个关键词进行下表所示的排名与盈利的分析后，出价再也不会是一项困难的工作了。如表 3-4-1 所示。

表 3-4-1　竞价排名前四位的盈利情况

排名	出价	点击价格	点击量	推广费用	后期产品	盈利
1	2.00	1.80	190	342	285	-57
2	1.60	1.20	120	144	180	36
3	1.10	0.90	70	63	105	42
4	0.70	0.50	40	20	60	40

项目小结

本项目主要介绍了营销方案的制定、网络营销市场调研、搜索引擎优化和网络营销工具的使用。

开展网络营销首先要进行营销方案策划，网络营销策划的第一个结果是形成网络营销方案，就企业在未来的网络网站推广营销活动中做什么、何时做、何地做、何人做、如何做的问题进行了周密的部署、详细的阐述和具体的安排。

一个策划完美的营销方案必须建立在对市场细致周密的调研基础上，网上调研就是利用互联网发掘和了解顾客需要、市场机会、竞争对手、行业潮流、分销渠道及战略合作伙伴等方面的情况，通过调研可以获得竞争对手的资料，摸清目标市场和营销环境，为经营者细分网上市场、识别上网顾客需求、确定网上营销目标等提供相对准确的决策依据。

SEO 主要就是通过对网站的关键字、主题、链接、结构、标签、排版等各方面进行优化，使

Google 等搜索引擎更容易搜索到网站的内容，并且让网站的各个网页在各个搜索引擎中获得较高的评分，获得较好的排名，增加网站的能见度，进而增加销售的机会。

软文、电子邮件和竞价排名都是当前最热门、经久不衰的经典的营销工具。软文通常借助文字表达与舆论传播使消费者认同某种概念、观点和分析思路，从而达到企业品牌宣传、产品销售的目的。电子邮件是 Internet 上使用得最广泛的一种服务，它可发送和接收文字、图像、声音等多种媒体的信息，可以同时发送给多个接收者，还可以转发给第三者。竞价排名是一种拍卖机制，要求推广商户为每个关键词设定一个最高单击出价，此方式可以帮助企业在短时间提升销售额，低成本吸引新客户，使真正的按效果付费的网络营销方式能达到快速见效的营销效果。

网络营销的工具有很多，在实践过程中可以结合使用以求达到最好效果。

习　题

一、理实一体化题

1．有一篇软文的题目是"穿'哈特威'衬衫的男人"，你认为这属于_____式软文营销。

2．网络市场调研的目的是收集网上_____和_____的信息，充分利用网络调研的优势，加强与_____的沟通、理解，并建立友谊，改善营销，更好地服务于_____。

3．关键字信息包括_____、_____、_____等。

4．许可 E-mail 营销是在用户事先许可的前提下，通过_____的方式向目标用户传递有价值信息的一种网络营销手段。

5．_____是一种拍卖机制，要求推广商户为每个关键词设定一个最高单击出价，即搜索者单击推广信息时商户愿意支付的最高单价。

二、实训题

实训题 1　设计和策划西瑞公司综合的网络营销方案。

操作要求：要求思路清楚，出具具体的网络营销策划书。

技能点拨：方案需促进其产品的销售、企业形象的宣传和品牌的推广。

西瑞公司简介：西瑞电子有限公司是一家专业从事计时产品研制、生产和销售的高新技术企业，产品 100% 出口，已连续五年出口额过亿元人民币。西瑞电子有限公司成立于 1995 年，公司注册资金达人民币八千万元。目前，公司拥有自主知识产权的电子石英钟机芯九种，拥有国家专利产品近百项。自主开发的各类石英钟表产品 1000 余种，公司日生产能力达 20 万只各类电子石英钟，并通过 ISO9001 国际质量体系认证。西瑞电子有限公司长期致力于计时产品的研制、开发、生产，被 90 多个国际著名品牌选定为 OEM、ODM 的生产基地。公司始终坚持"精益求精、以客为本"，将以最好的信誉及最佳的效益，与时俱进，为经济建设事业添砖加瓦。

实训题 2　你想在网上开店吗？打算开一个怎样的店？请进行开店的可行性研究和分析，写出你的开店规划和方案，并建设自己的网上商店。

操作要求：要求思路清楚，出具具体的网络营销策划书。

技能点拨：明确网上开店的步骤、思路清晰才可写出合理的策划书。

实训题3 设计一个调查问卷,写明本次调查的思路,并调查电子商务专业同学网店创业的网络营销开展现状、问题及对策建议。

操作要求:要求设计、发放、回收问卷(可以在线进行、线下进行或两者相结合,问卷形式自拟,发出问卷不少于100份,回收问卷不少于80份)。

技能点拨:首先通过互联网查阅相关的资料和结论,然后设计问卷进行调查,得出调查结论,撰写调研报告。

实训题4 设计一个调查问卷,写明本次调查的思路,并调查电子商务专业同学网店创业常用的网络营销的基本手段和方法,并对每种方法的优劣进行分析说明。

操作要求:要求设计、发放、回收问卷(可以在线进行、线下进行或两者相结合,问卷形式自拟,发出问卷不少于100份,回收问卷不少于80份)。

技能点拨:首先通过互联网查阅相关的资料和结论,然后设计问卷进行调查,得出调查结论,撰写调研报告。

项目4 在线交易

岗位情景设计

马华云已经学习了商品拍摄和网店装修等相关内容，并完成了相关的网店经营准备工作，可是要怎么把商品发布到网店上去呢？衣服的品牌、类型及规格各不相同，如何才能有条不紊地将它们发布到自己的网店呢？还有些衣服由于季节原因可能不需要马上销售，他也想一起摆上网，但是不想让客户看到，这又该如何处理？有客户来咨询，如何创建订单呢？当客户下单后，又改变主意时，如何对订单作出修改呢？看来还有必要学习一下在线交易的相关内容。

学习目标

- 掌握商品的分类方法。
- 熟悉商品的发布及管理方法。
- 掌握淘宝助理（或千牛）的使用。
- 了解沟通工具的使用。
- 熟悉购物车的操作方法。
- 掌握订单的处理方法。

学习任务

- 交易前准备
- 处理交易

4.1 交易前的准备工作

知识准备

网店开张前，需要先建立产品分类，再将产品发布到网店。

1. 商品的分类设置

商品比较多时，很有必要对商品进行分类。分类的方法可以根据商品的属性或适用对象等来区分。例如，衣服按季节属性划分有春装、夏装、秋装、冬装等，按面料属性来划分有纯棉、涤纶、羽绒等，按适用对象划分有男装、女装、童装等。还有其他分法，如按服装类型可分为内衣、衬衣、T恤、外套、牛仔裤、西裤等。

对网店商品进行分类管理，可以采用多级分类策略。例如，一级分类是服饰，二级分类可以是上衣、内衣、裤子等，还可以根据商品的属性进行更详细的分类，但深度最好不要超过三层，过深层次的分类会导致客户思路混乱，没兴趣再继续搜寻商品。

对商品进行缜密安排分类，就方便客户在浏览时根据其需求按分类查看和搜索，节省客户找到合适商品的时间。

2. 商品发布与编辑

商品发布的任务主要是将拍摄并处理好的商品图片连同相关的属性资料，上传到网店中，并配以适当的文字说明。

商品发布中要注意如下几点：①分类的选择；②商品名称或标题的命名；③商品详情描述页的编辑。

实践操作

基础实训 1　设置商品分类

实训目的：了解电子商务网站分类设置的方法。

操作要求：完成对分类的增加、修改、删除等操作。

技能点拨：服装类商品可分为春装、夏装、秋装、冬装，大家电类电器可分为空调、冰箱、电视机、洗衣机、音响等，生活电器类可分为电风扇、净化器、吸尘器、饮水机、电话机等。

实训步骤

01 进入商品分类管理。在淘宝网商城中，以卖家账号登录后，单击页面顶端的"卖家中心"按钮，在左侧的"店铺管理"菜单中，单击"宝贝分类管理"，如图4-1-1所示。

分类管理页面，如图 4-1-2 所示。

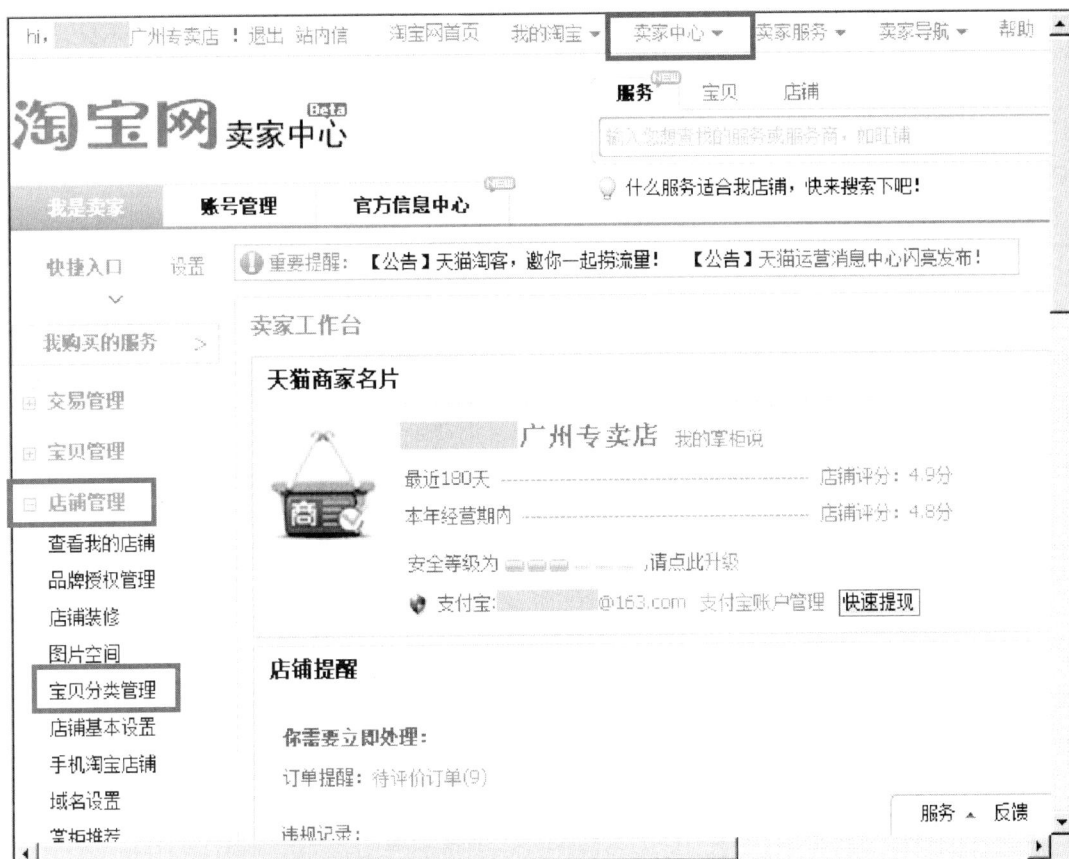

图 4-1-1　在商家后台找到分类管理

图 4-1-2　进入分类管理

02 新增分类及编辑、删除分类。要添加新的一级分类，单击"宝贝分类管理"页面上的"添加新分类"按钮，在文本框里输入分类的名称，如果要增加二级分类，要单击分类旁边的" 🞦 "，即可出现输入子分类的文本框。要编辑原有的分类，只要在原分类的文本框中直接修改即可。输入完成后，单击"保存"按钮进行保存。要删除分类，则单击最后面的" ✕ "按钮，如图 4-1-3 所示。

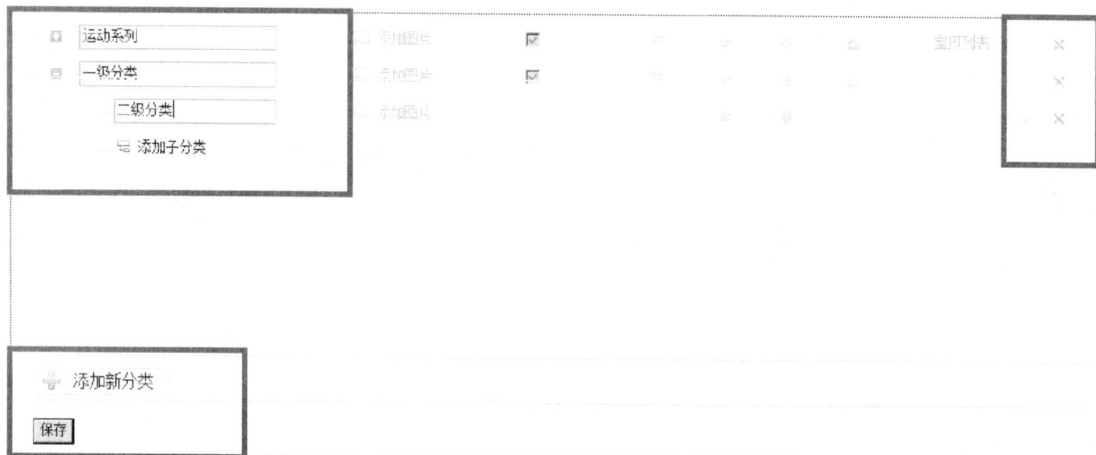

图 4-1-3　新增分类和编辑、删除分类

基础实训 2　商品发布及上、下架处理

实训目的：掌握在网店中新增加商品的方法。

操作要求：将前期做好的图片上传到网店中，设置相应的商品名称，做好商品的描述。

技能点拨：分类的选择可以用最近的分类加快操作速度，商品图片可以即时上传，也可以先将图片上传到空间中，再从空间图片中选择需要的图片。

实训步骤

1. 在淘宝网店发布商品

01 找到商品发布入口。在淘宝商城中，商品发布的入口是"卖家中心"菜单中的"宝贝管理"下的"我要卖"选项，如图 4-1-4 所示。

02 选择类目。可以通过"类目搜索"功能找到要发布的分类，也可以使用"您最近使用的类目"功能直接选择最近使用的类目，如果有必要请填入商品的型号。信息输入后，单击"好了，去发布宝贝"按钮进入下一步，如图 4-1-5 所示。

图 4-1-4　在商家后台找到商品发布

图 4-1-5　类目选择及商品型号填写

03 填写商品信息。进入"填写宝贝基本信息"页面，认真填写相关信息，如宝贝标题、价格、颜色等，如图 4-1-6 所示。

04 设置商品属性。设置好商品的数量，如有必要还要加上商家编码，将预先处理好的商品图片上传到服务器，也可以从"从图片空间选择"中选择已经预先上传好的图片，如图 4-1-7 所示。

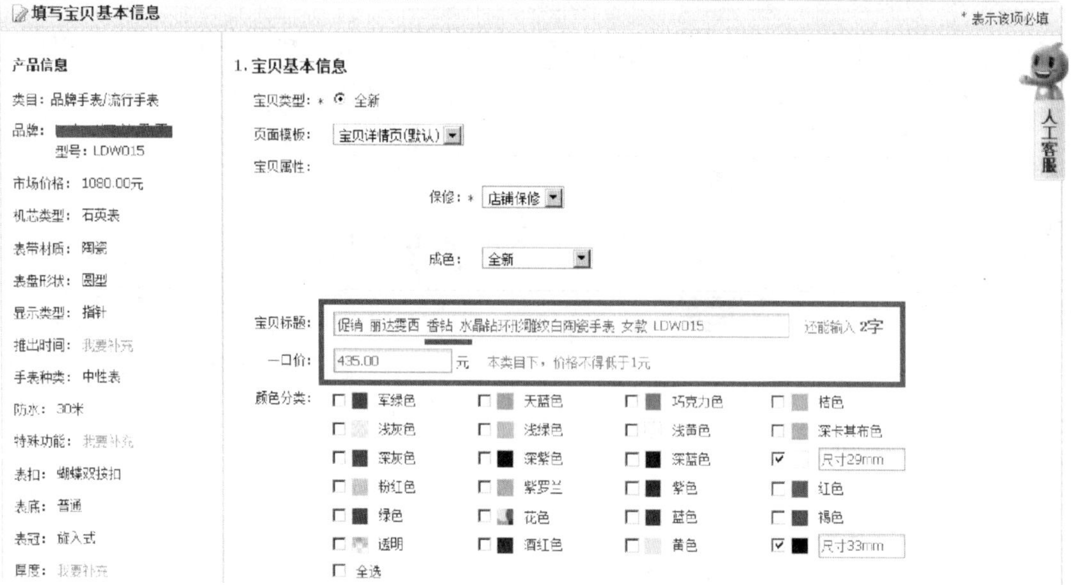

图 4-1-6　商品标题、价格、颜色分类

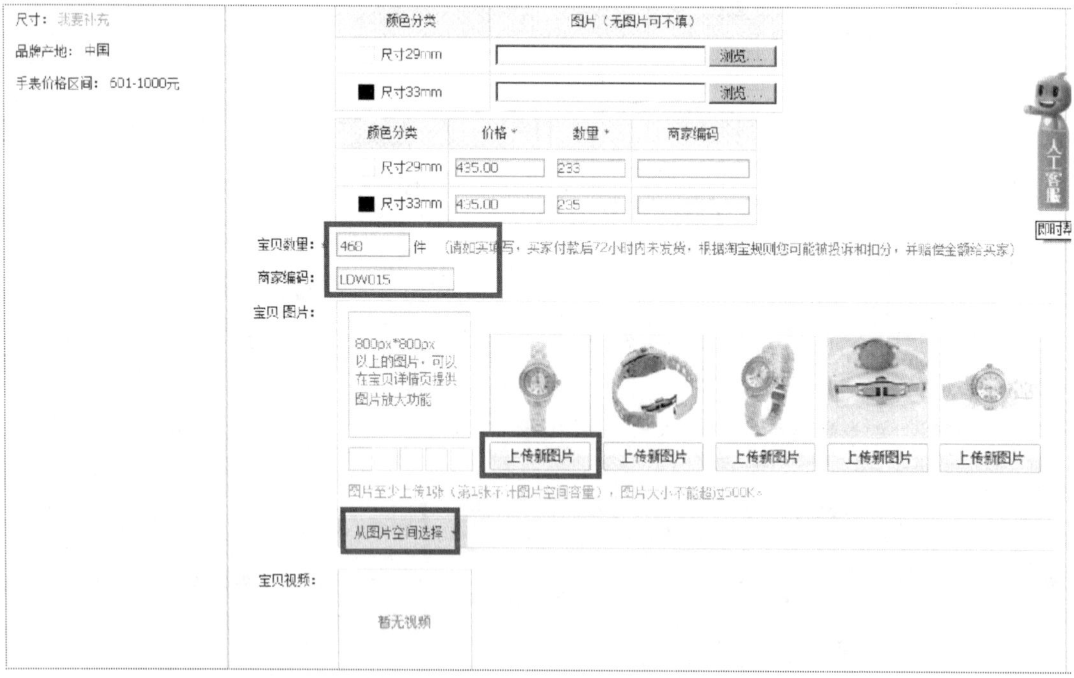

图 4-1-7　商品数量、商品编码设置及商品图片的设置

05 完善商品描述。在"宝贝描述"区编辑商品的详细内容。该区域是一个"所见即所得"的内容编辑框，可以插入文字、图片、动画等内容，并且可以设置文字的字体、大小、颜色、对齐方式、列表方式等，是一个功能强大的内容编辑工具，利用它可以设计出很漂亮的宝贝详情描述页，详细操作请参考项目 2，如图 4-1-8 所示。

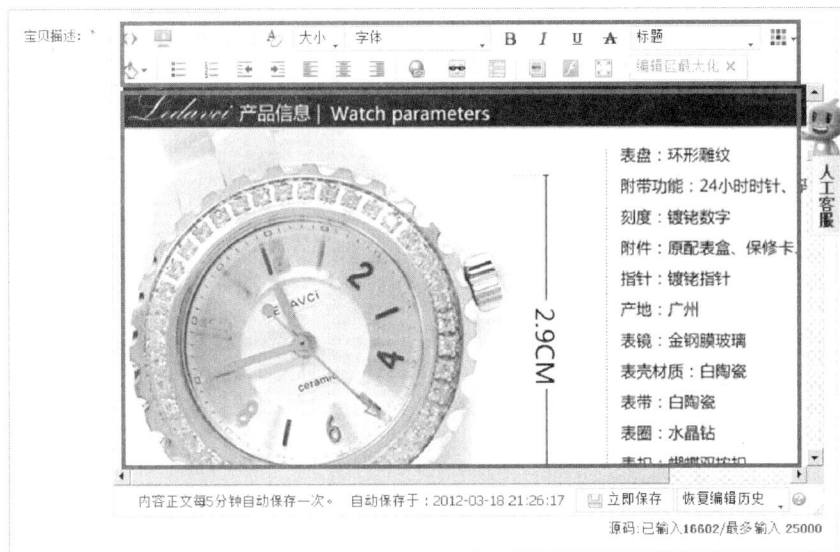

小贴士

在宝贝描述中，为了得到较好的排版效果，要充分利用编辑器强大的修饰功能，将文字和图像甚至是动画等元素很好地结合起来，以达到最佳效果。

图 4-1-8
商品描述内容编辑

06 选择物流模板及设置售后保障信息。在"宝贝物流信息"部分根据不同地区设置好运费情况，可以使用设置好的运费模板，也可以自行设置到不同城市需要的运费。同时在"售后保障信息"部分设置发票和保修情况，如图 4-1-9 所示。

图 4-1-9
物流和售后信息设置

07 设置其他信息。设置会员打折、库存、开放时间等，如图 4-1-10 所示。

图 4-1-10　其他相关信息的设置

2．淘宝网店商品上、下架的处理

小贴士

　　商品的编辑与商品的发布操作是类似的，这里不再重复描述。

要立即进行销售的商品，在编辑好以后，就可以选择上架。

有些商品由于某些原因不需要即时公开发布到网上给客户浏览，如未设置完善的商品、不适合当时季节的商品等，暂时不需要销售，就选择下架。

01 处理商品下架。单击"出售中的宝贝"，选择要下架的商品，勾选"商家编码"，然后单击"下架"按钮就可以把选中的商品进行下架处理，下架后的商品会回到仓库中，如图 4-1-11 所示。

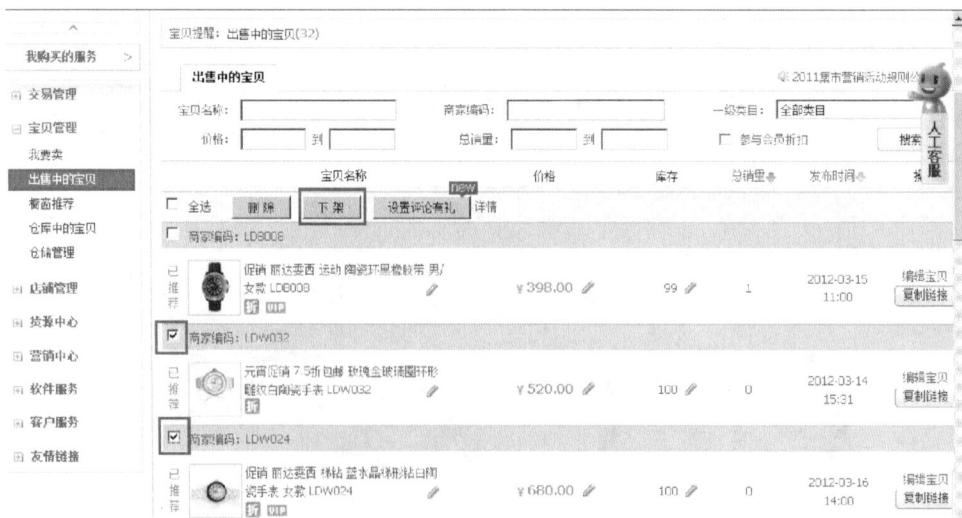

图 4-1-11　商品下架

02 处理商品上架。与下架的操作相反，下架后的商品可以重新选择上架，操作方法与下架操作类似，如图 4-1-12 所示。

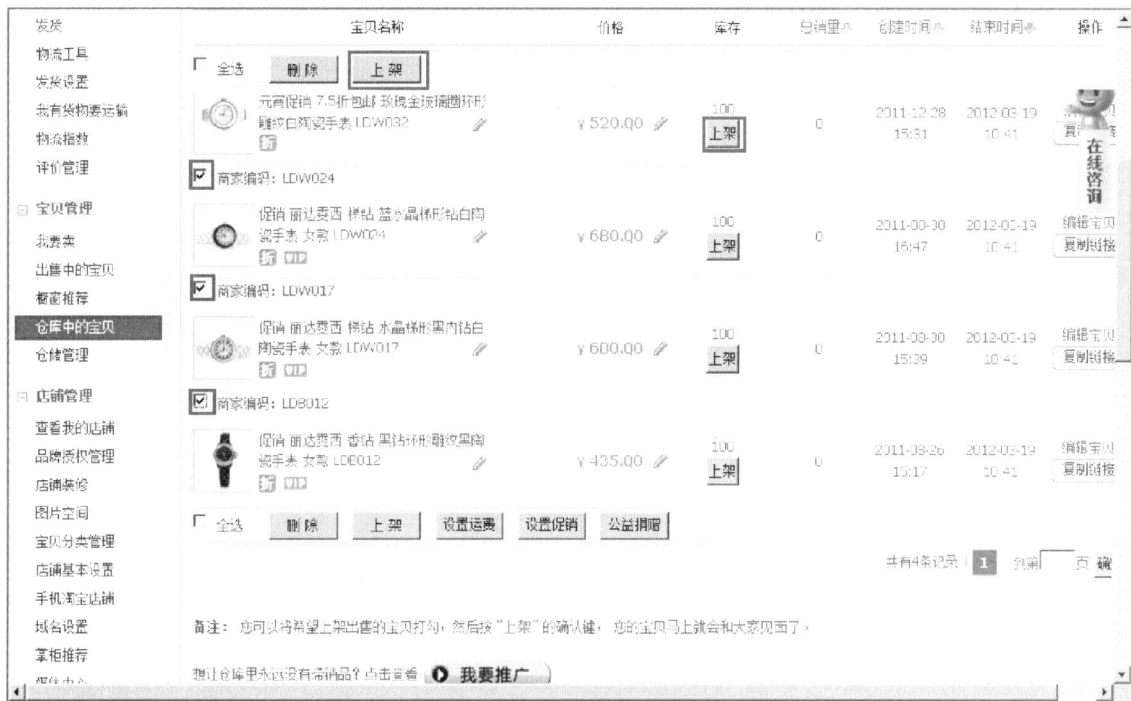

图 4-1-12　商品上架

小贴士

淘宝网上设置商品的上、下架时还可设置上、下架的具体时间，商品可在设定好的时间内自动上、下架，方便商家对商品上、下架的个性化管理。

---

3. 淘宝助理的使用

淘宝助理是为了方便用户在本机编辑商品信息而开发的一种辅助工具软件。在本地编辑可以暂时不依赖网络和浏览器，编辑好以后，可以选择"上传宝贝"功能更新到网店中，同时带有物流订单信息管理等功能，方便了卖家管理商店。

01 主界面。在淘宝助理的主界面上，有不少功能，如"查询宝贝"、"交易管理"、"搜索诊断"等，如图 4-1-13 所示。

02 新增商品。单击"新建宝贝"按钮，打开"编辑单个宝贝"窗口，如图 4-1-14 所示。

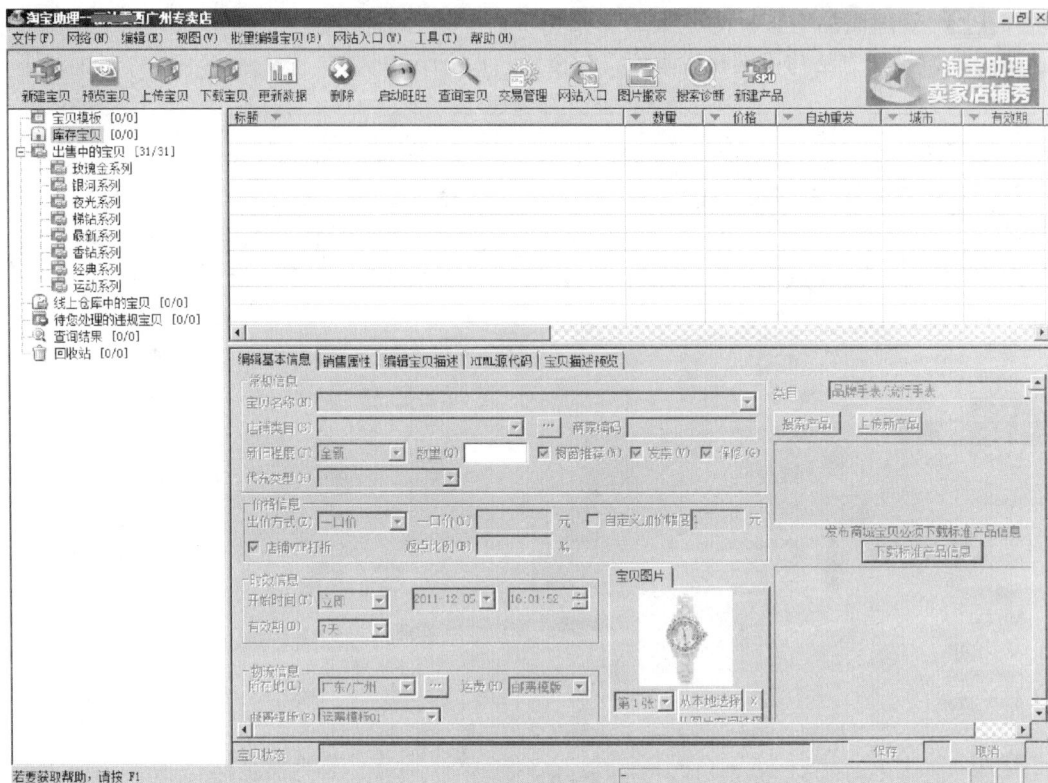

图 4-1-13 淘宝助理主界面

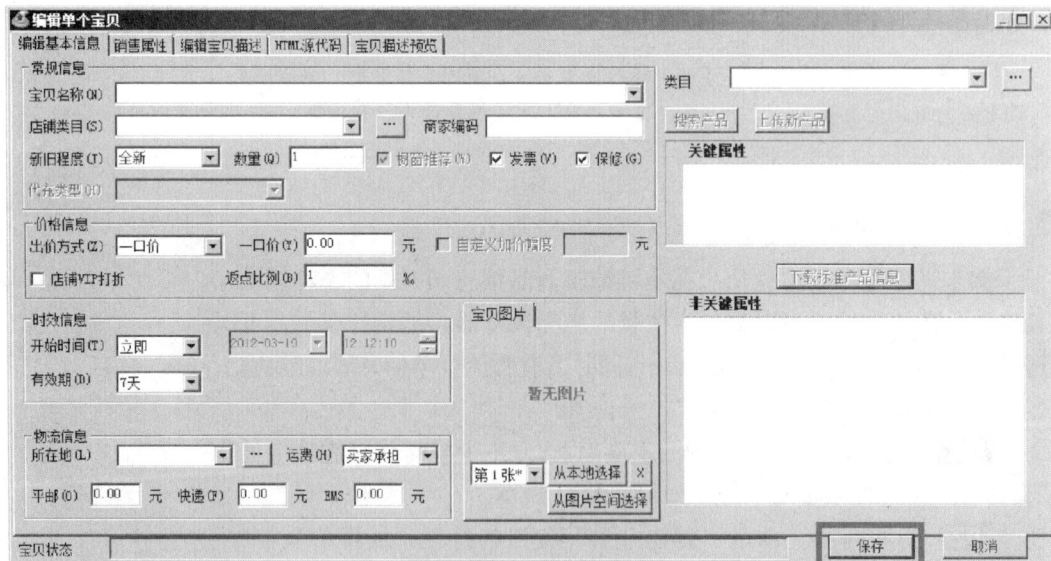

图 4-1-14 新增商品

03 录入商品基本信息。在相应的文本框中输入商品信息,如"宝贝名称"、"店铺类目"、"价格信息"等,如图 4-1-15 所示。

04 设置商品销售属性。单击"销售属性"选项卡,可以编辑商品的颜色属性,如图 4-1-16 所示。

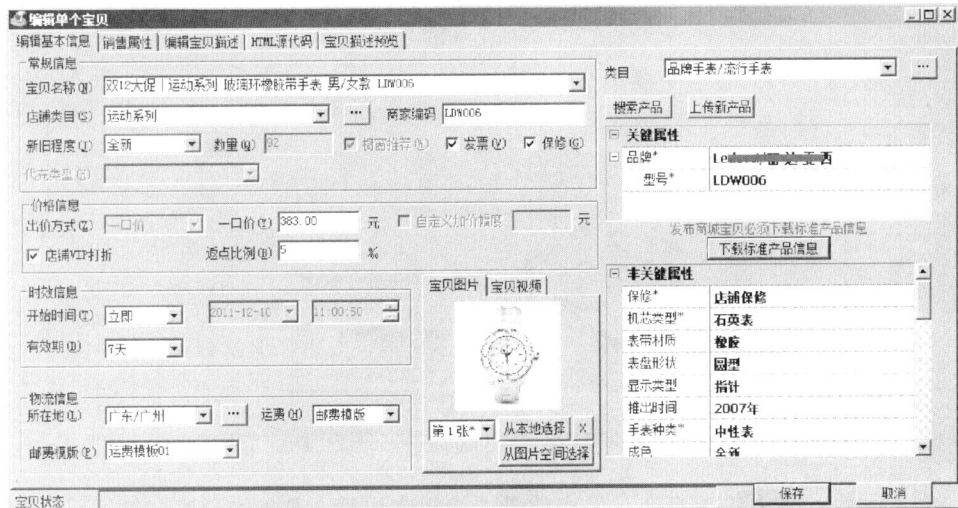

图 4-1-15　商品基本信息

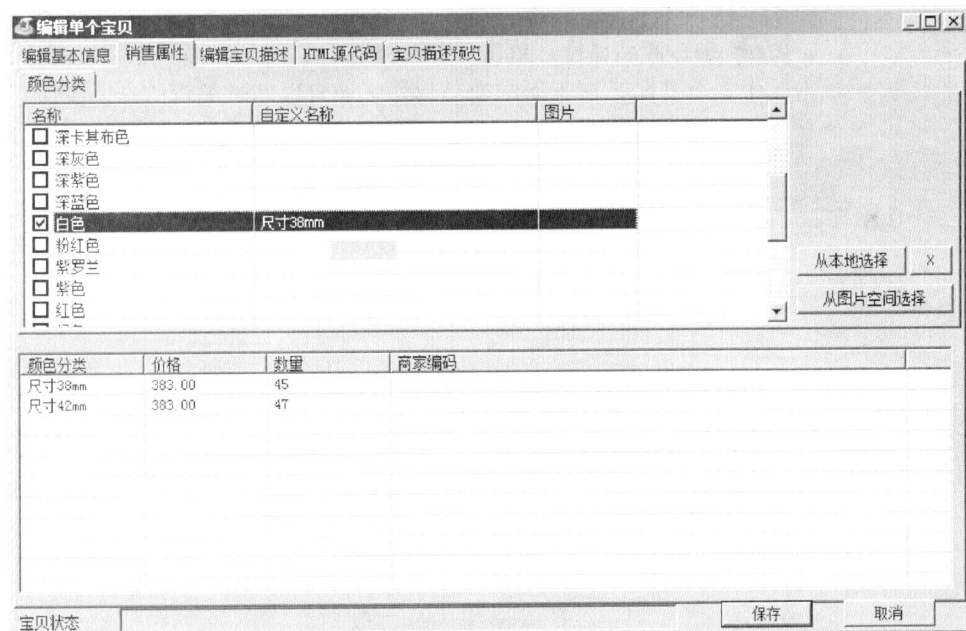

图 4-1-16　设置商品销售属性

05 设置商品描述页面。单击"编辑宝贝描述"选项卡,可编辑商品的详细描述信息。该功能与网上在线编辑是一样的,可以插入文字、图片等信息,并有丰富的格式设置,如图 4-1-17 所示。

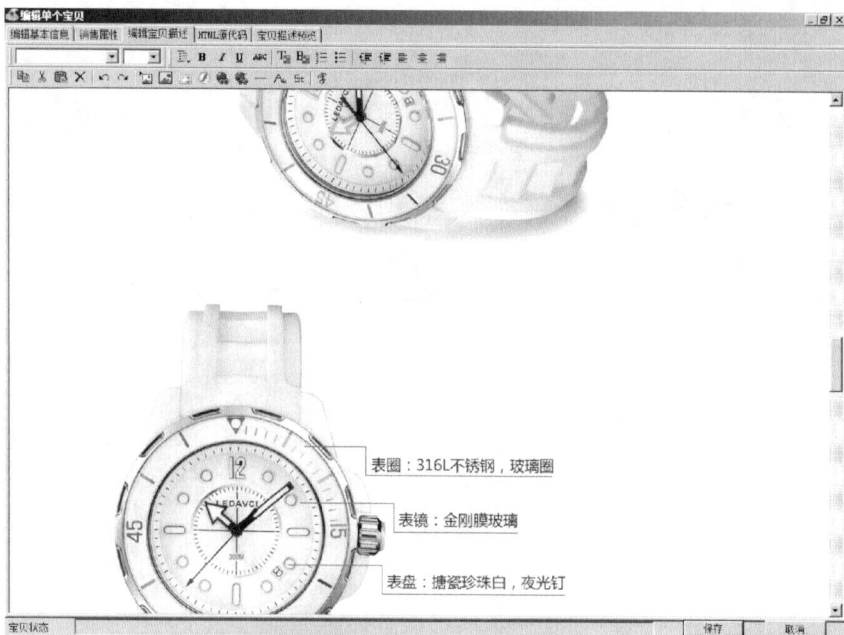

图 4-1-17
编辑商品详情描述页

06 预览商品发布效果。编辑完成后，单击"预览"按钮可以临时查看编辑的效果。所有信息填写完整后，要单击"保存"按钮保存，如图 4-1-18 所示。

07 编辑商品属性。单击"出售中的宝贝"可列出当前上架的商品。单击其中某个商品，在下面的商品属性区域可以即时编辑信息。要保存信息，单击右下角的"保存"按钮，如图 4-1-19 所示。

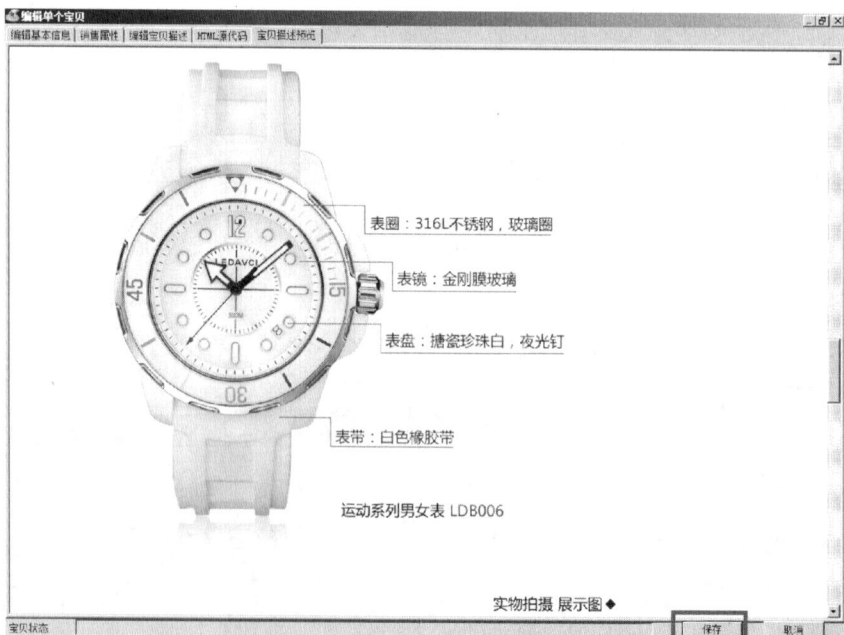

图 4-1-18
商品详情描述页预览效果

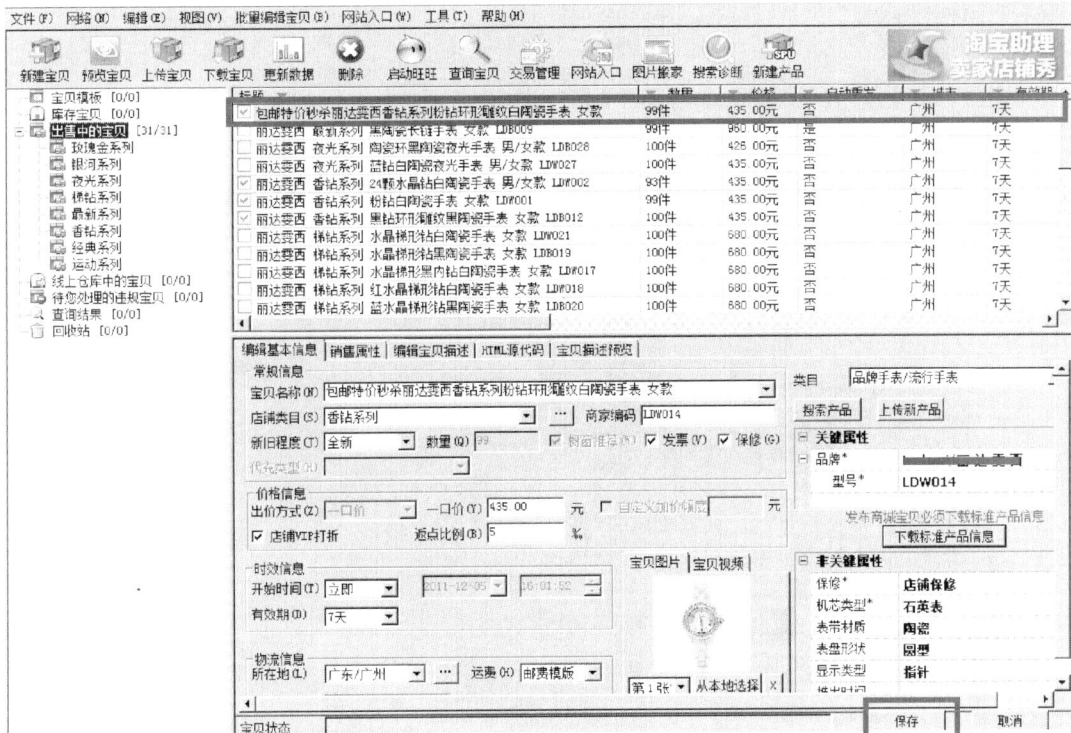

图 4-1-19   编辑商品属性

小贴士

在商品发布或编辑过程中，随时可以切换到"宝贝描述预览"选项卡查看编辑的效果，最后编辑完成，单击"保存"按钮保存已编辑的内容。单击"上传宝贝"按钮才能将编辑好的商品真正地发布到网店。

拓展实训   教学实训平台商品发布与上、下架处理

实训目的：了解在教学实训平台上发布商品与商品上、下架处理。

操作要求：能正确地发布商品，控制商品的上、下架。

技能点拨：发布商品时，需要填数据的区域都必须填上内容才能正常发布商品；商品详情描述中的文字与图片的混合排版不容易排得漂亮，所以编辑完以后要及时浏览以检验排版效果，可能要进行多次调整才能调整好排版效果。

实训步骤

01 进入管理后台。输入"用户名"和"密码"，单击"登录"按钮，以卖家身份登录，单击"卖家中心"进入商品管理后台，如图 4-1-20 所示。

图 4-1-20　登录并进入管理后台

02 选择分类。单击"发布商品"按钮，选择商品分类，再单击"发布商品"按钮即可进入下一步，如图 4-1-21 所示。

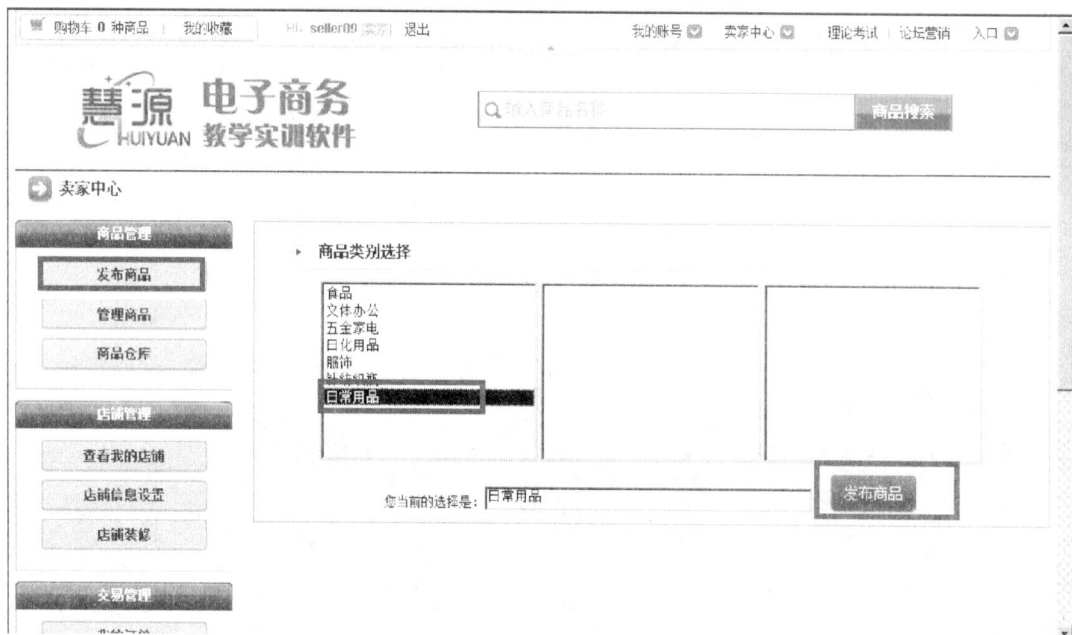

图 4-1-21　选择分类

03 填写商品详情。商品的详情包括标题、价格、库存量、商品属性等。填写完整后，单击"保存"按钮保存，如图 4-1-22 和图 4-1-23所示。

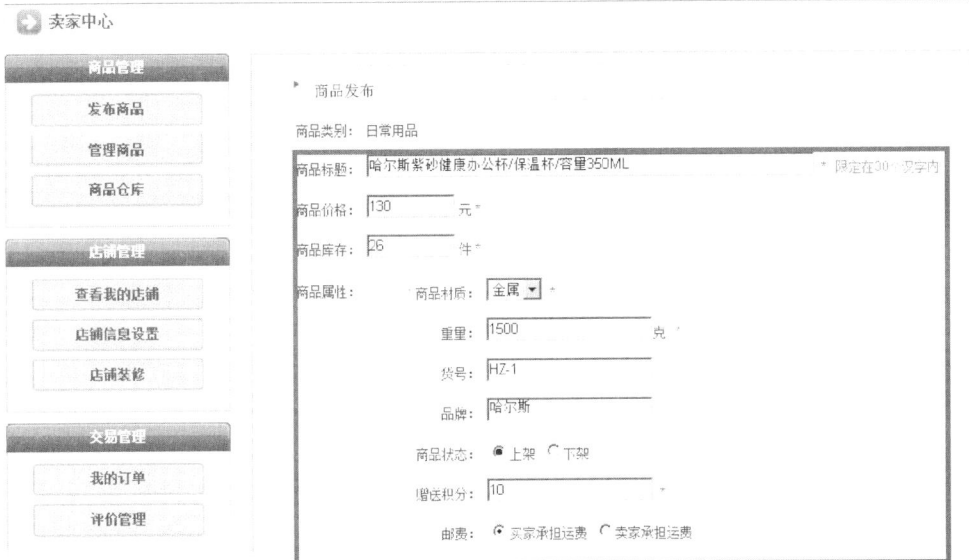

图 4-1-22　商品详情信息设置

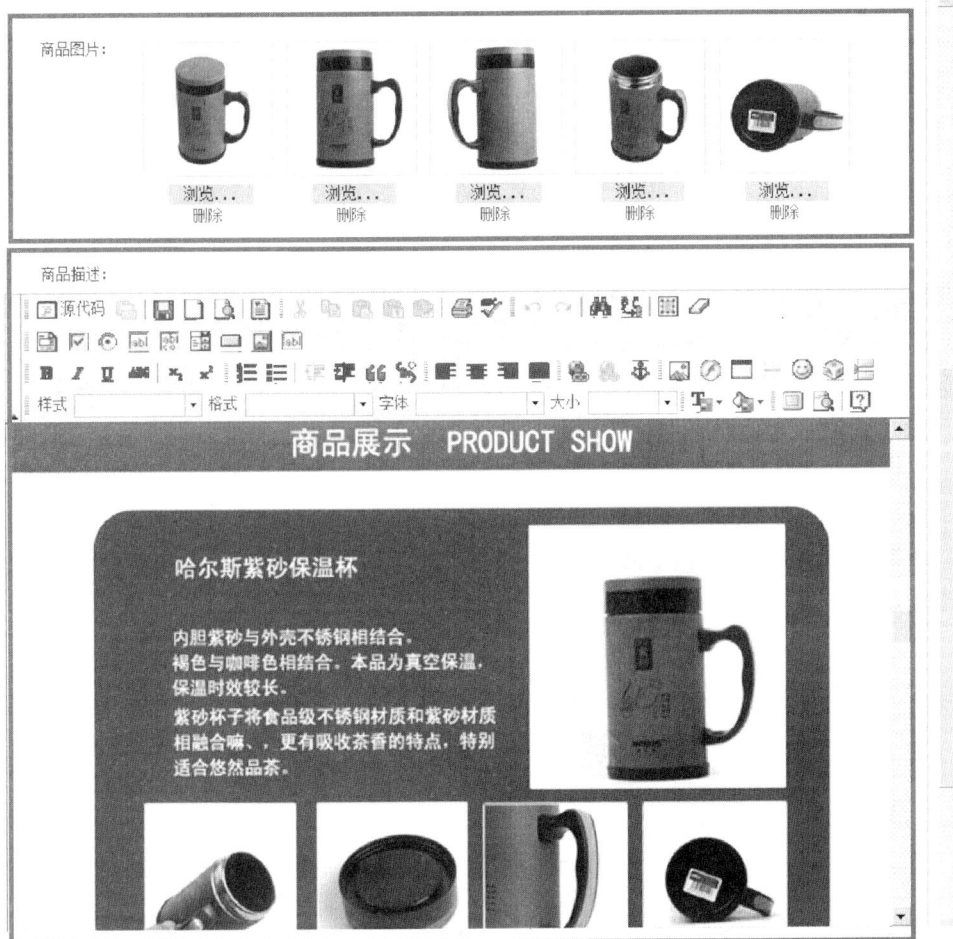

图 4-1-23　商品图片及商品描述

04 发布成功。保存后自动跳转到（或直接单击"管理商品"按钮）商品列表，如图 4-1-24 所示，然后单击商品名称的链接可以直接进入商品发布后的页面，如图 4-1-25 所示。在这里可以单击"编辑"进入商品编辑页面（编辑界面与商品详情界面基本一致），或者进行删除操作。

图 4-1-24　返回商品列表

图 4-1-25　商品发布后效果

05 商品上、下架。单击"商品仓库"按钮进入商品库存管理，设置商品的上、下架，库存量及是否使用橱窗等，如图 4-1-26 所示。

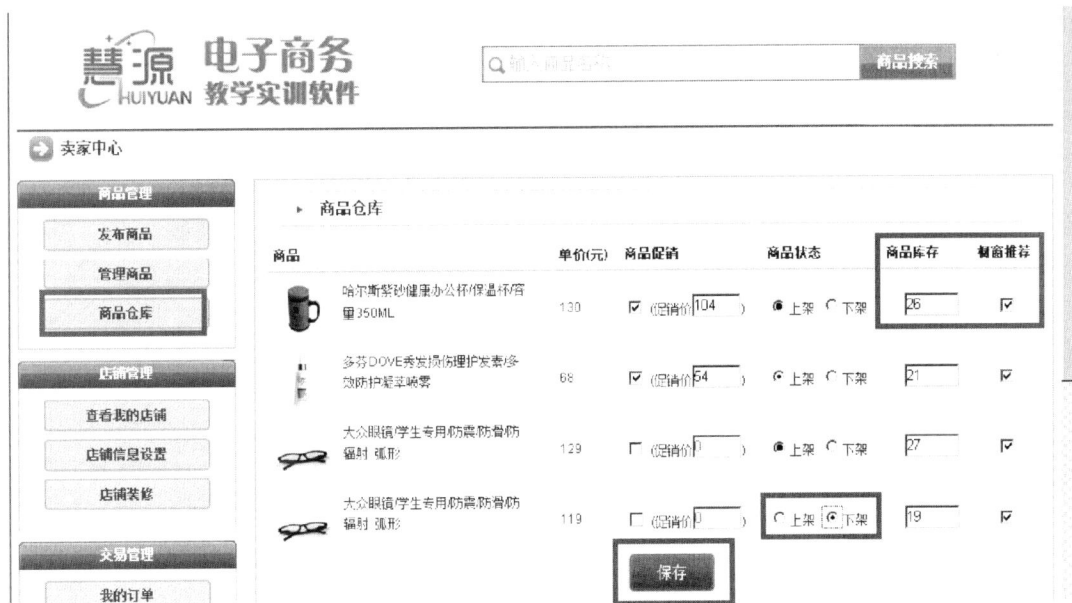

图 4-1-26　商品仓库管理

小贴士

　　商品详情页要排得好需要灵活运用编辑框里提供的各个小功能，甚至可以在 Word 里对文字部分排好版以后，再粘贴到编辑框并适当调整就可以得到很美观的页面。

4.2 ┃ 处理交易

知识准备

　　网店设置好商品分类，商品也已经发布到网店，接下来的工作就是等候进网店浏览的客户（即买家）。当客户挑选到合适的商品时，想知道有关商品更详细的信息或有疑问时会主动跟卖家沟通，使用什么工具进行沟通呢？当客户决定要购买商品，购买的流程是怎样的呢？对于卖家，客户下订单后需求有改变时，如何对订单进行调整呢？下面主要讲解沟通工具的使用、购买的流程及对订单的处理等内容。

实践操作

基础实训1 淘宝网购物流程

实训目的：了解在淘宝网购物的详细流程。

操作要求：掌握完整的购物流程。

技能点拨：使用购物车可以更方便地进行购物，预先将资金充值到支付宝可以使用余额支付功能，简化支付流程。

实训步骤

01 挑选商品。买家进入网店，看到合适的商品，直接单击商品就可以进入商品详情页，如图4-2-1所示。

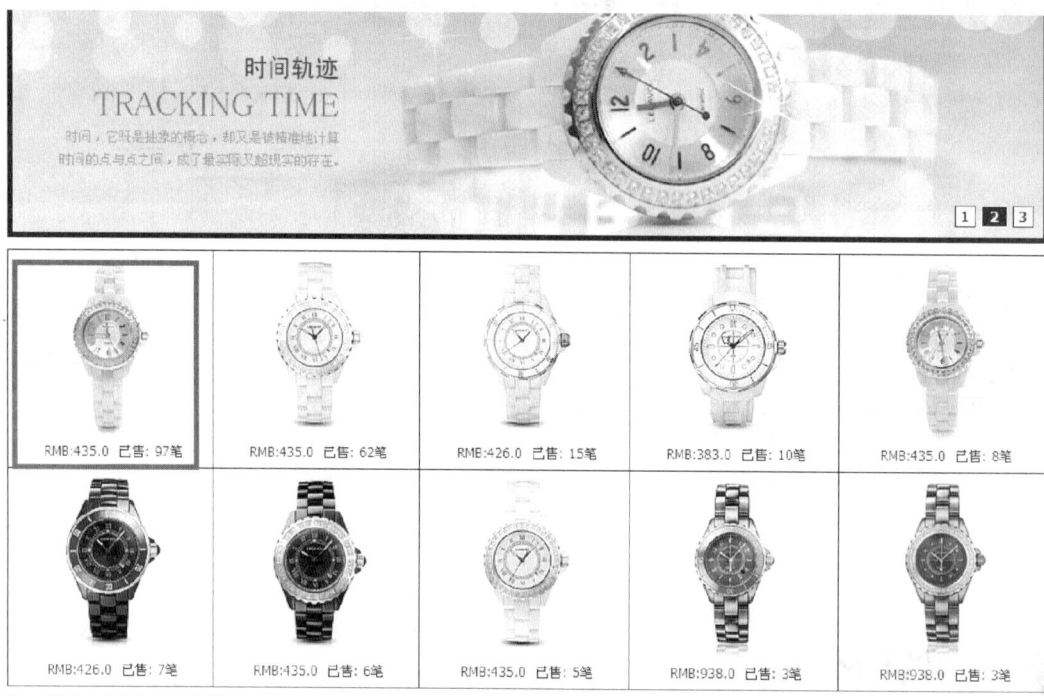

图4-2-1 挑选商品

02 查看商品详情。进入商品详情页，查看商品详细信息，如价格、颜色、分类等信息，如图4-2-2所示。

03 立即购买或加入购物车。如果需要直接购买，选择好"颜色分类"和填好"数量"以后，单击"立刻购买"按钮就可进入确认订单信息页面。如果还不急于结算，可以选择"加入购物车"，稍候再处理。

04 查看购物车。如果有商品存放在购物车里，单击"购物车"就可以看到放在购物车里的商品，这时可单击"结算"按钮进入下订单的页面，如图4-2-3所示。

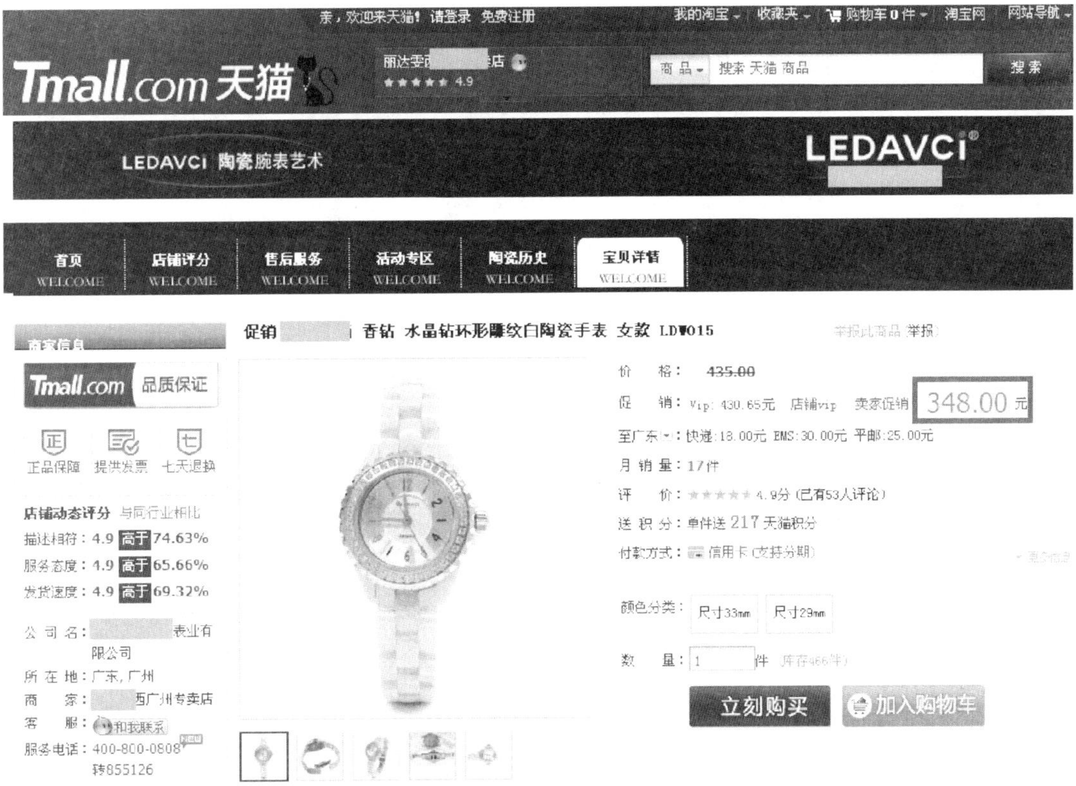

图 4-2-2 商品详情信息

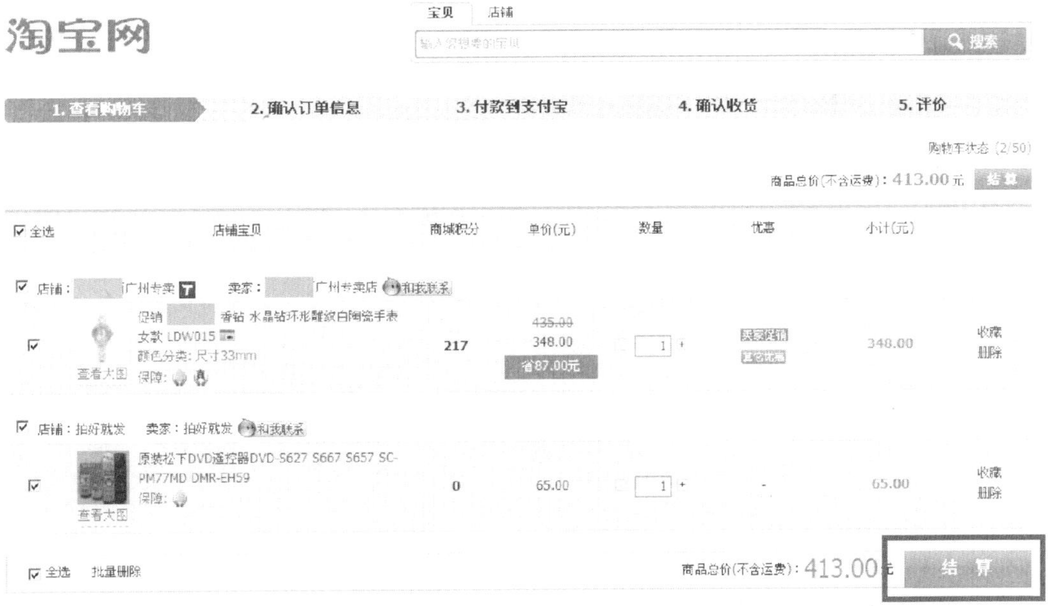

图 4-2-3 购物车

05 确认订单信息。首先要确认收货地址信息，如果有多个地址，要选择正确的收货地址。如果列表中没有目前所需的地址，单击"管理收货地址"进行设置，再回到本页面进行选择，如图 4-2-4 所示。然后要确认订单信息，核对要购买的商品信息，可适当选择是否要享受商家的折扣等，如图 4-2-5 所示。

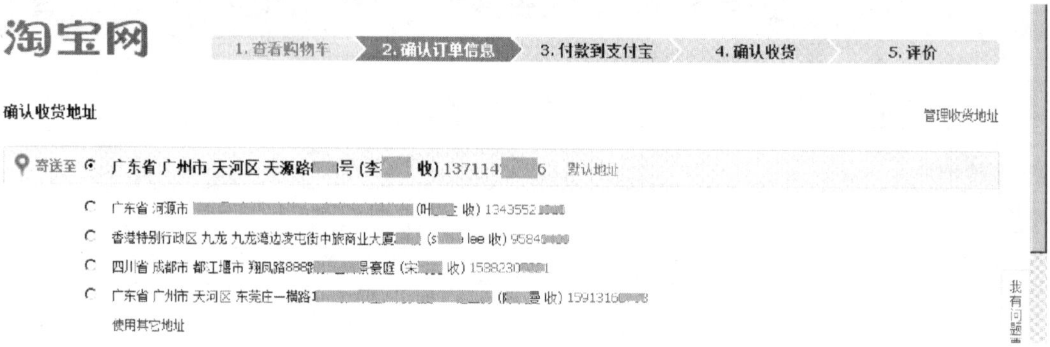

图 4-2-4　确认收货地址

图 4-2-5　确认订单信息

06 进入支付流程。订单创建成功以后，页面会自动跳转到支付页面，如果账户内还有余额，可以选择余额支付，也可以选择其他付款方式，然后单击"下一步"按钮，如图 4-2-6 所示。

图 4-2-6　选择支付渠道

07　确认选择银行。如果选择了网上银行付款，将自动跳转到相应银行的再次确认页面，单击"登录到网上银行付款"按钮即可进入付款页面，如图 4-2-7 所示。

图 4-2-7　支付方式确认

08 银行支付。再次确认使用网上银行支付后，进入对应银行的支付页面。在此选择用于支付的类型，如选择"卡号密码支付"后，还可选择是用信用卡还是用储蓄卡。输入正确的银行卡信息以后，单击"确定"按钮即可完成支付，如图4-2-8所示。

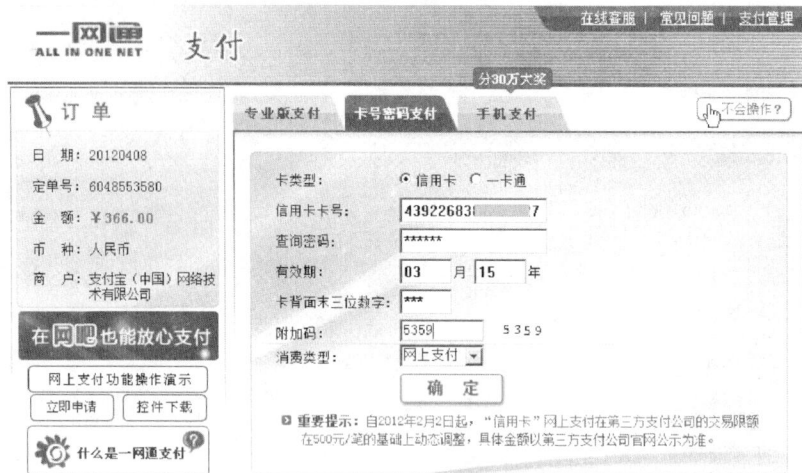

图4-2-8 银行卡支付

09 查看订单状态。订单刚建立时，状态是"等待买家付款"。在此状态下，买家通过与卖家协商，可以要求卖家对此订单作出邮费等修改。卖家改完后，买家单击"付款"按钮进入支付页面完成对此订单的支付操作，还可以选择"取消订单"。支付完成后，在卖家发货之前，订单的状态改变为"买家已付款"。此状态下，卖家可以进行发货操作。卖家发货以后，订单状态改变为"卖家已发货"，也会出现相应的物流信息链接，此状态下，买家在收到货物以后，检查商品没问题，可以进行确认收货操作来完成交易。当买家选择确认收货后，订单状态就改为"交易成功"，如图4-2-9所示。

图4-2-9 订单状态

10 查看物流信息。单击"查看物流"链接，可以看到物流跟踪信息，显示该商品在哪个时刻到达哪个位置，方便卖家与买家同时跟进快递的情况，如图 4-2-10 所示。

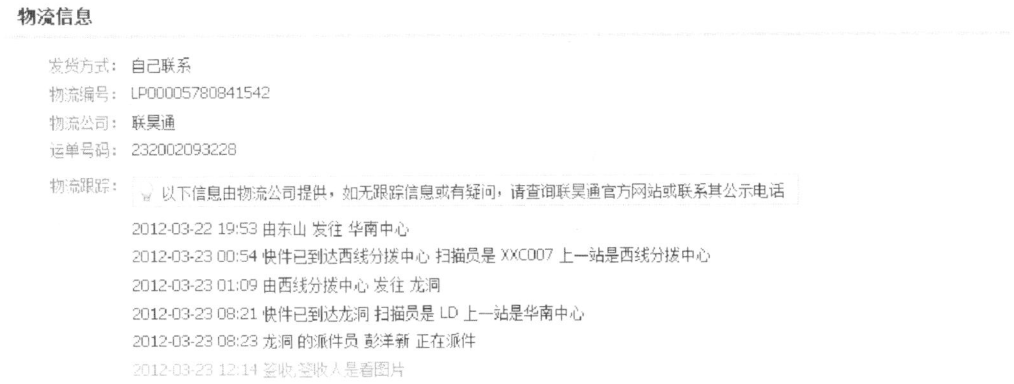

物流信息

发货方式：自己联系
物流编号：LP00005780841542
物流公司：联昊通
运单号码：232002093228
物流跟踪：🚚 以下信息由物流公司提供，如无跟踪信息或有疑问，请查询联昊通官方网站或联系其公示电话

2012-03-22 19:53 由东山 发往 华南中心
2012-03-23 00:54 快件已到达西线分拨中心 扫描员是 XXC007 上一站是西线分拨中心
2012-03-23 01:09 由西线分拨中心 发往 龙洞
2012-03-23 08:21 快件已到达龙洞 扫描员是 LD 上一站是华南中心
2012-03-23 08:23 龙洞 的派件员 彭羊新 正在派件
2012-03-23 12:14 签收 签收人是看图片

图 4-2-10　物流信息跟踪

11 确认收货。当已经收到货物经过检查没有问题之后，可单击"确认收货"按钮，进入确认收货的页面，在"支付宝支付密码"文本框输入支付密码后单击"确定"按钮，如图 4-2-11 所示。在打开的提示框中单击"OK"按钮即可完成交易，如图 4-2-12 和图 4-2-13 所示。

订单编号：13219666732558 隐藏
支付宝交易号：2012042500612400
卖家昵称：长明家居专营店 🟠和我联系
收货信息：广东省 广州市 天河区 天源路818号，李石凡，13711420946，510650
成交时间：2012-04-25 09:35:27

* 请收到货后，再确认收货！否则您可能钱货两空！
* 如果您想申请退款，请返回到"已买到的宝贝"申请退款

支付宝支付密码：**********　忘记支付密码？
确定

图 4-2-11　确认收货

The page at https://escrowexprod.alipay.com says:

请您收到货后再点击"确定"，否则可能钱货两空！点击"确定"后会将 32.72 元直接付款到卖家账户。

OK　　　Cancel

图 4-2-12　确认收货警告

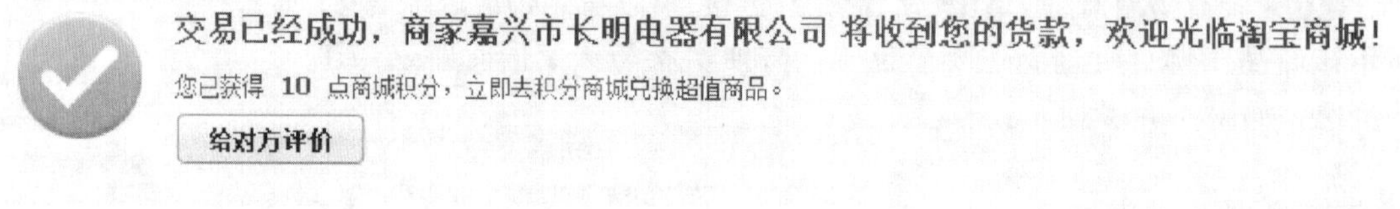

交易已经成功，商家嘉兴市长明电器有限公司 将收到您的货款，欢迎光临淘宝商城！
您已获得 **10** 点商城积分，立即去积分商城兑换超值商品。

给对方评价

图 4-2-13 交易成功

12 给对方评价。确认收货以后，如果想针对本次交易给对方评价，单击"给对方评价"按钮进入评价页面，如图 4-2-14 所示。

图 4-2-14 给对方评价

小贴士

将挑选好的商品加入购物车，在需要时再浏览购物车进行一次性结算和支付。灵活使用购物车，可以简化购买多件商品时的流程，避免频繁支付的操作。

支付方式除了可以使用银行直接支付以外，还可以将银行卡内的资金预先充值到支付宝，使用支付宝的"余额支付"功能完成付款。

基础实训 2 卖家处理订单

实训目的：了解卖家在交易中的处理流程。

操作要求：实现订单简单处理，如修改邮费、发货等。

技能点拨：商城订单只能修改邮费，商品价格无法修改。

实训步骤

01 查看订单列表。在卖家后台单击"已卖出的宝贝"可看到全部订单，且可以根据一定的条件进行订单的分类查看。对不同状态的订单，可以做不同的操作。例如状态为"等待买家付款"的订单可以"修改价格"和"关闭交易"；状态为"买家已付款"的订单可以"发货"；状态为"卖家已发货"的订单可以"延长收货时间"和"查看物流"，如图 4-2-15 所示。

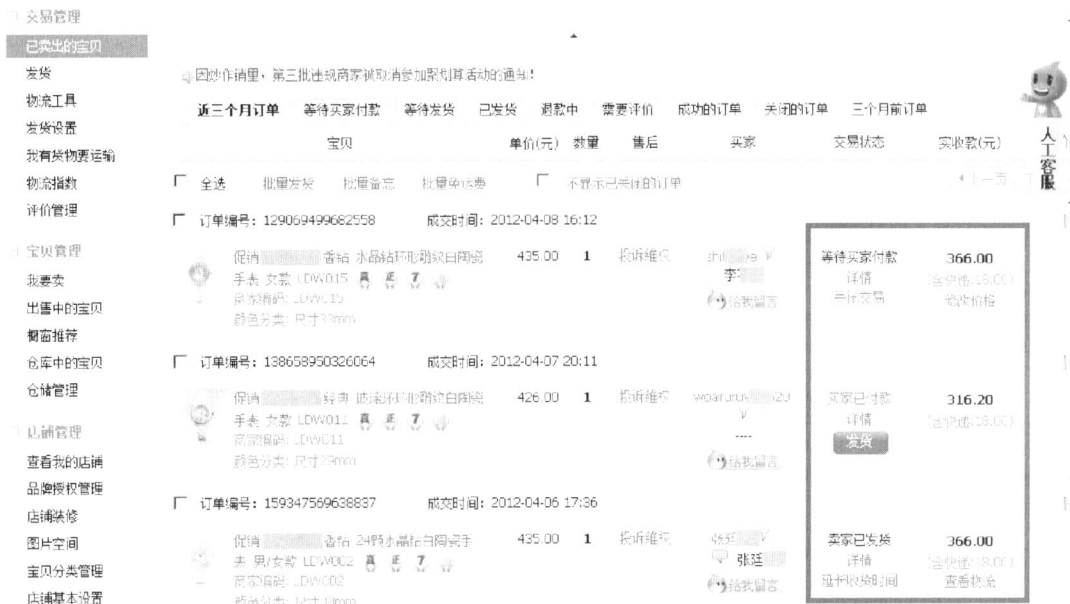

图 4-2-15　卖家订单列表

02 修改邮费。对于状态为"等待买家付款"的订单会自动显示"修改价格"和"关闭交易"，单击"修改价格"会打开修改价格的窗口，注意：在商城里只有"邮费"这一个项目可以修改，如图 4-2-16 所示。

图 4-2-16　卖家修改邮费

03 卖家发货。当卖家将真实商品通过快递公司寄出以后，单击"发货"按钮，进入发货页面，如果地址不对，可以通过"修改收货信息"

151

功能更正新的收货地址。在发货的第三步，将快递公司留下的发货单上的号码填入对应的文本框中，同时单击对应的"确认"按钮，完成发货，如图 4-2-17 所示。完成发货操作后，买家和卖家都可以在订单中跟进物流信息。

图 4-2-17 卖家发货

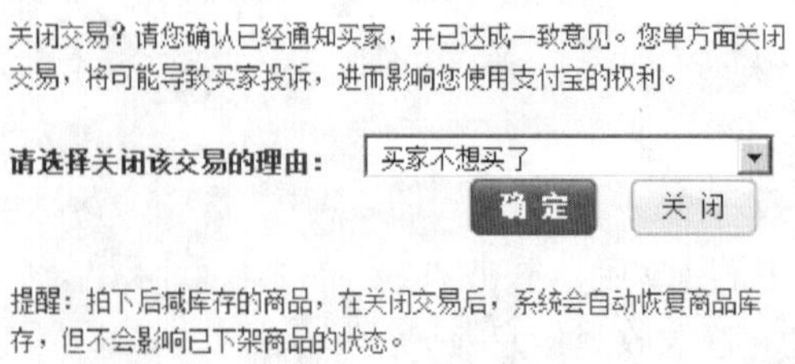

图 4-2-18 关闭订单

04 关闭交易。由于各种原因，如联系不到买家、买家不想买了、卖家暂时缺货或已经协商好同城交易等，未付款的订单已经不需要再付款，可以选择关闭订单。关闭时选择对应的关闭原因，单击"确定"按钮即可，如图 4-2-18 所示。

　　填写发货单号时应填到对应的物流公司文本框，并单击"确认"按钮。如果是虚拟商品可以选择"无需物流"，切勿认为它不需要商家进行发货操作。

基础实训 3　沟通工具的使用

　　实训目的：了解阿里旺旺（千牛）的使用方法。

　　操作要求：使用阿里旺旺（千牛）互相沟通。

　　技能点拨：利用多窗口合并功能可以快速地在多个交谈对象之间切换。

实训步骤

　　01　用户登录。运行阿里旺旺软件，出现登录界面，输入淘宝会员名和密码进行登录，如图 4-2-19 所示。

　　02　咨询商家。在浏览商家的网店时，单击"和我联系"的阿里旺旺标志按钮，登录后即可与卖家通过阿里旺旺实时沟通。若已登录阿里旺旺，单击"和我联系"按钮后，可直接打开与商家联系的聊天窗口，如图 4-2-20 所示。

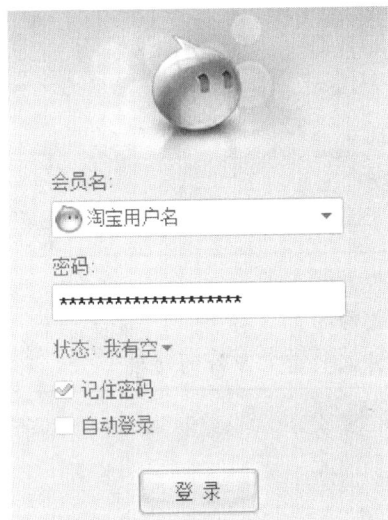

图 4-2-19　登录阿里旺旺

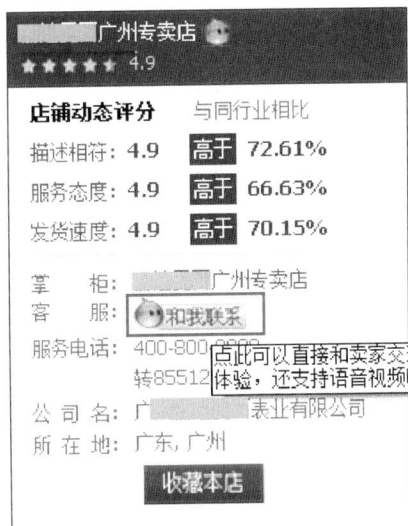

图 4-2-20　与卖家联系

　　03　沟通界面。在购物时，单击商家网店上的"和我联系"图标，或单击有显示旺旺标记的链接时，会调用本机已登录的旺旺并打开一个对话窗口与对方进行在线联系，如图 4-2-21 所示。

　　阿里旺旺除了提供文本聊天这一基本功能外，还提供语音和视频聊天等高级的功能。

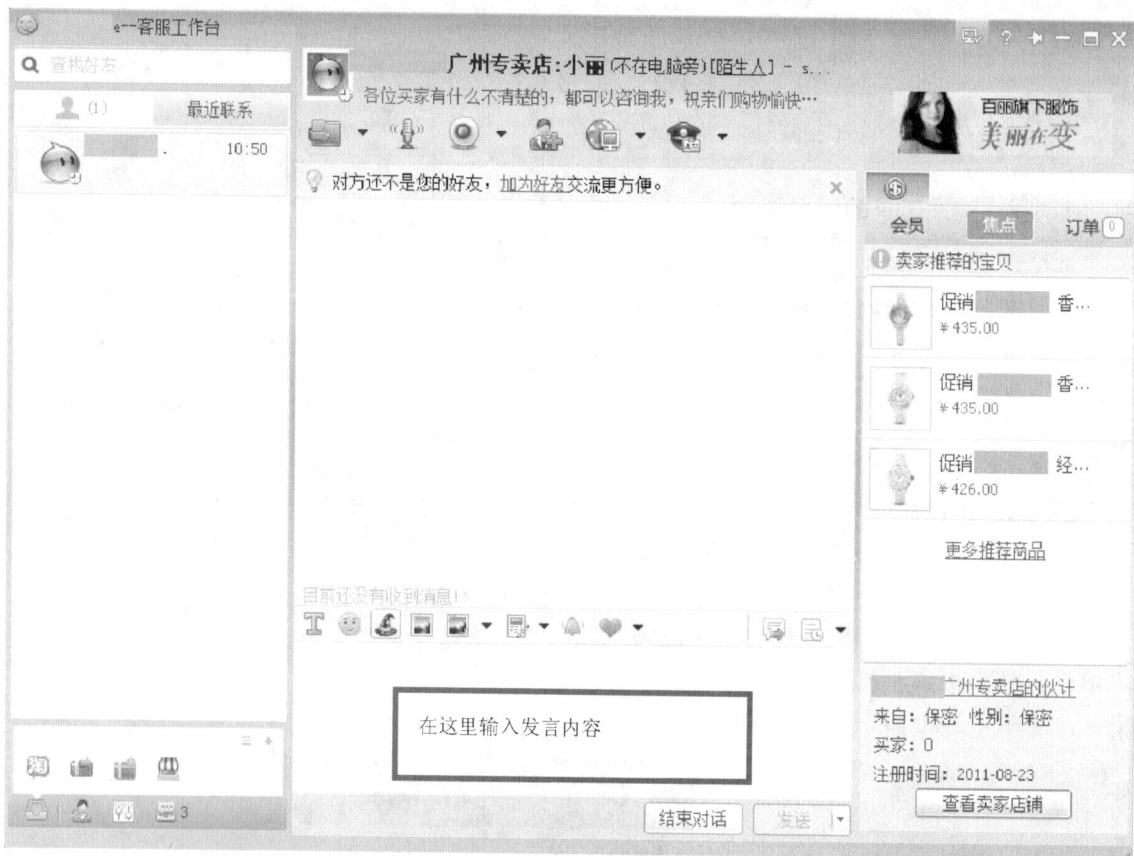

图 4-2-21 阿里旺旺沟通界面

拓展实训 教学实训平台购物流程

实训目的：了解教学实训平台的购物流程。

操作要求：能在教学实训平台上完成购物。

技能点拨：在交易流程中，要注意买家、卖家身份的切换。

实训步骤

1. 买家购物

01 挑选商品。以买家身份登录慧源系统，单击"首页"链接就能浏览到本组卖家发布的商品，如图 4-2-22 所示。

02 商品详情。挑选到合适的商品，单击相应链接进入商品详情页，如图 4-2-23 所示。

图 4-2-22　挑选商品

图 4-2-23　商品详情

03 购买商品。需要购买时，单击"立即购买"按钮进入付款流程，单击"加入购物车"按钮可暂时放到购物车里，继续购物，如图4-2-24所示。

04 支付结算。单击"去购物车结算"按钮进入购物车查看页面，根据需要调整购买的数量或删除不需要的商品，确定后单击"结算"按钮，如图4-2-25所示。

哈尔斯紫砂健康办公杯/保温杯/容量350ML

价　格：~~130.00元~~

促　销：104.00元

至广东省▼：快递：20元 (重量1500克)

送积分：10分

已售出：4件 (已有0人评论)

浏览次数：2570次

我要买：1 件 (库存26件)

✔ **商品已成功添加到购物车！** ✖关闭

购物车共有1种商品，合计：104元

去购物车结算 　加入购物车

图 4-2-24　将商品放入购物车

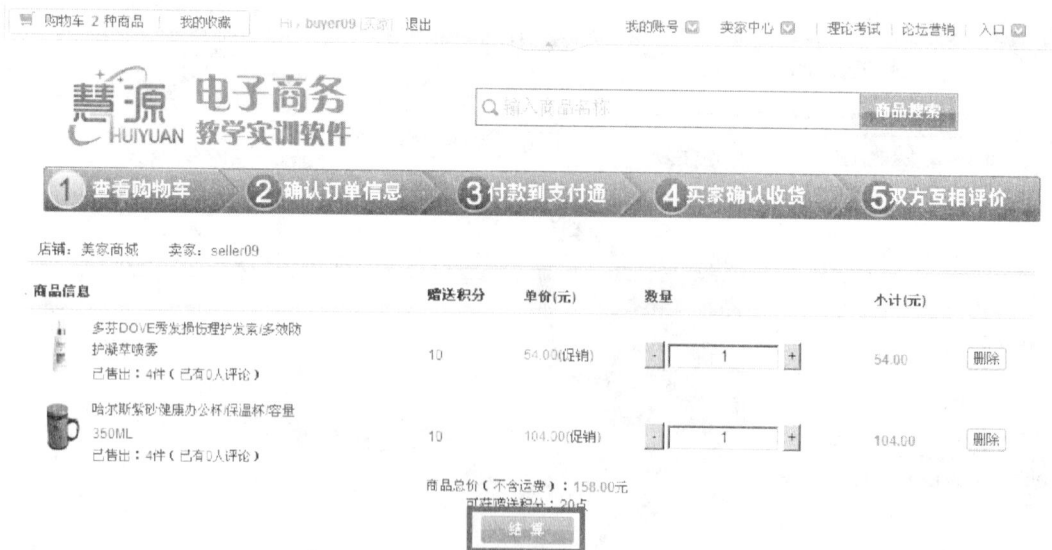

图 4-2-25　结算

05 确认订单。单击"结算"按钮后，进入订单确认页面，在此页面确认收货地址并核对购买的商品，无误后单击"确认，提交订单"按钮，如图 4-2-26 所示。

06 用支付通支付。系统生成订单后，在出现的页面中有订单的详细信息，此时单击"用支付通付款"按钮进入付款流程，如图 4-2-27 所示。

图 4-2-26
确认订单

图 4-2-27
用支付通支付

07 输入支付通密码。单击"用支付通付款"按钮，出现支付页面，输入支付通密码后，单击"确定付款"按钮即可完成支付，如图 4-2-28 所示。

08 查看订单列表。单击"交易管理"下"我的订单"，出现买家订单列表。对不同状态的订单有不同的操作，如申请退款、申请退货等，如图 4-2-29 所示。

图 4-2-28　输入密码付款

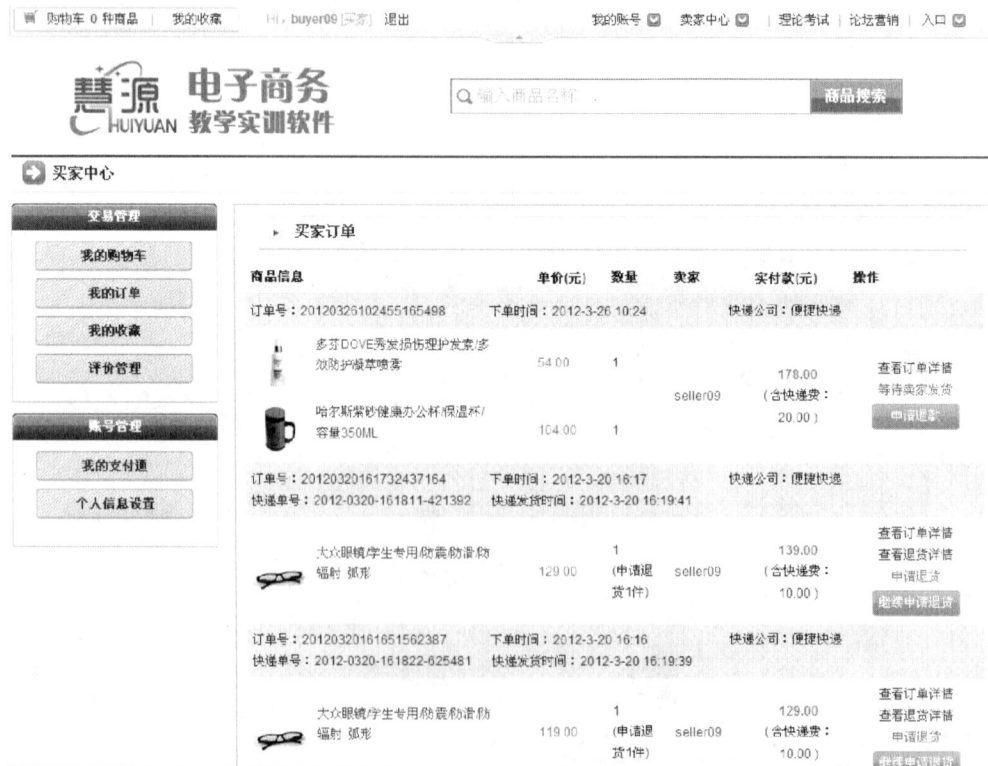

图 4-2-29　买家订单列表

09 申请退货。假如买家觉得货品不合适，可选择退货，选择好退货商品后，在出现的退货页面中填写退货原因，单击"确认"按钮即可，如图 4-2-30 所示。

图 4-2-30 买家申请退货

> **小贴士**
>
> 第三方教学实训平台的交易流程类似于淘宝网等主流电商交易平台，采用第三方支付中介做交易担保。随着移动支付的普及，支付宝、微信等扫码支付已在全国普及开来，无论是医疗、交通、政府、农贸市场及社交场合等各种场景，均支持扫码或者刷脸支付。

2. 商家修改订单

01 卖家订单管理。以卖家身份登录，进入系统管理后台后，单击"交易管理"下"我的订单"即出现卖家订单列表页面。对不同状态的订单有相应的操作，如"去发货"、"退货处理"等，如图 4-2-31 所示。

02 卖家发货并支付运费。对于买家已付款未发货的订单，卖家单击"去发货"按钮即可进入发货页面，填上运费并输入支付通密码，单击"支付运费并要求快递发货"按钮，如图 4-2-32 所示。

图 4-2-31　卖家订单列表 3

图 4-2-32　卖家发货

03　发货成功。单击"支付运费并要求快递发货"按钮后，显示"支付成功"表示发货成功，如图 4-2-33 所示。

04　订单详情。在"卖家订单列表"页面单击对应的文字链接，进入订单详情页面，详情包括"订单号"、"下单时间"、"收货信息"、"快递信息"、"订单详情"等详细信息，如图 4-2-34 所示。

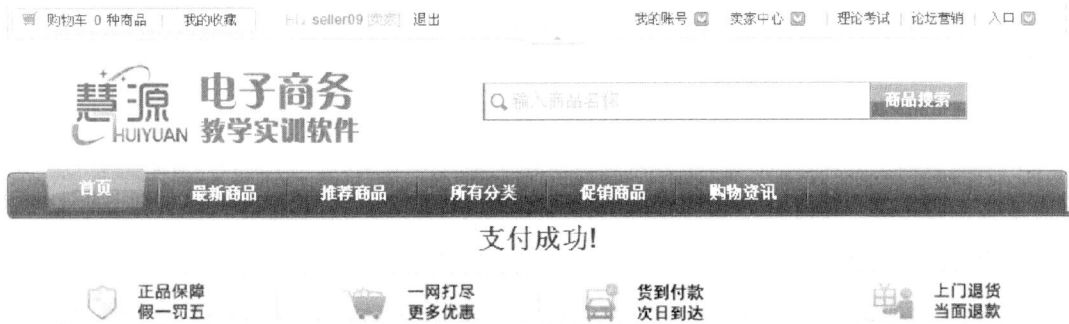

图 4-2-33　发货成功

图 4-2-34　订单详情

小贴士

　　卖家发货同样要预先开通支付通，并将银行的资金充值到支付通，才能在发货时支付物流公司的运费。

项目小结

本项目主要介绍了在淘宝网和电子商务教学实训平台上交易前处理、交易流程处理、淘宝助理工具软件和沟通工具阿里旺旺（千牛）的使用。

在交易前的准备工作中，对商品进行缜密分类是至关重要的工作，成功的分类有助于缩短买家找到合适商品的时间，提高购买率。

利用淘宝助理软件可以在一定程度上方便卖家在本机处理商品和订单信息，提高卖家的工作效率。

阿里旺旺（千牛）是买家和卖家之间不可缺少的沟通工具，很多在网店中没有列出的细节都是通过沟通工具实现交互得到的，所以它在交易中起到一个很好的桥梁作用。

淘宝网店上的交易操作过程稍复杂，由于支付渠道有多种，所以支付流程的走向也呈现出多样化，由于篇幅关系，本书只介绍了用银行卡支付的案例。

慧源电子商务平台上的交易过程相对于淘宝网要简单很多，仅能实现一些较简单的流程。

习　题

一、理实一体化题

1．在淘宝网，卖家身份也可以称为_____，买家身份也可以称为_____。

2．在淘宝网，卖家对商品进行分类的依据是_____。

3．在淘宝网，商品发布时，商品详情所使用的编辑框是富文本编辑框，可以添加_____等元素。

4．阿里旺旺是一款_____与_____之间的沟通工具，通过它可以_____。

5．淘宝助理软件必须使用_____身份登录，并且只能看到_____网店内的商品分类和商品信息及相关的订单内容等。

6．在淘宝网购物必须拥有一个支付账号，这个账号称为_____，它是一个电子邮箱地址。

二、实训题

实训题1　商品分类。

操作要求：尝试对不同类别的商品进行详细分类。

技能点拨：如电脑配件类商品可分为CPU、主板、显卡、硬盘、内存、机箱、电源等。

实训题2　商品发布。

操作要求：分别在淘宝网和慧源平台上发布商品。

技能点拨：不同平台上发布商品复杂程度不同，淘宝网上具有更多的可选择元素。

实训题3　慧源平台交易。

操作要求：在慧源平台做各种状态的订单。

技能点拨：订单的状态可以是等待买家付款、买家已付款、卖家已发货、交易成功、交易取消、退款等。

5

项目5　支付与配送

岗位情景设计

　　经过一个月的努力，马华云的网店终于开始营业了。马华云迎来了网店的第一批顾客，在与顾客交流过程中，他发现顾客对网店所提供的网银支付及货到付款的支付方式并不满意，影响了网店的生意。随着订单的增加，这种通过为每个订单制定物流配送的方式耗费了很多时间。为了提高网店的运营效率，马华云越发觉得应该创建一个适合的物流模板，以便及时跟踪商品的配送，为顾客准时收到商品提高保障，提升店铺的信誉。于是马华云开始认真地学习在线支付工具的使用和物流配送的相关知识……

学习目标

- 掌握网上银行的开通过程及常用功能。
- 掌握第三方支付工具的特点、功能及支付操作。
- 理解物流的含义及其与电子商务之间的联系。
- 能够根据网店的需要，快速创建适合的物流模板。
- 熟练准确地查询和跟踪订单。
- 熟练掌握商品打包技巧。

学习任务

- 网上银行的使用
- 第三方支付工具的使用
- 创建物流模板
- 物流订单跟踪
- 商品打包

5.1　网上银行的使用

1. 网上银行

网上银行是指银行利用 Internet 技术，通过 Internet 向客户提供开户、查询、对账、转账、信贷、网上证券、投资理财等传统服务项目，使客户可以足不出户就能够安全便捷地管理活期和定期存款、支票、信用卡及个人投资等。可以说，网上银行是在 Internet 上的虚拟银行柜台，常见的网上银行如图 5-1-1 所示。

国有商业银行

全国性股份制商业银行

图 5-1-1　常见的网上银行

2. 网上银行业务介绍

1）基本网上银行业务。商业银行提供的基本服务包括在线查询账户余额和交易记录、下载数据、转账和网上支付等。

2）网上购物。商业银行的网上银行设立的网上购物协助服务，大大方便了客户网上购物，为客户在相同的服务品种上提供了优质的金融服务或相关的信息服务，加强了商业银行在传统竞争领域的竞争优势。

3）网上投资。由于金融服务市场发达，可以投资的金融产品种类众多，国外的网上银行投资一般提供股票、期权、基金投资等多种金融产品服务。

4）个人理财助理。个人理财助理是国外网上银行重点发展的一个服务品种。各大银行将传统银行业务中的理财助理转移到网上进行，通过网络为客户提供理财的各种解决方案，提供咨询建议，或者提供金融服务技术的援助，从而极大地扩大了商业银行的服务范围，并降低了相关的服务成本。

5) 其他金融服务。除了银行服务外，大商业银行的网上银行均通过自身或与其他金融服务网站联合的方式，为客户提供多种金融服务产品，如保险、抵押和按揭等，以扩大网上银行的服务范围。

实践操作

基础实训　工商银行网上银行的使用

实训目的：了解和掌握工商银行个人网上银行的申办流程，为网上支付和交易做好准备。

操作要求：能够使用工商银行网站给自己的工商银行储蓄卡开通网上银行功能。

技能点拨：网上银行开通前，需前往银行柜台开通账户并签订开通网银的相关协议。

实训步骤

中国工商银行根据不同的客户类别、注册状态、认证方式和申请项目，为客户提供相应的网上银行服务。在营业网点注册的客户，与自助注册和未注册客户相比，可享受更全面的电子银行服务。下面以自助注册为例，介绍工商银行网上银行开通的程序。

01 打开网站。打开中国工商银行网站首页（http://www.icbc.com.cn），单击页面左侧的"个人网上银行登录"按钮下的"注册"链接，如图5-1-2所示。

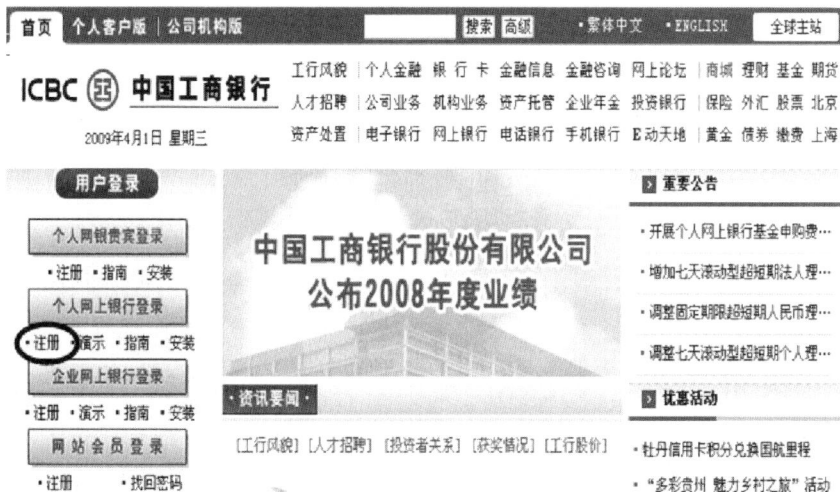

图 5-1-2　工商银行网站首页

02 注册须知。阅读"网上自助注册须知"，单击页面右侧"注册个人网上银行"按钮，如图5-1-3所示。

03 服务协议。打开《中国工商银行电子银行个人客户服务协议》，认真阅读完协议后单击"接受此协议"按钮，如图5-1-4所示。

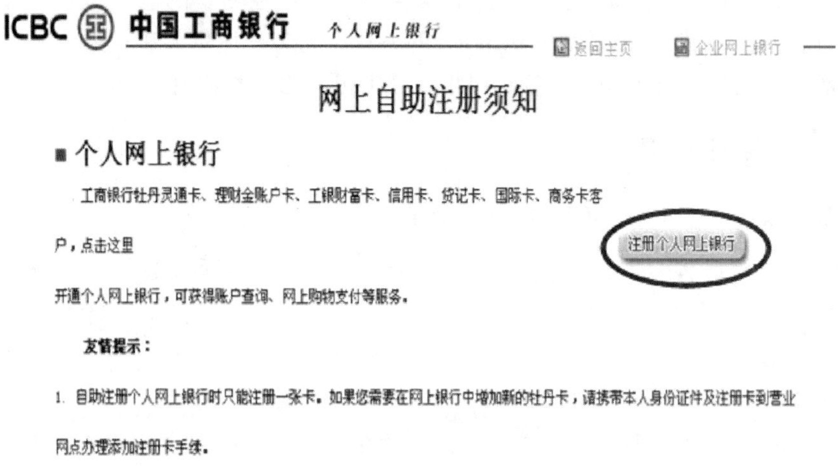

图 5-1-3 "网上自助注册须知"页面

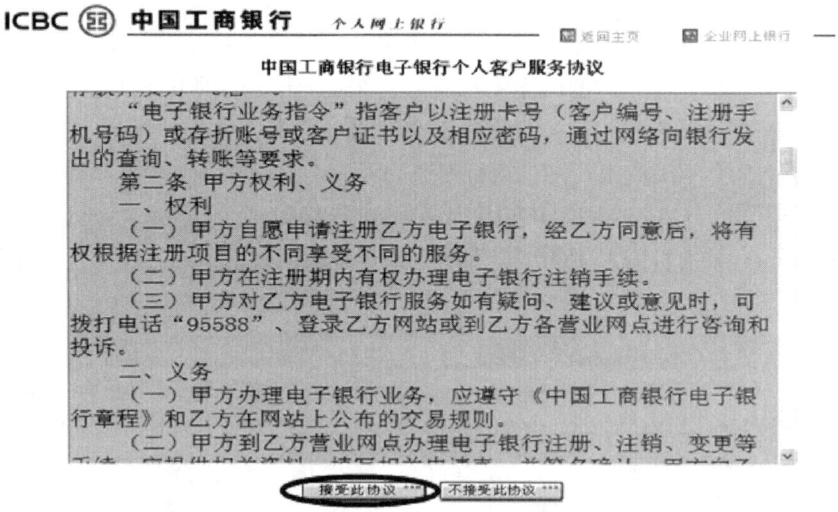

图 5-1-4 签约网上银行个人客户服务协议

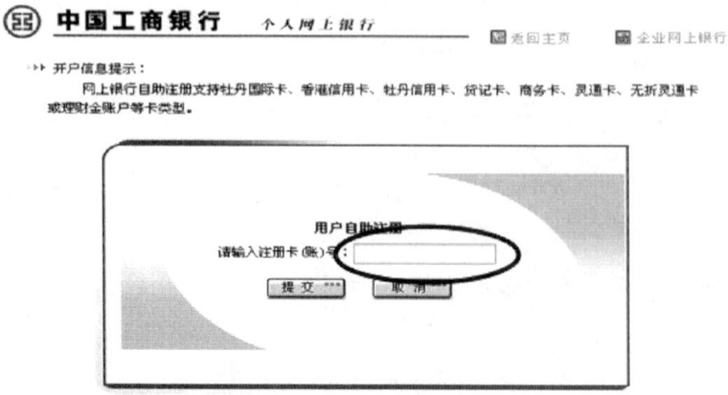

图 5-1-5 填写注册的账号

04 银行卡号。注册前要准备好中国工商银行卡，根据提示填写注册的卡（账）号并提交，如图 5-1-5 所示。

小贴士

自助注册个人网上银行时，只能添加一张银行卡。如果需要在网上银行中增加新的银行卡，请携带本人身份证件及注册卡到营业网点办理添加注册卡手续。

05 填写资料。按照资料系统提示填写注册信息，带有"*"的项目必须填写。填写完毕后，单击"提交"按钮，如图 5-1-6 所示。

06 注册成功。系统提示"用户自助注册结果"，单击"登录系统"链接可跳转到网银登录界面，如图 5-1-7 所示。

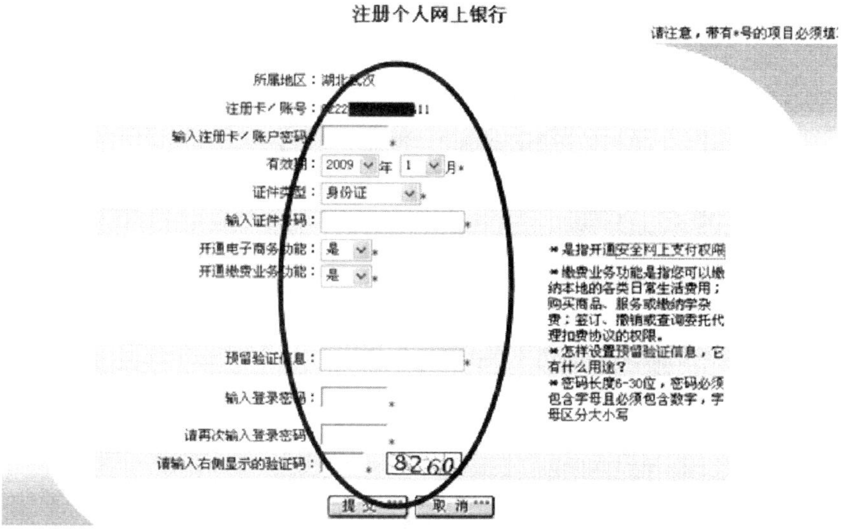

图 5-1-6　填写注册信息

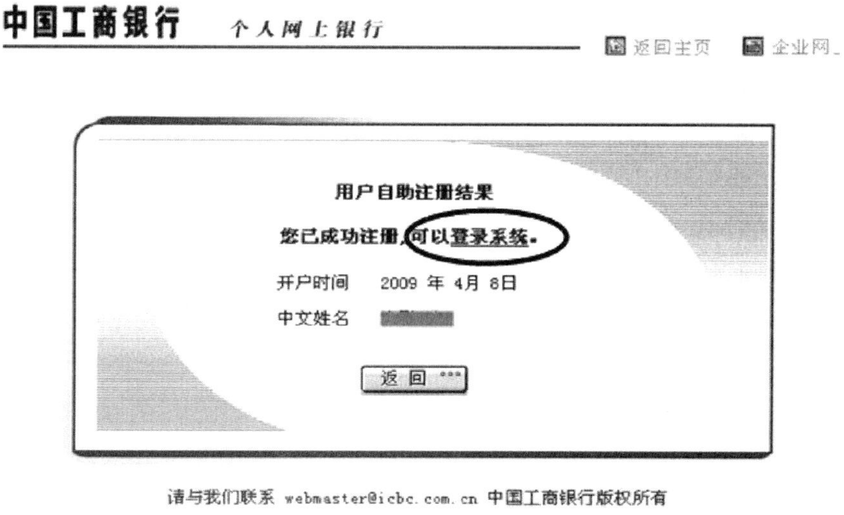

图 5-1-7　网银注册成功界面

07 登录个人网上银行。使用已经注册的账号和登录密码，输入正确的验证码，单击"登录"按钮就可以登录到工商银行网上银行，系统提供标准版和个性版两种界面风格供用户选择，如图 5-1-8 所示。

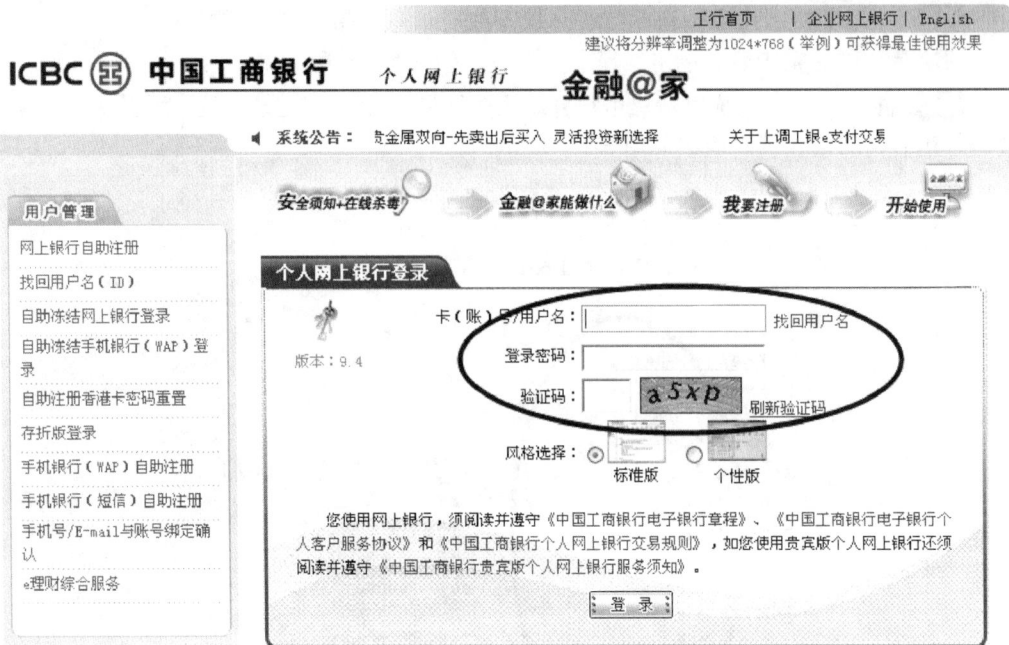

图 5-1-8　登录网上银行

> **小贴士**
>
> 　　标准版是指网上银行界面上各项功能模块按照系统默认的方式显示，而个性版可以供用户个性化定制一些功能模块的显示，使网银界面按照自己习惯的方式显示和排列，方便自己的使用。

　　08　功能模块选择。成功登录网上银行，即可进入网上银行的主要功能界面，界面上方是供用户选择使用网上银行的各种功能模块，如图 5-1-9 所示。

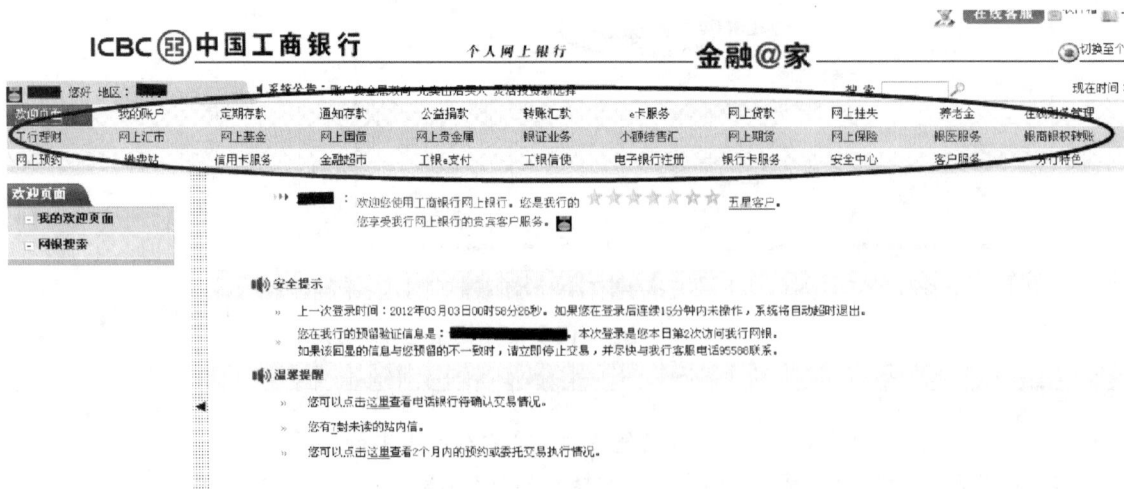

图 5-1-9　工商银行网上银行主功能界面

拓展实训 使用网上银行——以"慧源实训平台"为例

实训目的:熟悉慧源电子商务实训平台的网上银行的各种功能。

操作要求:重点掌握使用网银给支付通充值和不同账户间汇款的操作。

技能点拨:充值前应到个人信息界面查询对应的银行卡号、余额等,以免充值不成功。

实训步骤

01 查看用户信息。登录慧源实训平台后,单击"我的账号"按钮,就可以查看到对应的银行卡信息,如图 5-1-10 所示。

Hi, buyer01 [买家] 退出   我的账号   卖家中心 | 理论考试 | 论坛营销 | 入口

子商务
实训软件

Q 输入商品名称   商品搜索

▶ 买家信息

姓名:	buyer01
用户名:	buyer01
用户角色:	买家
开户银行:	中国建行银行
银行账户:	6227111228090250001
银行余额:	30000.00元
支付通账号:	buyer01
支付通余额:	0.00元
班级:	电商竞赛小组
性别:	男
省份:	广东省
市:	珠海市

图 5-1-10 账户信息界面

02 打开"我的支付通"。单击左侧导航栏内"账号管理"下"我的支付通"按钮,打开支付通管理界面,如图 5-1-11 所示。

03 进入支付通管理界面。支付通四项基本功能分别是"查看交易记录"、"转账"、"安全中心和充值",如图 5-1-12 所示。

图 5-1-11　买家中心界面

图 5-1-12　支付通首页

5.2 第三方支付工具的使用

知识准备

1. 支付宝

支付宝是现阶段中国最大的第三方网络支付平台，由阿里巴巴集团创办，致力于为中国电子商务提供各种安全、方便、个性化的在线支付解决方案。目前已和工商银行、建设银行、农业银行等各大商业银行及

VISA 国际组织等各大金融机构建立了战略合作，成为银行在网上支付领域极为信任的合作伙伴。

支付宝交易服务于 2003 年 10 月在淘宝网推出，短短几年内迅速成为使用极其广泛的网上安全支付工具。要想在淘宝网上开设店铺，必须注册支付宝账户并进行实名认证。同时为了支付宝账户的安全，还要下载支付宝数字证书。

2．使用支付宝服务的好处

首先，对商家而言，通过第三方支付平台可以规避无法收到客户货款的风险，同时能够为客户提供多样化的支付工具。尤其为无法与银行网关建立接口的中小企业提供了便捷的支付平台。

其次，对客户而言，不但可以规避无法收到货物的风险，而且货物质量在一定程度上也有了保障，增强客户网上交易的信心。

最后，对银行而言，通过第三方平台银行可以扩展业务范围，同时也节省了为大量中小企业提供网关接口的开发和维护费用。

实践操作

基础实训　开通支付宝账户

实训目的：掌握开通支付宝账户的方法。

操作要求：能够使用多种方式开通支付宝账户。

技能点拨：为保证支付宝账户安全，开通支付宝需要进行手机和邮箱的认证。

实训步骤

01 打开支付宝主页。在浏览器地址中输入 http://www.alipay.com/，单击"登录"按钮下方的"免费注册"链接，如图 5-2-1 所示。

图 5-2-1　支付宝主页

02 选择账户类型。支付宝提供三种账户类型供用户注册，即个人账户、个人商家账户和企业账户。从事 C2C 网店经营的用户一般选择个人商家账户，如图 5-2-2 所示。

图 5-2-2　注册类型选择界面

> **小贴士**
>
> "个人"类型的支付宝账户只具有淘宝网购物功能，如果用户有开店的需要，一定要慎重选择个人商家用户。企业用户类型供公司、团体的商家使用。

03 填写注册资料。使用邮箱作为支付宝的账户，并填写正确的验证码，阅读"支付宝服务协议"后提交注册申请，如图 5-2-3 所示。

图 5-2-3　使用电子邮箱账户注册

04 注册成功。在通过了手机认证和邮箱绑定以后，支付宝账户申请成功，如图 5-2-4 所示。

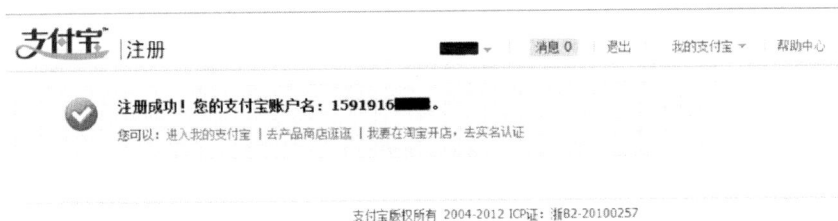

支付宝 | 注册   ▬ ▾ | 消息 0 | 退出 | 我的支付宝 ▾ | 帮助中心

✔ **注册成功！您的支付宝账户名：1591916▬▬。**
您可以：进入我的支付宝 | 去产品商店逛逛 | 我要在淘宝开店 | 去实名认证

支付宝版权所有 2004-2012 ICP证：指B2-20100257

图 5-2-4 支付宝开通成功提示

拓展实训 支付宝实名认证

实训目的：了解支付宝实名认证的目的。

操作要求：能够正确通过支付宝实名认证。

技能点拨：认证前请准备好身份证（年满 18 周岁）的扫描文件及银行账号。

实训步骤

01 申请认证。打开支付宝主页，登录支付宝账户，单击"实名认证"，如图 5-2-5 所示。

02 阅读并同意支付宝实名认证服务协议。勾选服务协议，单击"立即申请"按钮，如图 5-2-6 所示。

我的支付宝	账户管理	交易记录	安全中心	会员权益	应用中心

常用功能： 手机服务 [实名认证] 收支明细 充提记录 安全检测 数字证书

可用余额
0.00 元 [充值] [提现]

普 🔲📧📱   低

安全等级： ▬▬▭▭▭ 低   红包：0个 | 集分宝：0个 | 微客优惠券：0张

图 5-2-5
支付宝实名认证申请界面

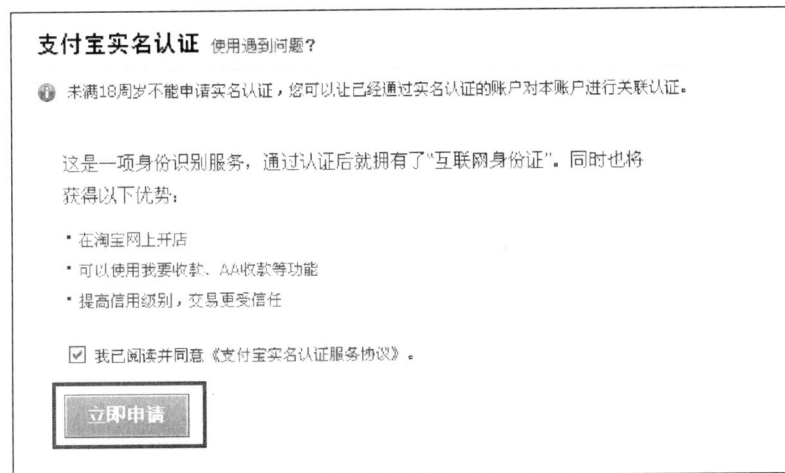

支付宝实名认证 使用遇到问题？

ⓘ 未满18周岁不能申请实名认证，您可以让已经通过实名认证的账户对本账户进行关联认证。

这是一项身份识别服务，通过认证后就拥有了"互联网身份证"。同时也将获得以下优势：

• 在淘宝网上开店
• 可以使用我要收款、AA收款等功能
• 提高信用级别，交易更受信任

☑ 我已阅读并同意《支付宝实名认证服务协议》。

[立即申请]

图 5-2-6
支付宝实名认证服务协议

03 选择银行汇款认证方式。有两种进行实名认证的方式可选，本书选择"快捷认证"，单击"立即申请"按钮，如图5-2-7所示。

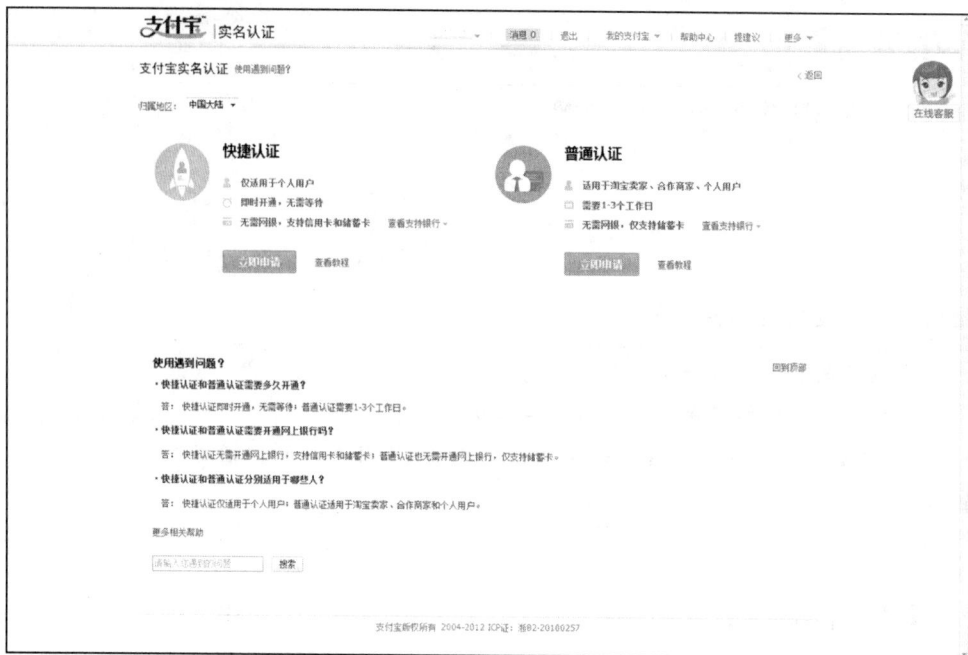

图 5-2-7　实名认证验证方式选择

填写个人身份证等信息，单击"下一步"按钮

图 5-2-8　个人信息填写界面

04 填写个人认证信息。如实填写个人信息，上传身份证扫描件，正确输入验证码，单击"下一步"按钮，如图5-2-8所示。

> **小贴士**
>
> 注意：申请支付宝实名认证的用户必须年满18周岁，并且上传有效身份证扫描件，开通之前需要仔细了解支付宝实名认证服务协议。

05 填写银行卡信息。正确填写账户要通过验证的银行卡号、开户行等信息，单击"下一步"按钮，如图5-2-9所示。

06 提示认证提交成功。支付宝会在两天内给注册银行卡打入一笔1元以下的确认金额，收到支付宝打入的验证金额之后，登录支付宝账户单击"填写打入卡内的金额"进行验证，如图 5-2-10 所示。

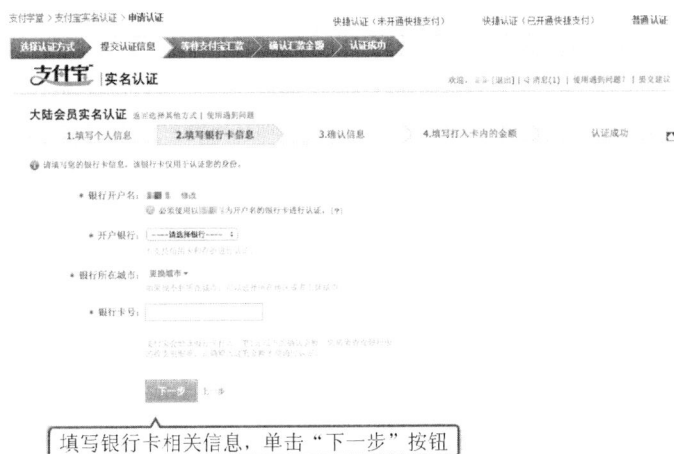

填写银行卡相关信息，单击"下一步"按钮

图 5-2-9　银行卡号输入界面

提交成功，等待支付宝给你的银行账户汇款

图 5-2-10　确认打款金额界面

07 输入您收到的准确金额。单击"确定"按钮完成确认，如图 5-2-11 所示。

图 5-2-11　银行打入金额输入界面

08　信息审核通过。输入正确金额后，等待两秒钟后返回支付宝认证成果提示，如图 5-2-12 所示。

图 5-2-12　支付宝实名认证通过界面

5.3　创建物流模板

知识准备

1．物流的含义

物流一词最早出现在美国。1956 年秋季，日本考察了美国的物流业，引进了物流的概念，并在产业界掀起了物流启蒙运动。1970 年成立的日本最大的物流团体之一就叫"日本物的流通协会"，日本成为世界上物流最发达的国家之一。目前，随着人工智能、云计算和大数据技术发展，智慧物流发展迅猛。

关于物流的概念，不同国家、不同机构、不同时期，定义有所不同。

1）联合国物流委员会对物流的定义：物流是指为了满足客户的需求，以最低的成本，通过运输、保管、配送等方式，实现原材料、半成品、成品或相关信息进行由商品的产地到商品的消费地的计划、实施和管理的全过程。

2）在我国国家标准 GB/T 18354—2006《物流术语》的定义中指出：物流是物品从供应地到接收地的实体流动过程，根据实际需要，将运输、储存、装卸、搬运、包装、流通加工、配送、信息处理等基本功能实施有机的结合。

3）现代物流不仅单纯地考虑从生产者到消费者的货物配送问题，而且还考虑从供应商到生产者对原材料的采购，以及生产者本身在产品制造过程中的运输、保管和信息等各个方面，全面地、综合性地提高经济效益和效率的问题。因此，现代物流是以满足消费者的需求为目标，把制造、运输、销售等市场情况统一起来考虑的一种战略措施。这与传统物流把它仅看做是"后勤保障系统"和"销售活动中起桥梁作用"的概念相比，在深度和广度上又有了进一步的含义。

总的来说，物流是包括运输、搬运、储存、保管、包装、装卸、流通加工和物流信息处理等基本功能的活动，它是由供应地流向接受地以满足社会需求的活动，是一种经济活动。

2．物流对电子商务的影响

如果电子商务能够成为 21 世纪的商务工具，它将像杠杆一样撬起传统产业和新兴产业。在这一过程中，现代的物流产业将成为这个杠杆的支点。

1）物流与电子商务虚实相映。网络经济将商流、资金流信息化，将信息流电子化，把商务、广告、订货、购买、支付、认证等实物和事务处理虚拟化、信息化，这一切构成虚拟经济。而物流是实体的位置转移，物流与电子商务虚实相映。

2）物流是实现电子商务的根本保证。电子商务可以用下面的等式来表示：电子商务＝网上信息传递＋网上交易＋网上支付＋物流配送。一个完整的商务活动，必然要涉及信息流、商流、资金流和物流四个流动过程。从一定意义上说，物流是电子商务的重要组成部分，是信息流和资金流的基础和载体。

3）物流是电子商务的重要内容，同时也是瓶颈所在。物流作为商务过程中的重要环节，担负着原材料提供商与产品生产商之间，以及商家与顾客之间的实物配送服务，高效的物流体系是使电子商务优势得以充分发挥的保证。然而，与物流重要作用形成鲜明对比的却是其自身管理的滞后，以至于成为制约电子商务发展的"瓶颈"。缺乏相应程度的物流体系支持，电子商务的运作效率将大大降低。物流管理已成为除支付认证、安全保密之外电子商务发展亟待解决的问题。

总之，物流是电子商务的重要组成部分。我们必须摒弃原有的"重信息流、商流和资金流的电子化，轻物流手段电子化"的思想，只有大力发展现代化物流，才能给电子商务注入活力。

3．运费模板

运费模板是针对交易成交后卖家需要频繁修改运费而推出的一种运费工具。通过运费模板，卖家可以解决不同地区的买家购买商品时运费差异化的问题，还可以解决同一买家在店内购买多件商品时的运费合并问题；而且通过运费模板，卖家可以发起买家在店内单次购买商品满金额免运费的优惠活动。

运费模板是根据货品重量的不同，使用卖家设置到各地的运费费率来计算运费的。当买家下单订购时，根据所购货品的总重量及发货到买家收货地址的对应运费费率，系统将自动计算出最后需要的运费。运费的计算公式是按照费率中填写的首重、续重和大件起运重量，以及对应的价格参数来设定的。具体计算公式如表 5-3-1 所示。

表 5-3-1　运费计算公式

货品重量	运费算法
总重量≤首重	运费＝首重的运费
首重＜总重量＜大件起运重量	运费＝首重的运费＋续重的份数 × 续重的单位运费
总重量≥大件起运重量	运费＝总重量 × 大件起运的单位运费

实践操作

基础实训　创建淘宝运费模板

实训目的：了解淘宝卖家后台物流发货管理，能根据公司的实际需求，创建合适的物流模板。

操作要求：能根据要求完成物流公司信息填写和注册，物流公司的名称和运费模版的名称自拟，联系电话、邮箱与注册信息保持一致，对货物运费给予详细设置。

技能点拨：了解不同地区运费差异化的问题。

实训步骤

01 访问淘宝网。打开淘宝网首页，登录淘宝账号，如图 5-3-1 所示。

02 进入登录界面。淘宝网登录的方式，可以采用淘宝网账号。其中，淘宝会员账号可以是手机号、会员名或邮箱名称，也可以采用支付宝会员账号，如图 5-3-2 所示。

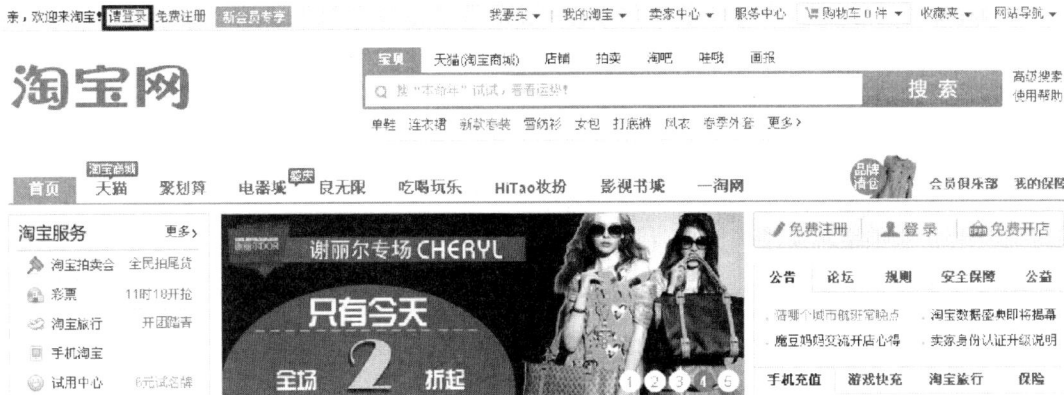

图 5-3-1 淘宝网首页

图 5-3-2 登录界面

03 物流工具管理。登录成功后，在右侧"我是卖家"列表中找到"物流工具"，单击进入，如图 5-3-3 所示。

04 新增运费模板。在"物流工具"页面中单击"新增运费模板"按钮进入，如图 5-3-4 所示。

05 填写模板的基本信息。单击"新增运费模板"按钮，创建新的运费模板，填写新增运费模板的模板名称(可随意命名)、勾选"快递"运送方式，如图 5-3-5 所示。

图 5-3-3 物流工具管理

运费模板　　运费/时效查看器　　物流跟踪信息　　物流地图

新增运费模板　　　　　　　　　　　　　　　　　　　　使用帮助

220				最后编辑时间：2012-02-25 19:58 复制模板｜修改｜删除		
运送方式	运送到	首件(个)	运费(元)	续件(个)	运费(元)	
快递	全国	1	10.00	1	10.00	
快递	四川省,陕西省,天津,山东省,河南省,山西省,云南省,福建省,贵州省,浙江省,青海省,甘肃省,河北省,江西省,北京,安徽省,重庆,湖南省,上海,广西壮族自治区,海南省,江苏省,湖北省	1	15.00	1	0.00	
快递	黑龙江省,吉林省,西藏自治区,内蒙古自治区,新疆维吾尔自治区,辽宁省,宁夏回族自治区	1	20.00	1	0.00	

123				最后编辑时间：2011-12-11 19:09 复制模板｜修改｜删除		
运送方式	运送到	首件(个)	运费(元)	续件(个)	运费(元)	
EMS	全国	1	25.00	1	25.00	

1/1　◀　**1**　下一页

图 5-3-4　新增运费模板

运费模板　　运费/时效查看器　　物流跟踪信息　　物流地图

新增运费模板

　　　　　　　　　　　　　　　　　　　输入模板名称

模板名称：　　　　　　　　　　　　　　　　　　　　运费计算器

发货地址：广东省珠海市香洲区明珠北路145号2栋2单元802房（棕榈假日2栋2单元802）　修改地址

计价方式：按宝贝件数计算运费

运送方式：除指定地区外，其余地区的运费采用"默认运费"

☑ 快递

　　默认运费：1　　件内，　　　　元，每增加 1　　　　件，增加运费　　　　元

　　为指定地区城市设置运费

☐ EMS

☐ 平邮

保存并返回　取消

图 5-3-5　新增运费模板

06 为指定地区设置运费。单击"为指定地区城市设置运费 批量操作"按钮，如图 5-3-6 所示，如设置四川省、陕西省、天津、山东省、河南省、山西省、云南省、福建省、贵州省、浙江省、青海省、甘肃省、河北省、江西省、北京市、安徽省、重庆市、湖南省、上海市、广西壮族自治区、海南省、江苏省、湖北省，首重 15 元，续重 10 元，勾选相应地区后单击"确定"按钮，其他地区以此类推，如图 5-3-7 所示。

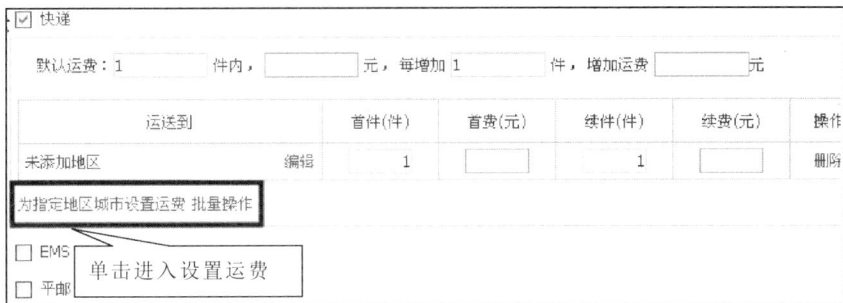

图 5-3-6
新增运费模板

图 5-3-7
指定地区设置运费

07 查看新增运费模板。设置所有地区运费后，单击"保存并返回"按钮，查看新增运费创建的效果，如图 5-3-8 所示。

图 5-3-8　查看新增运费模板效果

5.4 物流订单跟踪

知识准备

1. 电子商务中的物流配送

（1）电子商务中的物流配送的含义

电子商务中的物流配送是指物流配送企业采用网络化的计算机技术和现代化的硬件设备、软件系统及先进的管理手段，针对社会需求，严格地、守信用地按用户的订货要求，进行一系列的分类、编配、整理、分工、配货等理货工作，定时、定点、定量地交给没有范围限度的各类用户，满足其对商品的需求。也就是信息化、现代化、社会化的物流配送，也可以说是一种新型的物流配送。

（2）电子商务中的物流配送的特点

在传统的物流配送企业中，大量的人从事简单的重复劳动，人是机器、数字和报表的奴隶，劳动的辛苦是普遍存在的。在网络化管理的新型物流配送企业，这些机械的工作都交给了计算机和网络，既减少生产企业库存、加速资金周转、提高物流效率、降低物流成本，又刺激了社会需求，有利于整个社会的宏观调控，也提高了整个社会的经济效益，促进市场经济的健康发展。这种新型物流配送除具备传统物流配送的特征外，还具备以下基本特征：

1）信息化。通过网络使物流配送信息化。实行信息化管理是新型物流配送的基本特征，也是实现现代化和社会化的前提保证。

2）网络化。物流网络化有两层含义，一是物流实体网络化，指物流企业、物流设施、交通工具、交通枢纽在地理位置上的合理布局而形成的网络。电子商务的物流配送要根据市场情况和现有的运输条件，确定各种物流设施和配送中心的数量及地点，形成覆盖全国的物流配送网络体系。二是物流信息网络化，指物流企业、制造业、商业企业、客户等通过 Internet 等现代信息技术连接而成的信息网。

3）现代化。电子商务的物流配送必须使用先进的技术设备为销售提供服务，这些技术包括条码、语音、射频自动识别系统、自动分拣系统、自动存取系统、自动导向、货物自动跟踪系统等，只有采用现代化的配送设施才能提高配送的反应速度，缩短配送的时间。而且随着生产、销售规模的扩大，物流配送对技术、设备的现代化要求也越来越高。

4）社会化。社会化程度的高低是区别新型物流配送和传统物流配送的一个重要特征。很多传统的物流配送中心往往是某一企业为给本企业或本系统提供物流配送服务而建立起来的，有些配送中心虽然也有为社会服务的，但同电子商务下的新型物流配送所具备的真正社会性相比，具有很大的局限性。

（3）电子商务中的物流配送的类型

1）配送中心配送：配送中心配送的组织者是以配送为专职的配送中心，通常规模比较大，种类、存储量比较多，专业性强，和用户有固定的配送关系。

2）生产企业配送：生产企业配送的组织者是生产制造加工企业，尤其是进行多种生产的企业。这些企业可以通过自己的配送系统进行配送，而不需要再将产品发运分配到配送中心。

3）仓库配送：仓库配送是以仓库为物流节点组织的配送。它既可以将仓库完全作为配送中心，也可以在保持仓库仓储功能的基础上再增加一部分配送职能。

4）商店配送：商店配送的组织者是商品零售经营者或者物资经营网点。这些经营者或者网点的主营业务是零售，一般规模都比较小，但经营品种齐全，容易组织配送。

2．电子商务中的商品类型

在电子商务模式下，所经营的商品有两种，即有形商品和无形商品。

有形商品指的是实体类商品，这类商品的交易过程中所包含的信息流和资金流可以完全实现网上传输，但交易的商品就必须由卖方通过某种运输方式送达买方指定的地点。

无形商品指包括软件、电影、音乐、电子读物、信息服务等数字化的商品，可以通过网络将商品直接送到购买者手中。

物流对无形商品几乎没有影响，因而软件、音像、电子读物等商品的网上销售增长速度远远高于家电、数码相机等有形商品。近年来我国电子商务的迅速发展更多地体现在这些方面。然而，这些并不代表所有的电子商务。要完成商务活动的全面电子化，就不仅仅是无形商品。物流作为商务过程中的重要环节，担负着原材料提供商与产品生产商之间，以及商家与顾客之间的实物配送服务，高效的物流体系是使电子商务优势得以充分发挥的保证。

实践操作

基础实训　有形商品配送

实训目的：①了解知名物流站点所提供的服务内容，②学会跟踪查询所订购商品的物流信息。

操作要求：熟练掌握物流站点服务内容，快速及时地跟踪查询所订购商品的物流信息。

技能点拨：熟悉物流站点的界面和功能。

实训步骤

01 登录"我的淘宝"账户，打开"已买到的宝贝"页面，如图 5-4-1 所示，详细信息如图 5-4-2 和图 5-4-3 所示。

图 5-4-1 登录"我的淘宝"

图 5-4-2 订单状态

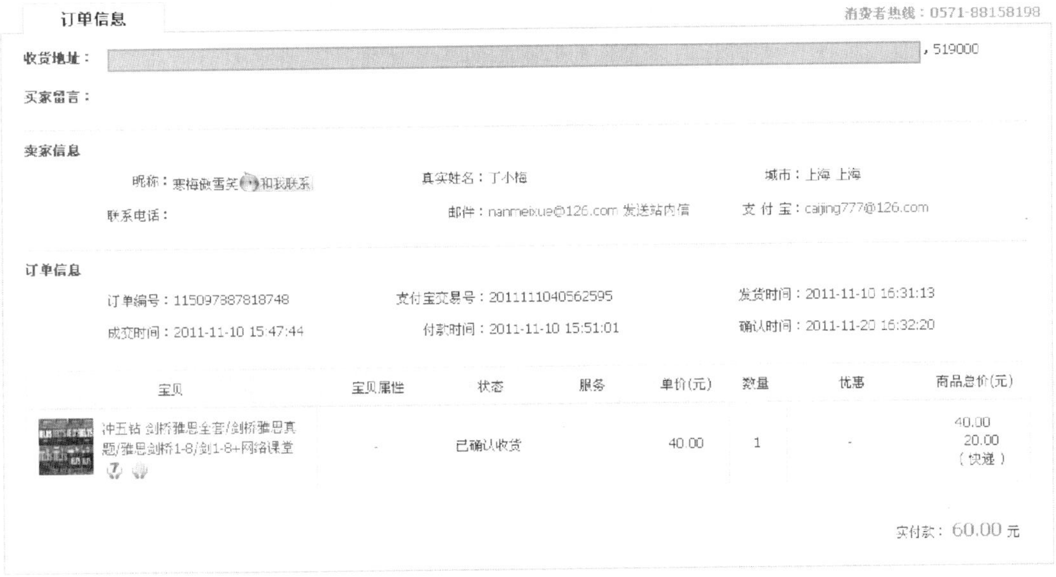
订单信息
消费者热线：0571-88158198
收货地址：
, 519000
买家留言：
卖家信息
昵称：
和我联系
真实姓名：丁小梅
城市：上海 上海
联系电话：
邮件：nanmeixue@126.com 发送站内信
支 付 宝：caijing777@126.com
订单信息
订单编号：115097387818748
支付宝交易号：2011111040562595
发货时间：2011-11-10 16:31:13
成交时间：2011-11-10 15:47:44
付款时间：2011-11-10 15:51:01
确认时间：2011-11-20 16:32:20
宝贝
宝贝属性
状态
服务
单价(元)
数量
优惠
商品总价(元)
冲五钻 剑桥雅思全套/剑桥雅思真题/雅思剑桥1-8/剑1-8+网络课堂
-
已确认收货
40.00
1
-
40.00
20.00
（快递）
实付款：60.00 元
图 5-4-3　查看订单详细信息

02 输入订单号。单击“查看物流”链接，进入物流企业界面查看，并输入相应的订单号进行查询，如图 5-4-4 所示。

03 查看物流信息。了解物流配送的各个时间点的详细状态，如图 5-4-5 所示。

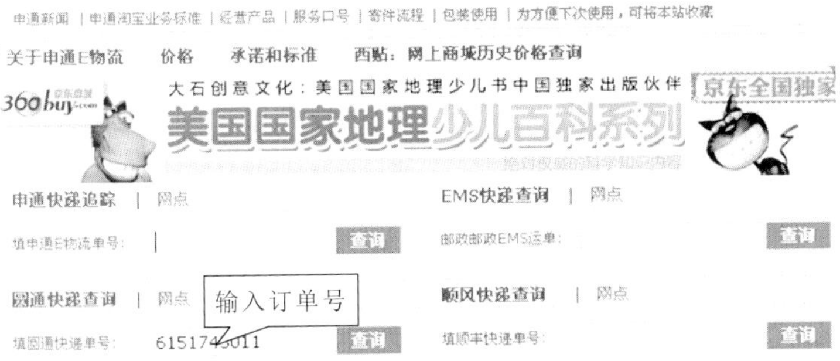
申通新闻 | 申通淘宝业务标准 | 经营产品 | 服务口号 | 寄件流程 | 包装使用 | 为方便下次使用，可将本站收藏
关于申通E物流
价格
承诺和标准
西贴：网上商城历史价格查询
大石创意文化：美国国家地理少儿书中国独家出版伙伴
京东全国独家
美国国家地理少儿百科系列
申通快递追踪 | 网点
查询
EMS快递查询 | 网点
查询
圆通快递查询 | 网点
输入订单号
6151743011
查询
顺风快递查询 | 网点
填顺丰快递单号：
查询
图 5-4-4　查看物流信息

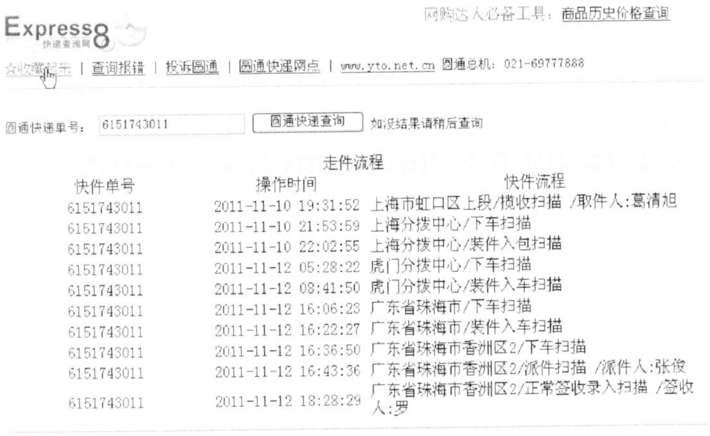
Express8
网购达人必备工具：商品历史价格查询
查询报错 | 投诉圆通 | 圆通快递网点 | www.yto.net.cn 圆通总机：021-69777888
圆通快递单号：6151743011
圆通快递查询
如没结果请稍后查询
走件流程
快件单号 | 操作时间 | 快件流程
6151743011 2011-11-10 19:31:52 上海市虹口区上段/揽收扫描 /取件人:葛清旭
6151743011 2011-11-10 21:53:59 上海分拨中心/下车扫描
6151743011 2011-11-10 22:02:55 上海分拨中心/装件入包扫描
6151743011 2011-11-12 05:28:22 虎门分拨中心/下车扫描
6151743011 2011-11-12 08:41:50 虎门分拨中心/装件入车扫描
6151743011 2011-11-12 16:06:23 广东省珠海市/下车扫描
6151743011 2011-11-12 16:22:27 广东省珠海市/装件入车扫描
6151743011 2011-11-12 16:36:50 广东省珠海市香洲区2/下车扫描
6151743011 2011-11-12 16:43:36 广东省珠海市香洲区2/派件扫描 /派件人:张俊
6151743011 2011-11-12 18:28:29 广东省珠海市香洲区2/正常签收录入扫描 /签收人:罗
图 5-4-5　查看物流配送的详细信息

拓展实训　无形商品配送——以"手机充值"为例

实训目的：了解无形商品的类型及特点，掌握无形商品配送的过程。

操作要求：选择一家信誉良好的淘宝店，体验电子商务中无形商品的配送过程。

技能点拨：确认充值的手机号码和金额。

实训步骤

01 登录淘宝账号。在页面右下角的"手机充值"栏目输入充值的手机号码和面值，单击"立即充值"按钮，如图 5-4-6 所示。

图 5-4-6　"手机充值"栏目

02 交易成功提示。支付成功后会出现提示，交易成功的页面如图 5-4-7 所示。

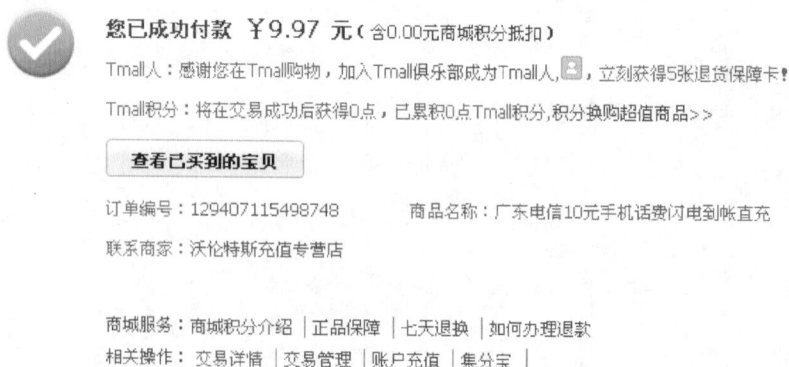

您已成功付款 ￥**9.97** 元（含0.00元商城积分抵扣）

Tmall人：感谢您在Tmall购物，加入Tmall俱乐部成为Tmall人，立刻获得5张退货保障卡！

Tmall积分：将在交易成功后获得0点，已累积0点Tmall积分，积分换购超值商品＞＞

查看已买到的宝贝

订单编号：129407115498748　　　商品名称：广东电信10元手机话费闪电到帐直充

联系商家：沃伦特斯充值专营店

商城服务：商城积分介绍｜正品保障｜七天退换｜如何办理退款
相关操作：交易详情｜交易管理｜账户充值｜集分宝｜

图 5-4-7　支付成功

03 查看订单信息。单击"查看已买到的宝贝"按钮，查看已买到的宝贝，如图 5-4-8 所示。

04 单击"订单详情"链接，查看订单的详细情况，如图 5-4-9 和图 5-4-10 所示。

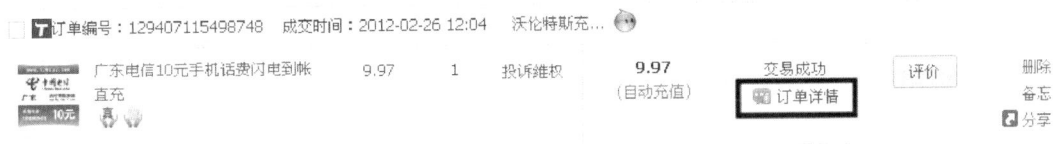

订单编号：129407115498748　成交时间：2012-02-26 12:04　沃伦特斯充…

| 广东电信10元手机话费闪电到帐 直充 | 9.97 | 1 | 投诉维权 | **9.97** (自动充值) | 交易成功 订单详情 | 评价 | 删除 备忘 分享 |

图 5-4-8　查看订单的详细情况 1

订单信息

收货地址：　买家留言：　附加信息：　18926060379

卖家信息

昵称：沃伦特斯充值专营店 和我联系　真实姓名：　城市：重庆 重庆
联系电话：　邮件：wlts2008@163.com　发送站内信　支付宝：tbscwlts@163.com

订单信息

订单编号：129407115498748 **收藏**　支付宝交易号：2012022618247595
成交时间：2012-02-26 12:04:39　付款时间：2012-02-26 12:14:15　确认时间：2012-02-26 12:15:12

宝贝	宝贝属性	状态	服务	单价(元)	数量	优惠	商品总价(元)	运费(元)
广东电信10元手机话费闪电到帐 直充		已确认收货		9.97	1	-	9.97	(自动充值)

实付款：￥9.97
获取积分0点

图 5-4-9　查看订单的详细情况 2

您的位置：首页 我的淘宝 已买到的宝贝

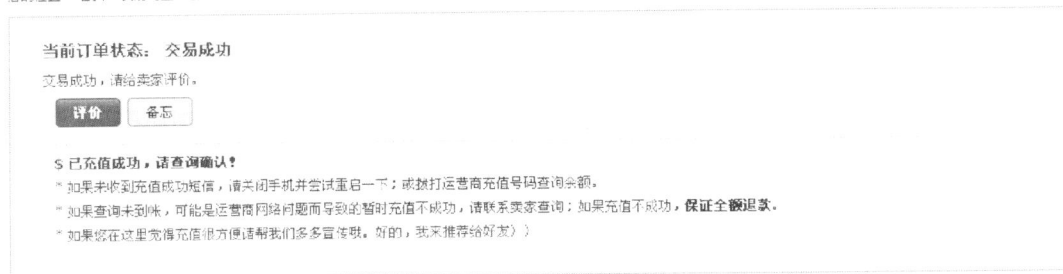

当前订单状态：　交易成功

交易成功，请给卖家评价。

评价　备忘

¥ 已充值成功，请查询确认！

※ 如果未收到充值成功短信，请关闭手机并尝试重启一下；或拨打运营商充值号码查询余额。
※ 如果查询未到卡，可能是运营商网络问题而导致的暂时充值不成功，请联系卖家查询；如果充值不成功，**保证全额退款**。
※ 如果您在这里充值很方便帮我们多多宣传吧。好的，我来推荐给好友。》

图 5-4-10　查看订单的详细情况 3

5.5 商品打包

知识准备

1. 包装的概念

包装是在物流过程中保护商品，方便储运，促进销售，按一定技术方法采用的容器、材料及辅助物等的总体名称；也指为了达到上述目的而采用容器、材料和辅助物的过程中，施加一定的技术、方法等操作活动。简而言之，包装是包装物及包装操作的总称。在社会再生产过程中，包装处于生产过程的末尾和物流过程的开头，既是生产终点，又是物流的始点。

2. 包装容器技术

包装容器是指为运输、储存或销售而使用的盛装被包装物的容器。包装的盛装与保护功能主要是通过包装容器来实现的。

产品的包装是产品的重要组成部分，它不仅在运输过程中起保护的作用，而且直接关系到产品的综合品质。到底需要哪些材料才能保证商品更加安全稳妥？到底从内到外怎样包装才能节约成本？到底什么样的包装能让买家形成第一好感？

包装分为内包装、中层包装、外包装及辅助包装，每一步都是必不可少，把握好这四步，才能对商品有一个准确定位，增加销量。

（1）内包装

内包装即最接近于销售商品本身的包装材料。因为淘宝销售的产品一般已有厂家供应内包装，所以本书不做详细介绍。

（2）中层包装（填充层）

中层包装指的是产品距离箱子之间的空隙的填充材料，大多数淘宝卖家最常使用的是气泡膜、海绵、报纸、纸板等。

1）气泡膜。气泡膜是保护商品、防震、防压、防刮花的最好材料，淘宝商品如电子数码产品、化妆品、工艺品、家电家具、玩具等用得最多。

走出气泡膜误区：很多买家买到气泡膜后第一个反应就是泡泡怎么没那么饱满。其实正像气球一样，越鼓的气球反而越容易破，而气比较少的气球则不那么容易破。原因就在于当商品放在气泡膜上，气泡太足容易将物品承受在一个点上，而气泡不那么足则可将物品重量分散在一个面上，一个面能承受的重量肯定比一个点大，所以，一般来讲气够每粒气泡的三分之二是最理想的。

2）珍珠棉、海绵、网格绵。珍珠棉一般用于玻璃品、手机、数码产品等商品，防止商品刮花和防潮，也有轻微的防震作用。珍珠棉有薄有厚，薄至 0.5 毫米，厚至 6 厘米，薄的可以用于包裹，厚的可以用于切片、做模、固定产品，作用类似于泡沫块；海绵密度比较低，更软，作用和珍珠棉相似。

3）报纸。除了以上的填充物，还有很多填充物可以选择，最廉价的就是报纸，一份 5 毛钱的报纸可以填充好多个箱子，也是不错的选择。建议各店长根据自己的商品特色来选择，利润大的商品可以选稍微高档些的材料，利润少些的商品可以考虑选择报纸、纸板，只要打包整齐就不会难看。

（3）外包装

外包装决定了买家拿到商品后的第一印象。常用的外包装材料有纸箱、袋子等，如图 5-5-1 所示。

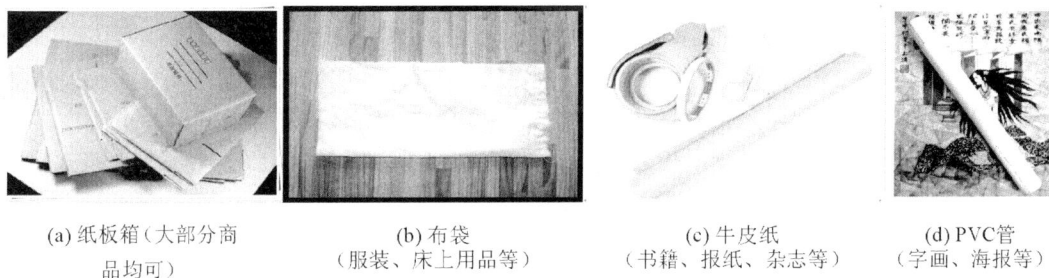

| (a) 纸板箱（大部分商品均可） | (b) 布袋（服装、床上用品等） | (c) 牛皮纸（书籍、报纸、杂志等） | (d) PVC管（字画、海报等） |

图 5-5-1　包装材料

1）纸箱。纸箱分为瓦楞纸箱和无瓦楞纸箱。瓦楞纸箱又分为三层、五层、七层甚至更多，邮局邮政和淘宝网上销售的绝大多数纸箱都是瓦楞纸箱。纸箱包装具有取材容易、重量轻、容易印刷、设计成型容易、成本低廉等特点，被广泛用于商品的销售包装和运输包装。

2）袋子。作为外包装的袋子一般有布袋、编织袋及邮政复合气泡袋三种。

纯棉白布袋优点是韧性好、美观，适合装不怕压的东西，如书、衣服、抱枕等，但一定要注意布袋是不防水的，所以还需要给商品加内包装。

编织袋又称蛇皮袋，很结实。编织袋适用于装大件柔软东西，邮局、物流公司都能使用，但需要注意的是通过邮局寄件时，编织袋必须和布袋一样缝起来，否则邮局不允许寄件。

邮政复合气泡袋是最高档的外包装袋，里面是非常厚的气泡，防震效果好，外观也很美观，档次高，相应的价格也比较贵。因为气泡袋是邮局出品，所以在邮局使用一般都不会受到什么阻碍。

3）牛皮纸。牛皮纸通常呈黄褐色，用作包装材料，抗撕裂度强，是书刊类包装的首选。

（4）辅助包装

一般情况下，完成商品的内包装、中层包装、外包装之后，就已经完成了一个商品的包装，但是要想在电子商务激烈的行业竞争中更加突出，就需要完善或提升自己的商品形象，这就是商品的延伸价值，可通过以下几种辅助包装来提高本店的形象。

1）卡片。在包裹里整齐放入写有温馨提示的卡片，几乎不增加成本又能够体现卖家的细心，是让卖家拥有许多老顾客的好帮手。

2）名片。一张设计个性的名片可以让买家体会到卖家的用心，很可能下一位顾客就是他或她的朋友。

3）带邮政字样的封箱胶带。带邮政字样的封箱胶带有透明和黄色两种。全国大多数地区邮局一般都要加收1元的包装费，而有的邮局允许自带胶带，但只允许带有"中国邮政"字样的胶带，如果卖家有这种封箱胶带，可降低物流成本。

4）带提示语的白色封箱胶带。如果是选择快递方式，而该商品比较容易压坏，那么在内包装使用了气泡膜的同时，还可以考虑使用这种带提示语的白色封箱胶带，在提示快递员轻拿轻放的同时，更能让买家感觉到卖家工作的细致。

3．不同类型商品打包技巧

网店发货时要注意很多细节，防止好不容易谈好的订单因为发货产生的问题招致客户的投诉甚至退单的情况发生。网店物流发货前打包的注意事项整理如下。

1）易变形、易碎的产品。这一类产品包括瓷器、玻璃饰品、CD、茶具、字画、工艺笔等。对于这类产品，包装时要多用些报纸、泡沫塑料或者泡绵、泡沫网，这些东西重量轻，而且可以缓和撞击。另外，一般易碎怕压的东西四周都应用填充物充分填充，这些填充物也比较容易收集，如包水果的小塑料袋，平时购物带回来的方便袋，苹果、梨子外面的泡沫软包装，还有一些买电器带回来的泡沫等。尽量多用聚乙烯的材料而少用纸壳、纸团，因为纸要重一些，而塑料制品膨胀效果好，自身又轻。易碎商品打包过程如图5-5-2所示。

2）首饰类产品。首饰产品一般都需要附送首饰袋或首饰盒，通过以下方法可以让服务显得更贴心：①一定要用纸箱包装。对于首饰来说，3层的12号纸箱就够用了。为了节约成本，可以到网上购买纸箱，一个12号的5层纸箱，在邮局可能要3元，而在网上只要0.50元甚至更低。②一定要以报纸或泡沫等其他填充物填充，以便让首饰盒或首饰袋在纸盒里不晃动。③纸箱四个角一定要用胶带包好。因为邮寄的时候有很多不确定因素，如在递送过程中另有一件液体货品和该货品在同一个包装袋里，一旦液体货品的包装不严密，出现泄漏，该货品就会被浸泡。所以，

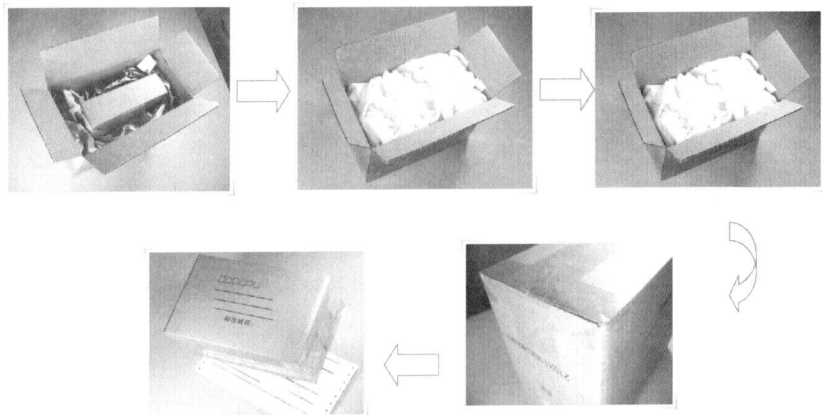

图 5-5-2　易碎商品打包过程

纸箱的四角一定要用宽胶带包好，这样也可以更好地防止撞击。④附送一张产品说明卡，这样显得比较专业。

3）衣服、皮包、鞋子类产品。这类产品在包装时可以用不同种类的纸张（牛皮纸、白纸等）单独包好，以防止脏污。如果要用报纸，里面还应加一层塑料袋。遇到形状不规则的商品，如皮包等，可预先用胶带封好口，再用纸包住手提带并贴胶带固定，以减少磨损。邮寄衣服时，要先用塑料袋装好，再装入防水防染色的包裹袋中；用布袋邮寄服装时，宜用白色棉布或其他干净整洁的布。

4）液体类产品。邮局对液体类产品有专门的邮寄办法：先用棉花裹好，再用胶带缠好。在包裹时一定要封好割口处，可以用透明胶带使劲绕上几圈，最后再包一层塑料袋，这样即使液体漏出来也会被棉花吸收，并有塑料袋做最后的保护，不会流到纸盒外面污染到其他包裹。至于香水，可以到五金行或专门的塑料用品商店，买一些透明的气泡纸，在香水盒上多裹几圈，然后用透明胶带纸紧紧封住。但是为了更确保安全，最后，应该把裹好的香水放进小纸箱里，同时塞些塑料泡沫或者报纸。

5）贵重的精密电子产品。贵重的精密电子产品包括手机、电脑荧屏等。在对这类怕震动的产品进行包装时，可以用泡绵、气泡布、防静电袋等包装材料把物品包装好，并用瓦楞纸在商品边角或者容易磨损的地方加强包装保护，并且要用填充物（如报纸、海绵或者防震气泡布这类有弹力的材料）将纸箱空隙填满，这些填充物可以阻隔及支撑商品，吸收撞击力，避免物品在纸箱中摇晃受损。

6）书刊类。书刊类商品的具体包装过程如下：①书刊用塑料袋套好，以免理货或者包装时弄脏，也能起到防潮的作用。②用报纸中夹带的铜版纸做第二层包装，以避免书刊在运输过程中被损坏。③外层用牛皮纸、胶带进行包装。④如打算用印刷品方式邮寄，用胶带封好边与角后，要在包装上留出贴邮票、盖章的空间；包裹要用胶带全部封好，不留一丝缝隙。

4. 包装时的注意事项

1）不要自作主张，把商品的价格标签放入包装箱内。因为有些顾客购买商品是用来送礼的，这些顾客希望网店直接发货给他的朋友，而他们一般是不愿意让朋友知道这件礼物的价格是多少，是在哪里买的。

2）可在包裹中加上商品说明。对于比较复杂的商品，如果在给买家的包裹中有针对性地写一些提醒资料，如不同质地的衣服分别要如何清洗，要注意什么，不穿时应该如何收纳等，会让顾客感到卖家服务的人性化，从而成为老顾客，带来很多新顾客。

3）无论使用哪种包装，都应保证包装盒干干净净，破破烂烂的包装会让人怀疑里面的商品是不是已经压坏了，甚至怀疑产品的质量问题。所以包裹一定要干净整洁，在不超重的前提下尽量用硬壳包装。

4）如果自己制作小卡片、小饰品之类放在包裹中送给买家，会让买家有一种商品超值的感觉。小礼品只要实用就好，但切记千万不要把自己用过的东西当礼品，否则会适得其反。

实践操作

基础实训 普通类商品打包——以"衣服"为例

实训目的：了解普通类商品打包的技巧和需要注意的地方。

操作要求：能根据不同商品的特性，选择外包装的材料，既保证商品安全稳妥又节约包装成本。

技能点拨：注意衣服的折叠要防褶皱；商品外包装的四个角一定要用胶带包好，防潮防湿。

实训步骤

01 需要打包的衣服，如图 5-5-3 所示。

02 内层包装。将衣服折叠好，装进印有该衣服品牌的专业塑料袋中，拉上拉链，内层包装完成，如图 5-5-4 所示。

图 5-5-3 衣服

图 5-5-4 衣服打包 1

03 添加外包装。把完成内包装的衣服装进防水防染色的黑色塑料袋中,再用胶带包好外包装的四个角,检查外包装的密封性,如图 5-5-5 所示。

04 粘贴物流详情单。密封后粘贴上物流详情单,完成商品的打包,如图 5-5-6 所示。

图 5-5-5　衣服打包 2

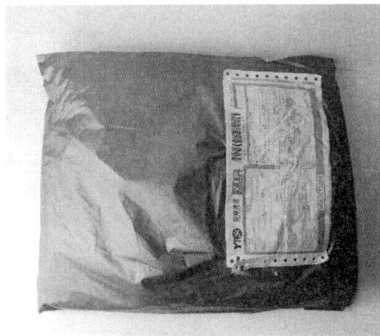

图 5-5-6　衣服打包 3

拓展实训　易碎类商品打包——以"水杯"为例

实训目的:了解易碎类商品打包的技巧和需要注意的地方。

操作要求:能根据不同商品的特性,选择外包装的材料,既保证商品安全稳妥又节约包装成本。

技能点拨:注意在商品边角或者容易磨损的地方加强包装保护,并且要用填充物将纸箱空隙填满,避免物品在纸箱中摇晃受损。

实训步骤

01 "水杯"展示,如图 5-5-7 所示。

02 收集防震材料。先准备一个能充裕装下所要邮寄商品的纸盒,如图 5-5-8 所示,底部和上层都要加防震材料(本例用的是泡沫)。工具,需要纸箱子、泡沫塑料若干、报纸、胶布、剪刀等。

图 5-5-7　水杯

图 5-5-8　准备包装材料

03 填充箱子底部。把大块的塑料泡沫(塑料泡沫在好多沙发里都是很大块的,可以向收废旧家具的人要些或者买些)剪成箱子底部大小，中间剪出几个洞只要能托住商品即可，如图 5-5-9 所示。

04 填充空隙。在箱子里撒些小块的泡沫塑料放置于下面空隙处，防止商品大范围晃动，但同时也不能夹得太紧，如图 5-5-10 所示。

图 5-5-9　填充底部

图 5-5-10　填充空隙

小贴士

盒子大小很重要，太小会挤压商品，易碎；太大，商品剧烈晃动也易碎，应根据自己邮寄的商品情况而定。

05 用与底部一样大小的塑料泡沫放在最上面，塑料泡沫的大小根据具体情况选择，如图 5-5-11 所示。

06 将报纸放在上层，直到把整个箱子塞满，最后封箱。封箱后摇晃几下，以确保商品不晃动为宜，如图 5-5-12 所示。

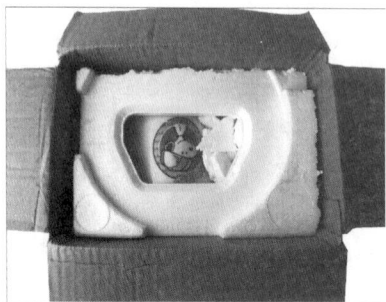

图 5-5-11　填充上面

图 5-5-12　加盖报纸

07 封箱。用淘宝网专用胶带粘好箱子，并在箱子上粘贴快递的详情单（注意：如果用普通的透明带粘贴箱子，可增加温馨提示，如请检查商品完整后再签收，如有问题请及时联系店主），如图 5-5-13 所示。

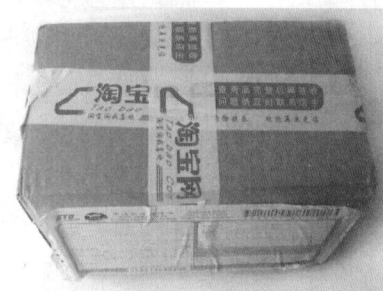

图 5-5-13　封箱

项目小结

本项目主要介绍了电子商务中的支付方式和物流配送。支付方式包括网上银行、第三方支付等主流的支付方式及其交易操作的过程。物流配送主要是学习电子商务中物流相关的知识，了解物流与电子商务之间的紧密联系，创建适合的物流模板，快速准确查询和跟踪订单，以及不同商品打包技巧和方法等知识。

习　题

一、理实一体化题

1．填空题

（1）目前国际知名的物流站点有_____、_____、_____（至少列举三个）。

（2）目前电子商务主要的支付方式有_____、_____、_____（至少列举三个）。

2．判断题（正确的打"√"，错误的打"×"）

（1）网上银行一般分为非证书版与证书版，非证书版可以直接在网上申请，证书版就必须携带身份证件和账户资料到银行网点签约，下载并安装网银证书。　　　　　　　（　　）

（2）证书版的网上银行有些功能与金额会受限制。　　　　　　　　　　　　　（　　）

（3）建设银行规定如果设置简单登录密码，是不能在网上自助开通网上银行的。（　　）

（4）工商银行规定自助注册个人网上银行时可以注册两张卡。　　　　　　　　（　　）

（5）银行账号和密码是保障银行资金安全的最重要因素，对账号和密码的保管非常重要。

　　　　　　　　　　　　　　　　　　　　　　　　　　　　　　　　　　　　（　　）

3．单项选择题（请将正确选项代号填在括号中）

（1）用户昵称是开通（　　）的网上银行时要求填写的。

　　A．工商银行　　　　　　B．农业银行　　　　　　C．招商银行　　　　　　D．建设银行

（2）下面（　　）密码是符合要求的登录密码。

　　A．123456　　　　　　B．654321　　　　　　C．hui0608yes　　　　D．88888888

（3）预留验证信息是开通（　　）的网上银行时要求设置的。

　　A．工商银行　　　　　　B．农业银行　　　　　　C．招商银行　　　　　　D．建设银行

（4）招商银行一网通创建于（　　）年。

　　A．1995　　　　　　　B．1996　　　　　　　C．1997　　　　　　　D．1998

（5）安全使用网上银行系统的地点是（　　）。

　　A．网吧　　　　　　　　B．家里　　　　　　　　C．单位　　　　　　　　D．公共场所

（6）支付宝由（　　）创办，是现阶段中国最大的第三方网络支付平台。

　　A．eBay　　　　　　　B．阿里巴巴　　　　　　C．腾讯　　　　　　　　D．Tom

（7）支付宝交易服务于（　　）年10月在淘宝网推出。

　　A．2002　　　　　　　B．2003　　　　　　　C．2004　　　　　　　D．2005

（8）目前支付宝实名认证不支持的身份证件是（　　）。

　　A．身份证　　　　　　　B．护照　　　　　　　　C．户口　　　　　　　　D．军官证

(9) 支付宝实名认证推荐的电子邮箱是（　　　）。

  A．搜狐   B．网易   C．雅虎   D．QQ

(10) 支付宝数字证书的有效期限是（　　　）年。

  A．1   B．2   C．3   D．5

二、实训题

实训题1　在慧源平台上，完成以下的在线交易任务。

(1) 买家在卖家的店铺中选购商品，完成8张购物订单，并实现在线支付。

(2) 卖家对自己的店铺进行管理，入库①号商品188件，入库②号商品150件，入库③号商品130件，入库④号商品125件，其中①、②、③号商品赠送8个积分，④号商品赠送10个积分。

(3) ①、④号商品设置为促销状态，折扣为8.8折；②、③号商品折扣为9折，并设置为"橱窗推荐"状态。

(4) 店铺中①、②、③号商品设置为买家承担运费，④号商品做包邮促销。

(5) 各角色都要开通网银和支付通，其中买家需要充值银行卡中的全部金额，卖家充值4536元，物流充值345元。

(6) 买家浏览卖家的店铺后，将①、②、③、④号商品都加入自己的收藏夹，方便自己的购买。

第一张订单：买家购买3件③号商品，2件④号商品和5件①号商品，正常完成交易后买家给予好评，并进行评价："东西不错！"卖家也给予买家好评并进行评价："谢谢，欢迎下次光临！"体现以买家为中心的思想。

第二张订单：买家购买4件③号商品和2件①号商品，卖家发货后，买家要求全部退货，退货原因是"货物损坏"。卖家同意后进行退货操作，完成后双方互给好评。

第三张订单：买家购买5件①号商品、3件③号商品和4件②号商品，并修改收货地址为广东省深圳市华强北路238号张强收。正常完成交易后，双方给予好评，买家留言评价"卖家很负责"。

第四张订单：买家购买5件③号商品，卖家发货后，买家由于个人原因要求退货1件，卖家同意后进行退货，买家签收后对卖家的操作给予好评并评价："卖家人很好！"

第五张订单：买家购买2件④号商品，因个人原因请求全额退款，卖家同意并退款。

第六张订单：买家购买了2件④号商品，完成交易后。买家给予差评，评价内容："买的东西颜色与照片不符，与卖家沟通后不肯更换，非常不负责任的卖家。"卖家也给予买家差评，评价内容："店铺须知里明显写明，商品颜色因拍照等因素可能会与实际有色差，卖家拍下即为接受。卖家要求更换但又不肯出一半的运费！"

第七张订单：买家购买2件①号商品，3件②号商品，2件③号商品，1件④号商品，卖家发货后，买家由于特殊原因要求退回③号商品1件，卖家同意后进行退货。完成交易后，买家对收到的货物和物流速度不满意，给予卖家差评，并进行留言评价，但通过卖家的细心沟通，买家将差评改为中评。

第八张订单：买家购买1件③号商品，正常完成交易后，买家给予卖家差评，并且评价："商品质量很差，没多久就坏了。"卖家给予买家好评并评价："不好意思，我保证全额退钱给您。"卖家随后通过支付通将货款全额打给买家，买家修改了自己的评价为好评，并留言："卖家很负责！"

操作要求：快速按照公司的要求创建运费模板。

技能点拨：注意不同地区运费不一样。

实训题 2　在慧源平台中，根据需要建立适当的运费模板，并与店铺中的物流信息保持一致。

物流公司成员要根据要求完成物流公司信息填写和注册，物流公司的名称和运费模板的名称自拟，联系电话、邮箱与注册信息保持一致，要求有 3 名客服，名称自拟。物流公司支持货到付款。对货物运费给予详细设置：东三省运费是 15 元 / 公斤，超重部分每公斤 2 元；湖南、江西、福建、广西运费 15 元 / 公斤，超重部分每公斤 1 元；新疆、内蒙古、西藏及港澳台地区 30 元包邮，其他地区 10 元 / 公斤，超重部分每公斤 1 元。对卖家下达的订单进行审核发货。

操作要求：快速按照公司的要求创建运费模板。

技能点拨：注意不同地区运费不一样。

读书笔记

6

项目6　客户服务

岗位情景设计

　　马华云的阿里旺旺闪出一位顾客，这位顾客在他的网店看中了一款衣服，经过一番交流，顾客最终以138元拍下。小马随即联系物流公司将衣服快递给这位顾客。几天后，顾客反馈收到的衣服有破损，要求换货。通过WiseCRM客户关系管理软件，小马了解到这位顾客是网店的新客户，并立即建立了联系客户的活动记录。小马确认发货时衣服是完好无缺的，极有可能是运输过程中损坏或顾客有意变相压价。而换货的邮费24元是要由小马承担的，还有可能收回一件人为弄坏的衣服。小马该怎样与顾客沟通呢？

学习目标

- 熟练使用即时通讯工具，掌握其客户服务功能。
- 掌握客服人员与顾客交流的方法、技巧。
- 掌握电话客服的礼仪和沟通技巧。
- 掌握客户关系管理的方法及其软件使用。

学习任务

- 网络客服
- 电话客服
- 客户关系管理

6.1 网络客服

互联网的虚拟性决定了网络商店的非实体化，消费者往往无法看到商家，也不可能触摸到实体商品，买卖双方的虚拟距离让双方产生不信任感。在这个虚拟的电子商务活动中，网络客服这个工作岗位应运而生，其地位越显突出。什么是网络客服呢？网络客服是指在互联网上为客户提供服务的工作人员，主要利用网上即时通讯工具（如阿里旺旺、腾讯QQ、MSN等）进行售前、售中和售后服务。售前服务主要是把产品技术指标、主要性能、使用方法和价格等信息展示给客户；售中服务主要是为客户提供咨询、导购、网上支付、发货管理等服务；售后服务主要是为客户解决产品使用过程中的问题，提供技术支持，获取客户对产品和服务的反馈，也包括退换货和投诉处理等。

1. 网络客服岗位技能要求

网络客服通过在线工具随时回复客户购买商品的疑问，打消顾虑，帮助买家选择合适的商品，促成交易，提高网店销售量，跟进客户订单，处理好相关售后的衔接与解释工作，须具有良好的人际沟通能力和客户关系管理能力。

具体而言，网络客服必须具备较好的文字表达能力，能准确介绍商品描述和说明，打字速度快（一般要求50字/分钟以上），信息回复及时。要求客服人员脾气好，对待客户有激情、热情、耐心、诚信，能与客户进行有效的交流。网络客服还应该了解商品种类、材质、尺寸、用途、注意事项及商品的使用方法、洗涤方法等专业知识。了解交易流程，熟悉拍商品、付款、修改价格、关闭交易、申请退款、发货、确认收货、评价等操作。

2. 网络客服常用语

客服是客户最直接的交流对象，客服用语在交易中起着至关重要的作用，很大程度上影响客户的购买欲望。下面是网络客服的常用语。

（1）售前常用语

◇您好，欢迎光临华云服饰网店，我是客服小马，请问有什么可以为您效劳的呢？

◇我们专营各种款式的服装，所有产品均有品质保证，质量问题包退换，并提供7天无理由退换货服务，请您放心购买。

◇亲，需要什么尺码、颜色呢？我帮您确定下什么时候可以发货。

（2）售中常用语

◇呵呵，这真的让我很为难，我请示一下店长，看能不能给您一些折扣，不过估计有点难，请您稍等……

◇亲，已经为您修改好价格，一共是××元，您方便时付款就行，感谢您购买我们的产品。

◇您那里收什么快递比较方便呢？我们可发圆通、申通、顺丰，圆通是我们的长期合作单位，会更有保障，您可以优先考虑哦。

（3）售后常用语

◇我们发货前都会仔细检查商品的，请放心！亲，请收藏下小店哦，以后有活动或新款上架方便直接联系哟！

◇如质量问题的退换，运费问题：因为到付邮费很贵，麻烦您先垫付邮费，等收到货的时候您再申请退款，补给您帮我们垫付的邮费，您看可以吗？辛苦您了！

◇谢谢您的光顾！我会及时安排发货，请您在这几天内保证手机处于接通状态，方便快递业务员将产品及时准确地送达您手中，谢谢合作！

3. 网络客服沟通技巧

客服是客户与网店沟通的桥梁，网店流量转化为商品销售量离不开客服的沟通技巧。下面列举了一些网络客服沟通的技巧。

（1）售前沟通技巧

◇问候语。问候语要能带给客户良好的第一印象。客户咨询商品通常会问："你好，在吗？"客服回复："您好，欢迎光临，我是客服小马，很高兴为您服务！"这样的回复比"在""有事吗"更能提升客户的购物热情。

◇产品咨询。熟悉商品类型、款式和尺码，对商品有信心。及时回复客户对商品的咨询，不让客户等待太久，即使是客服在查询商品信息，也需要告诉客户："正在查询中，请稍等！"

（2）售中沟通技巧

◇价格。产品基本确定后，多数客户都想压低商品价格。客服可以运用"特价商品""向店主申请优惠价""免邮费"等方式避免客户疯狂砍价。及时修改客户购买多件商品合并支付时的运费，并告诉客户："您好，价格修改好了，请您刷新总价后核对下金额再支付，谢谢！"

◇运输。尽量建议客户选择快递，如果没有快递可以选择EMS，以免使用平邮导致商品延误而被客户给予中评或差评。

◇联系方式确认。买家支付后，客服应与对方确认收货地址和电话："请问，是按照您下面提供的收货地址和电话为您发货吗（复制对方的收货地址和电话）？"

（3）售后沟通技巧

◇发货。检查出货商品质量，安全包装，填写物流单时，将客户留下的所有联系电话一并填上，确保快递公司能及时联系客户并送达商品至客户手中。

◇评价。若客户已经确认收到商品超过两天还没评价，客服应主动联系提醒客户给予评价，如果是对产品有异议，应及时给予妥善耐心处理。

（4）其他技巧

聊天字体建议选择"宋体、常规、小四号"，因为这是计算机最常用的显示文字规格。文字颜色建议选用紫色，可以起到与其他颜色区分的作用，也能带给买家热情洋溢的感觉。适时使用自动回复："亲，在线咨询客户较多，给您回复稍慢，请谅解哦，请将咨询问题合并发送，我会及时给您详细回复，谢谢合作！"

4．网络客服常用工具

网络客服常用的工具有阿里旺旺、电话、腾讯 QQ、MSN、E-mail、FAQ 等。阿里旺旺是淘宝网和阿里巴巴网站买卖双方最常用的交流工具，与腾讯 QQ、MSN 等聊天工具相似。注册淘宝网会员或阿里巴巴网站会员后，就可以用注册的会员名和密码登录阿里旺旺，与客户沟通，回答客户问题。

客服还可以登录网店后台，收发站内信和回复客户留言。

实践操作

基础实训　使用阿里旺旺（千牛）

实训目的：熟练掌握阿里旺旺在客户服务中的运用技巧。

操作要求：能利用阿里旺旺与客户沟通交流，熟练掌握常用的客服功能操作。

技能点拨：设置阿里旺旺自动回复，有利于及时回复客户询问消息；添加阿里旺旺好友（旺旺群），有利于汇集客户的联系方式，方便对客户进行分类和联系。

实训步骤

01 登录阿里旺旺。阿里旺旺分为卖家版和买家版，本书以卖家版为例。运行阿里旺旺软件，输入会员名和密码，单击"登录"按钮，在登录前，还可以选择登录状态，系统默认选择的是"我有空"状态，如图 6-1-1 所示。

02 设置系统功能。如图 6-1-2 所示，单击"系统设置"进入阿里旺旺系统设置，可以对阿里旺旺进行"基本设置"、"聊天设置"、"个性设置"、"安全设置"和"客服设置"，如图 6-1-3 所示。单击"客服设置"

选项，可以设置"启用客服工作台模式"、"客户等待提醒"、"快速切换客户"、"新消息提醒背景色"等，如图 6-1-3 所示。

03 设置自动回复。设置自动回复，可以在客服忙不过来或离开时，自动回复客户的询问。具体设置操作如下：在相应的条件前勾选并单击"新增"按钮，编辑自动回复的信息，输入自动回复信息并设置格式，单击"保存"、"确定"按钮后生效，如图 6-1-4 所示。

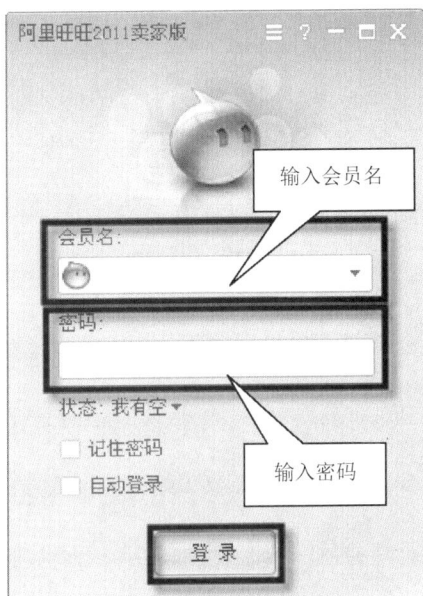

图 6-1-1　登录阿里旺旺

图 6-1-2　设置阿里旺旺系统功能

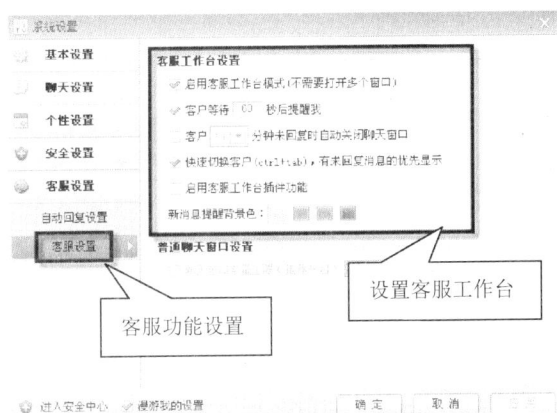

图 6-1-3　客服设置窗口

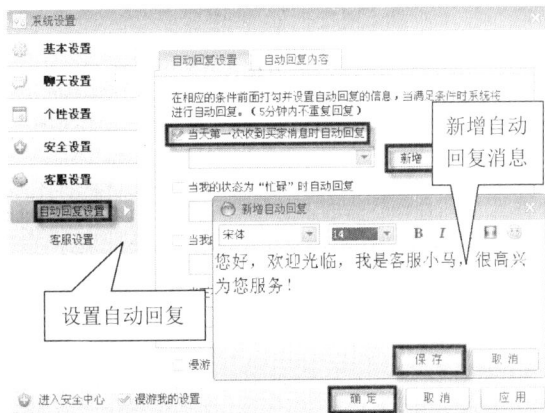

图 6-1-4　自动回复设置

04 更改登录状态。可以单击主菜单按钮或单击主窗口的用户状态，从下拉菜单中选择需要更改的状态，如图 6-1-5 和图 6-1-6 所示。

05 退出阿里旺旺。单击主菜单按钮，并单击"退出"。单击"注销"按钮可以更换会员名重新登录阿里旺旺，如图 6-1-6 所示。

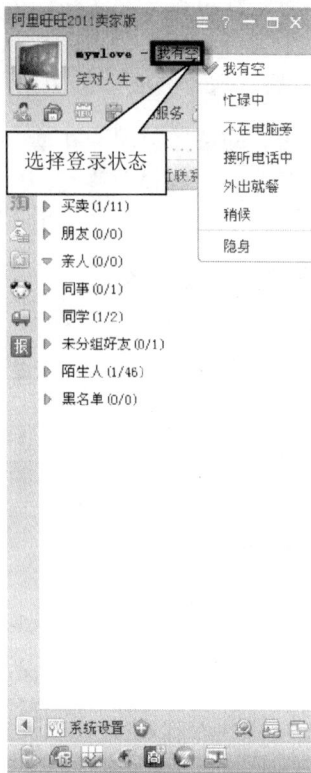

图 6-1-5　登录状态更改

图 6-1-6　退出阿里旺旺

06 查找添加好友（旺旺群）。单击查找按钮，输入会员或旺旺群名称进行查找，选择查找到的结果，单击"加为好友"或"加入该群"按钮，如图 6-1-7 和图 6-1-8 所示。

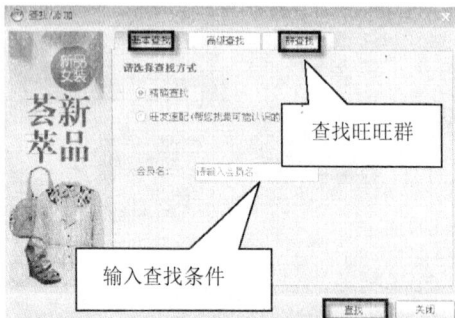

图 6-1-7　查找／添加好友或群

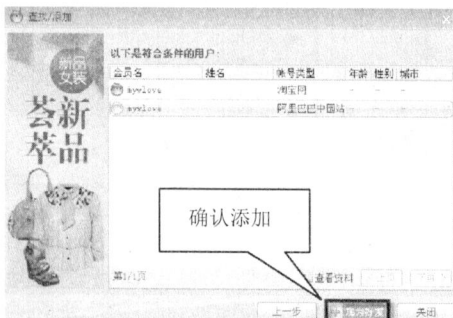

图 6-1-8　加为好友

07 接收和发送信息。选择好友或群，右击打开好友或群的快捷菜单，选择"发送即时消息"，如图 6-1-9 所示。或者双击好友或群头像打开客服工作台，接收和发送客户即时消息或群消息，如图 6-1-10 所示。

图 6-1-9 好友管理

图 6-1-10 接收和发送消息

小贴士

阿里旺旺签名内容可以设置为公司促销广告语或显示公司的畅销产品信息，如"新品上市，敬请关注！""新款韩版品牌女装上市，欢迎选购！"这也是网店推广的一个途径。

拓展实训 网络客服沟通实训

实训目的：通过客户服务沟通实训，感受和体验客户服务的技巧，提升客户服务水平。

操作要求：学生分组扮演客服人员、客户、店主、快递员，体验客户服务工作。

技能点拨：利用淘宝网店和阿里旺旺即时通讯工具，做好客服常规工作，体验客服人员的礼貌用语，妥善处理交易流程中可能出现的各种问题。

实训步骤

01 布置实训环境。建议使用开放的互联网计算机实验室，方便划分不同功能区。功能区可以分为客服中心、购物区、商品陈列区、物流区等，并准备相应商品。

02 分配角色。每四人为一组，分别扮演客服人员、客户、店主、快递员，其中店主为小组长，负责组织实训的开展和总结评价。

03 体验购物。登录淘宝网，搜索指定网店（此网店是扮演客服的学生创建的），访问网店并挑选商品放入购物车，通过阿里旺旺联系网店客服并咨询。

04 开展工作。客服人员登录阿里旺旺卖家版，进入淘宝客服后台，查看是否有站内信和留言需要回复，绑定的邮箱是否有邮件要处理；查看交易记录；是否有买家未付款或者卖家未发货的记录；查看评价情况，是否有投诉。这些异常情况应该及时解决。客服人员做好相关记录，以便更好地开展客服工作。

05 答疑解惑。客服需要熟悉商品信息，利用阿里旺旺主动向客户介绍商品，帮助解答客户交易中的操作疑问，及时处理订单、修改价格。

06 申请优惠。客户提出比客服底线更优惠的价格，客服人员礼貌地向客户解释需要向店主申请，店主作出是否优惠的决定。

07 确认收货地址和联系方式。客户付款后，客服人员告知客户会尽快发货，并与客户确认收货地址和联系方式，请客户注意接收。客服人员在线联系快递员，安排发货。若有退款和退换货等问题需要跟客户沟通，了解退换货的原因，并耐心妥善处理。

08 总结评价。店主（小组长）对扮演客服人员、客户、店主和快递员角色的同学表现进行点评，指出满意和不满意的地方，提出改进意见。

交换角色扮演，互相体验不同岗位的工作。

网络客服沟通案例参考如下。

韩伊之恋售衣记

李小姐是上班一族，典型的"淘族人"，下午闲着没事，泡了杯参茶，坐在电脑前开始慢慢"淘宝"。突然一件粉色开衫外套吸引了她，李小姐眼睛一亮，来了神，特别喜欢这款式，看看价格，都能接受，打算买下来。但是李小姐还是有些疑虑……

【网络洽谈过程】

客服： 美女啊，建议你先测量一下自己的身高与胸围，我来帮你看一下什么尺码合适，还有一个换算表格可以参考一下哦！链接如下：（发送链接网址略）。

李小姐： 哦，好的。不过我不知道选择粉红色还是白色的啊，都很喜欢。

客服： 这两个颜色都卖得很好，不过现在即将到新年了啊，挑粉红色的比较喜庆，等天再热一些上新款了，再来买白色的款式吧！

李小姐： 如果收到商品不满意，或者尺码不合适可以退换吗？

客服： 我们的商品图片和说明都是真实可信的，如果您收到以

后因为个人原因不喜欢，在未下水和未穿着及标牌齐全的情况下，可以退换货。

　　李小姐：如果是尺码不合适呢？

　　客服：衣服涉及卫生问题，所以穿着以后是不能退换的，请您尽量在购买前与我们确认您的真实尺码，我们一定会推荐正确的尺码给您的哦！

　　李小姐：我买这么多，可以打八折包邮吗？

　　客服：我们是有很优惠的折扣标准的，您的金额达到288元，只可以享受9折包邮哦，具体标准请看这里。（发送链接地址略。）

　　李小姐：不能再优惠一点了吗？我会给你介绍客户的！

　　客服：您还可以在赠品区挑选一件88元以下的赠品，价钱上实在不能便宜了，我也只是打工的客服人员，这是我能给出的最大优惠了哦！

　　【洽谈结果】达成交易

小贴士

　　阿里旺旺沟通是淘宝客服最主要的工作内容，客服通过键盘传达产品信息，在销售产品的同时客服首先要销售自己，让客户感受客服的热情和专业。

6.2 电话客服

知识准备

　　在日常的沟通活动中，口头信息沟通是所有沟通形式中最直接的方式，使用最多的通讯工具就是电话。电话不仅可以给远方的朋友传递祝福，而且也可以帮助网店客服人员处理业务，"电话客服"已成为一种职业。作为一名客服人员，了解接听电话和拨打电话的技巧，便于做好客服工作，提升网店的商品销售量和网店的形象。

1. 电话客服岗位技能要求

　　电话客服是通过电话交谈了解客户需求，解决客户疑问，处理客户售前、售中和售后的问题，因此，声音甜美、口齿清晰、普通话标准是电话客服岗位技能要求的前提。另外，在熟悉业务流程的基础上，客服要具备良好的语言表达能力，较强的沟通、谈判能力。

2. 电话客服沟通步骤

　　电话沟通是电子商务活动中必不可少的一部分，商家与客户在交流过程中，通过电话传递信息，双方获取理解并达成交易。在使用电话与客户交流之前，客服人员必须清楚地了解5W步骤及其技巧，5W即when（时间）、where（地点）、who（人物）、what（事件）和why（原因），这是通过电话成功实现沟通的关键步骤。

（1）选择恰当的通话时间

客服在打电话之前首先要了解客户的工作性质和时间，以不影响客户的工作和休息为原则选择通话时间。例如，客户是一位国家公务员，就不应该选择在对方的工作时间打电话，以免影响其工作；若客户是从事饮食业的，就应该避免在用餐时间给对方打电话，通话时间可以考虑选择在下午 3 ~ 4 点。星期一是假期结束上班的第一天，客户一般会有很多事情需要处理，公司也经常会在星期一安排会议和工作，因此也不建议在星期一给客户打电话。

（2）选择合适的通话地点

电话交流需要一个安静的谈话氛围，任何一方处于嘈杂的环境，都会令通话的另一方无法听清楚通话内容，甚至使对方产生反感情绪而结束交流。因此，客服在接听客户电话或拨打客户电话时，最好能选择一个安静舒适的谈话环境，尊重客户的同时促成通话目的的实现。

（3）确认通话对象的身份

客服在通话前要明确客户对象，不同的通话对象，采用不同的措辞和语气，有针对性地与客户交流。客服接通电话后首先要问候客户方并介绍自己，然后有礼貌地询问对方身份。切忌自我介绍后不管对方是谁，就滔滔不绝地介绍自己的商品或服务。

（4）准备通话的内容

与客户通话，客服应该明白自己的主要目的是什么，用简练的语言清楚地表达自己的业务内容。杜绝漫无目的的长篇大论或者语无伦次，这样不仅达不到目的，而且可能适得其反，令客户产生厌烦的情绪。因此，客服提前用记事本准备好通话内容，有助于通话的顺利进行。

（5）寻找通话的原因

站在客户的立场，为客户着想，这是客户服务的出发点。寻找通话的原因时要关心客户、理解客户、感激客户和服务客户，消除客户的困扰，获取客户的信任，可以使客户服务效率事半功倍。

3．电话客服技巧

客服在接听或拨打客户的电话过程中，为了提高通话沟通效率，应注意如下技巧。

1）做好电话记录。客服应随身准备记事本和笔以便记录重要的谈话内容，以免需要记录时手忙脚乱，不仅浪费时间，而且可能使交谈中断而令客户不满。

2）准备好电话内容后再拨打电话。客服应提前把与客户交流的事情逐项整理记录，然后再拨打电话，在交谈中就可以突出重点，随时检查是否有遗漏，保证交谈高效、全面。如果想到什么就讲什么，往往会丢三落四，忘记了重要的交流内容还毫无觉察，等对方挂断了电话才恍然大悟。

3）使用态度友好的语言。"言由心生"，客服打电话时要与客户面谈时一样保持微笑诚恳，身体语言端正有礼，讲话时抬头挺胸，自然而不做作。亲切的交谈态度，才能表现出悦耳的声音，客服才能通过语言传递友好的服务信息。

4）适时变换语速语调。电话交谈时只闻其声，不见其人，只能靠声音、语言沟通。因此客服讲话速度和声调应视对方情况而定，灵活掌握语速语调，随机应变。一般打电话时，适当地提高声调，使用恰当的谈话语速，可以令客户感受到客服人员的热情高效。

5）避免使用方言和不规范用语。由于客户来自不同地区，客服在交谈时应使用标准的普通话，少用或最好不使用方言，避免使用不规范的用语和缩略语令客户产生误会。

6）恰当使用复述。客服在记录重要的谈话内容时，一定要当场复述，与客户确认，保证内容的准确性。

4．电话客服基本礼仪

1）电话铃声一响应尽快接听，最好不要让铃声响过 3 次。

2）接通电话后应首先问好并自我介绍，然后客气有礼地询问客户身份。

3）通话内容要简明、扼要，重要内容应做好记录。

4）电话用语应文明、礼貌，态度热情、诚恳，语调平和、音量适中。

5）交谈完毕，应尽量让客户先结束通话，若需要自己来结束通话，应解释、致歉。通话完毕后，应等客户放下话筒后再轻轻地放下电话，以示尊重。

6）打电话应避开客户忙于工作的时间。

5．电话客服常用语

◇ 客户打电话来，客服第一句话："您好，华云服饰网店，请问有什么可以帮助您的？"

◇ 遇到电话杂音太大听不清楚时，客服："对不起，您的电话杂音太大，听不清，请您换一部电话再次打来好吗？再见！"稍停 5 秒，挂机。

◇ 想要问客户的名字时，客服："请问，我可以知道您的名字吗？"

◇ 遇到没有听懂客户的意思时，客服："请问您说的是……的意思吗？"

◇ 若没有听清楚客户所说内容，要求客户配合重复时，客服："对不起，麻烦您将刚才反映的问题再复述一遍，好吗？"

◇ 遇到客户责怪客服动作慢，客服："对不起，让您久等了，我会尽快帮您处理。"

◇ 遇到客户提出建议时，客服："谢谢您，您提出的宝贵建议，我会及时反馈给公司相关负责人员，再次感谢您对我们工作的关心和支持！"

◇ 通话终了时，客服："请问还有什么可以帮助您？"在确保客户没有其他方面的咨询后礼貌地说："感谢您的来电，若有问题请再次来电，谢谢！再见！"

实践操作

基础实训　接待客户来电咨询

实训目的：掌握接听客户电话的基本礼仪和通话沟通的技巧。

操作要求：分组扮演客户和客服的角色，体验客服接待客户来电咨询的工作。

技能点拨：客服在接听电话初期、通话中和通话结束的不同阶段，灵活运用电话礼仪和谈话技巧，有利于解答和处理客户问题。

实训步骤

01 布置场景。连接 Internet 的计算机两台，电话机两部，纸和笔，合理设置工作情境。

02 分配客户角色。挑选一位同学扮演客户，就华云服饰网店购物的一些具体业务打电话咨询。

03 分配客服角色。挑选一位同学扮演华云服饰网店客服人员，负责接待客户来电咨询服务。

04 评价。完成客服工作后，客服填写实训评价表。

05 总结与分享。教师和其他同学观摩后，对其流程及业务熟练程度进行点评与讨论。

接待客户来电咨询实训参考，如表 6-2-1 和表 6-2-2 所示。

表 6-2-1　客户来电咨询实训参考

进　程	电话礼仪	客户角色 拨打客服电话	客服角色 接听客户电话	客服不规范用语
受理客户来电	电话响 3 声之内，客服须拿起电话接听	"是华云服饰网店吗？我有问题咨询一下。"	"您好！欢迎致电华云服饰网店，我是客服小马，工号 1029，请问有什么能帮您？"	"喂，你好！" "你找谁？"
聆听客户电话内容	用心聆听并适当回应，表现真诚和主动服务，切忌打断客户的讲话	"我想了解你的网店有什么新款的衣服？" "我姓李"	"好的，欢迎咨询！" "请问，先生（小姐）怎么称呼？" "李先生（小姐），您好！我们网店最新推出……，欢迎您选购！"	"所有款式都挂在网店上啦，自己看吧！" "你的名字叫什么？"
记录回应客户问题	对于客户的疑问和讲话关键点须进行必要的记录，为正确解答客户问题做好准备	"你这个网店有实体店吗？" "这个牌子的衣服好像没听说过！"	"李先生（小姐），我们网店的实体店在广东省四会市龙凤路，欢迎您光临！" "公司规定，这个牌子的衣服在每个地区只设一个代理商，一个城市只设一间连锁实体店，请您放心购买！"	"有没有实体店关你什么事呀！" "这个牌子全世界都有名的，是人都知道。" "什么意思？"
解答客户问题	客户咨询完毕后，客服根据记录对客户的问题做出解答	"这个款式的衣服布料是纯棉的吗？" "这个款式有紫色 XXL 码的吗？"	"是的，请您放心，衣服布料 100% 纯棉的，保证质量。" "您好！我马上查一下，请您稍等。" "对不起，让您久等了，这款衣服有紫色 XXL 码的。"	"网店上有介绍呀！你自己看衣服详情吧。" "应该有吧！"
结束通话	客服应客气地结束通话，待客户挂断电话后，客服再挂机	"我就要这款衣服了。" "有需要时我再找你吧！"	"请问还有什么可以帮助您的吗？" "您能否给我留个电话，有新款服装到店，我们可以及时推荐给您！" "感谢您的来电，以后如果需要咨询，欢迎来电，再见！"	"喂，没事了吧，您挂电话吧。" "再见！" "Bye-Bye."

表6-2-2　实训评价表

姓名		班级		学号	
任务	接待客户来电咨询	地点		日期	
评价指标				分值	得分
客服人员岗位要求				10	
工作体态礼仪规范				10	
电话客服礼仪				10	
接待礼仪规范				10	
电话接听受理要点及技巧				20	
电话营销技巧				20	
措辞和用语				10	
咨询及来电记录				10	
合　　计				100	

自己认为完成较好的方面：

自己认为完成不满意的方面：

值得改进的地方：

自我评价：	非常满意	
	满意	
	不太满意	
	不满意	

拓展实训　处理客户退换货

实训目的：掌握退换货的工作流程，学会处理客户退换货的技巧。

操作要求：熟悉退换货的处理程序，注意运用与客户沟通的技巧。

技能点拨：分析客户退换货的原因，安抚客户激动的情绪，热情解答客户的问题。

实训步骤

01 布置场景。连接Internet的计算机两台，电话机两部，纸和笔，合理设置退换货的工作情境。

02 分配角色。挑选两位同学分别扮演客服人员和客户，就退换货的业务进行电话咨询处理。

03 评价。完成客服工作后，客服填写实训评价表。

04 总结与分享。教师和其他同学观摩后，对其流程及业务熟练程度进行点评与讨论。

处理客户退换货实训参考如下。

客服：您好，这里是华云服饰网店，请问有什么可以为您效劳的吗？

客户：是这样的，我前几天在你们网站购买了一条牛仔裤，收到后发现裤子偏小了，无法穿。可否换一条大一码的，如果没有大一码的，就请退货吧！

客服：好的，请先告诉我您的订单号，好吗？

客户：我的订单号是143011925333437。

客服：好的，请您稍等，我帮您核实一下。您是在这个月的18日在我们网店购买了一条29码的休闲韩版浅蓝色牛仔裤。按您刚才所说想换一条30码的，是吗？

客户：是的。

客服：好的，请您稍等，我马上查一下仓库是否有您想换的尺码的裤子。

客户：好的，谢谢！

客服：您好！非常抱歉，经查仓库已没有这个款式30码的浅蓝色牛仔裤，但还有深蓝色的。您看，换成深蓝色的，有没有问题？

客户：这样呀，那行吧，就换深蓝色的吧！

客服：好的，那请您尽快将裤子通过快递发回到如下地址（客服将联系方式告诉客户，并重述与客户确认），另外快递费需要由您方支付哦。我们收到货后马上给您快递30码的休闲韩版深蓝色牛仔裤，到时记得查收哦。

客户：好的，谢谢你！

客服：不客气，欢迎您的来电，有什么问题及时联系！再见！

6.3 客户关系管理

知识准备

随着Internet的迅速发展，电子商务使企业竞争日趋全球化，企业对客户的争夺日趋白热化。同时，客户对产品和服务的满意程度，成为企业电子商务发展的决定性因素，客户资源已成为企业最宝贵的财富。因此，客户关系管理具有极其重要的意义，从而成为企业发展的推动力。

客户关系管理（customer relationship management，CRM）是企业树立以客户为中心的发展战略，利用信息技术和数据库技术加强与客户的交流，并在此基础上开展的包括判断、选择、争取、发展和保持客户实施的全部商业过程。CRM系统就是利用软件、硬件和网络技术，为企业建立一个客户信息收集、管理、分析、利用的信息系统。因此，CRM既是一种以"客户价值"为中心的企业管理理论、商业策略和企业运作实践，也是一种以信息技术为手段、有效提高企业收益、客户满意度、雇员生产力的管理软件。

1．客户关系管理岗位技能要求

客户关系管理工作岗位要求客服人员理解客户关系营销的内涵及其重要性，具备计算机基础知识，熟练操作 Word、Excel 等办公软件，掌握 CRM 软件的使用，利用 CRM 软件管理好客户信息，提高企业生产力。

2．客户关系管理的作用

实施客户关系管理的目标就是了解企业的客户、满足客户的要求和维护客户关系，建立企业与客户之间的长期、稳定关系，实现从客户更高的满足中获利。CRM 作为管理企业与客户关系的主要管理系统平台，不仅要处理企业与客户之间的业务，还要处理企业内部相关部门的业务。CRM 整合了客户、公司、员工等资源，简化、优化了各项业务流程，使得公司和员工在销售、服务、市场营销活动中，能够把注意力集中到改善客户关系、提升绩效的重要方面与核心业务上，提高了员工对客户的快速反应和反馈能力，也为客户带来了便利，客户能够根据需求迅速获得个性化的产品、方案和服务。

据悉，著名的亚马逊网上书店保持客流量的诀窍之一即实施 CRM 战略，用户在亚马逊购买图书以后，其销售系统会记录下购买和浏览过的书目，再次进入该书店时，系统识别出身份后就会根据用户的喜好推荐有关书目。显然，这种有针对性的服务对维持客户的忠诚度有极大帮助。据称，CRM 在亚马逊书店的成功实施给它赢得了 65% 的回头客。

通常 CRM 软件的使用，至少可以帮助企业达到如下几个最基本的要求：①记录客户发生的每一次交易；②加强客户服务与回访；③即时统计销售数据；④加强销售人员管理，提高效率；⑤加强大客户的项目管理，加强销售机会的监控和管理。

3．客户关系管理的技术基础

CRM 软件是客户关系管理的技术基础，常用的 CRM 软件分为单机版和网络版。主流的 CRM 软件主要有上海企能软件科技有限公司的 WiseCRM、微软的 Dynamics CRM 系列软件、甲骨文的 CRM 软件、用友和金蝶的 CRM 软件等。

本节实训内容以上海企能软件科技有限公司的 WiseCRM 单机版为例。客户关系管理是 WiseCRM 的核心模块，客户管理功能可以帮助企业集中分类整理现有客户资源，根据客户的特点进行分类，便于更有针对性地开展工作。

实践操作

基础实训　管理客户和联系人

实训目的：熟悉 WiseCRM 的窗口界面和功能模块，学会 WiseCRM 软件在客户管理方面的运用。

操作要求：通过菜单、工具栏和功能区完成客户信息的录入、维护和客户数据的管理。

技能点拨：利用软件功能区和工具栏的快捷按钮，可以方便、快捷地完成客户信息的管理。

实训步骤

01 熟悉软件界面。打开WiseCRM软件，窗口界面如图6-3-1所示，分为菜单栏、工具栏、功能区、数据输入区和数据列表区。功能区中的客户管理模块主要记录和保存客户的基本资料信息，客服利用行动管理模块策划和安排客户服务活动。

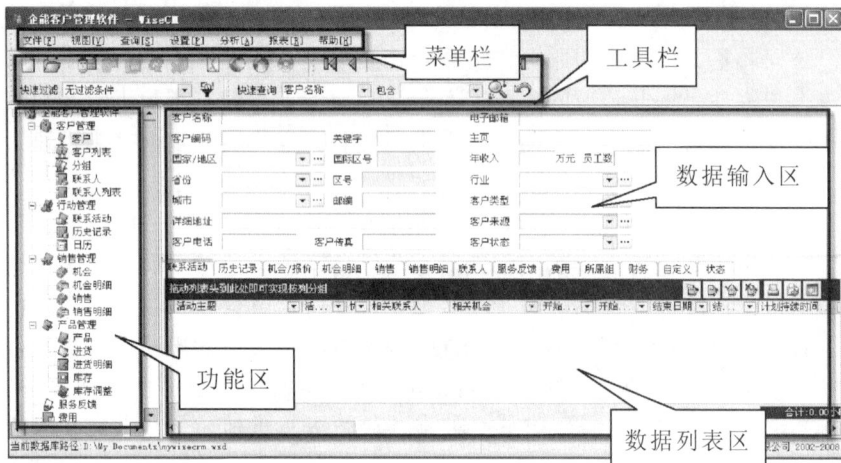

图6-3-1 WiseCRM窗口界面

02 增加客户。在功能区单击"客户"，或者单击"视图"菜单中的"客户面板"，进入"客户"界面。单击工具栏中"新建记录"按钮，录入客户的基本资料后单击工具栏中的"保存记录"按钮，如图6-3-2所示。（在这里客户可以理解成一个公司。）

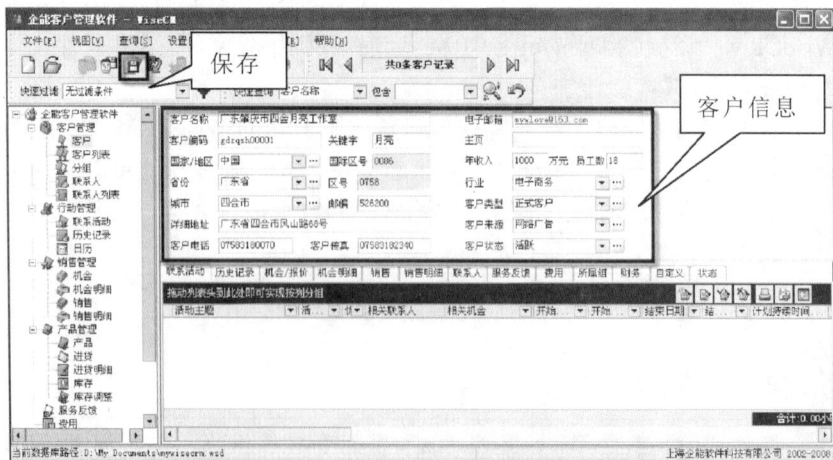

图6-3-2 客户信息录入

03 查找客户。进入"客户"界面,在工具栏中选择要查找的字段,输入字段值,选择查找,如图 6-3-3 所示。或者进入"客户列表"界面后,在列表界面的字段条根据每个字段的值筛选,如图 6-3-4 所示。

快速查询 客户名称 ▼ 包含 ▼ 🔍　　图 6-3-3　查找客户

客户名称 ▼ 主联系人 ▼ 客户编码 ▼ 关键字 ▼ 国家/地区 ▼ 国际区号 省份 ▼ 城市 ▼ 区号

图 6-3-4　在客户列表筛选

04 修改、删除客户信息。修改客户信息可以进入"客户"界面,编辑客户的各个字段内容,完成后单击"保存记录"按钮。若不想保存修改的结果,则单击"取消修改"按钮。

删除客户信息可以进入"客户"界面,单击工具栏中的"删除记录"按钮,打开提示框询问是否真的要删除,单击"确定"按钮则删除当前客户记录,如图 6-3-5 所示。或者在"客户列表"界面,选中要删除的一个或多个客户记录,右击,在打开的快捷菜单中选择"删除客户",如图 6-3-6 所示。

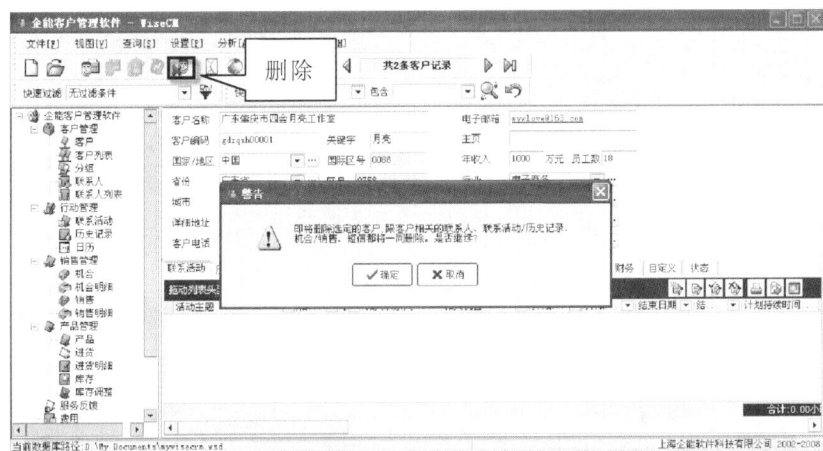

图 6-3-5　删除单个客户

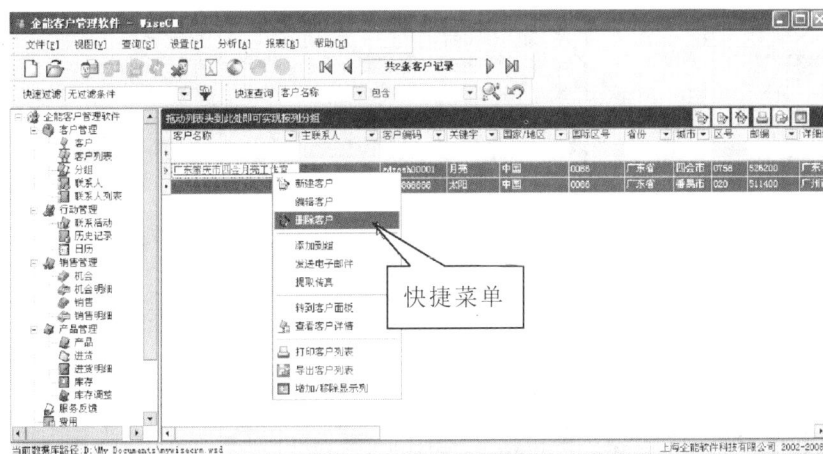

图 6-3-6　删除列表中的客户

05 增加联系人。单击功能区"客户管理"→"联系人",然后单击工具栏的"新建记录"按钮,输入联系人的详细信息,单击"保存记录"按钮,如图6-3-7所示。多个联系人可以属于同一个客户(公司)。

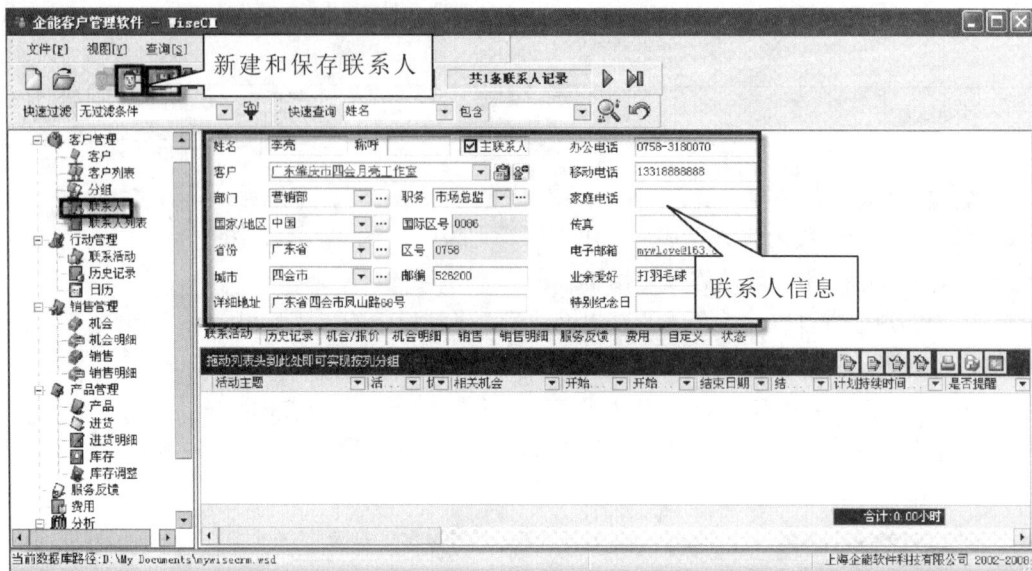

图6-3-7 建立客户联系人

06 浏览联系人信息。进入"联系人"界面,在工具栏中使用左右导航按钮浏览联系人记录,中间的数字显示的是联系人记录的总数。进入"联系人列表"界面,单击联系人姓名,可以查看联系人的具体信息,如图6-3-8所示。

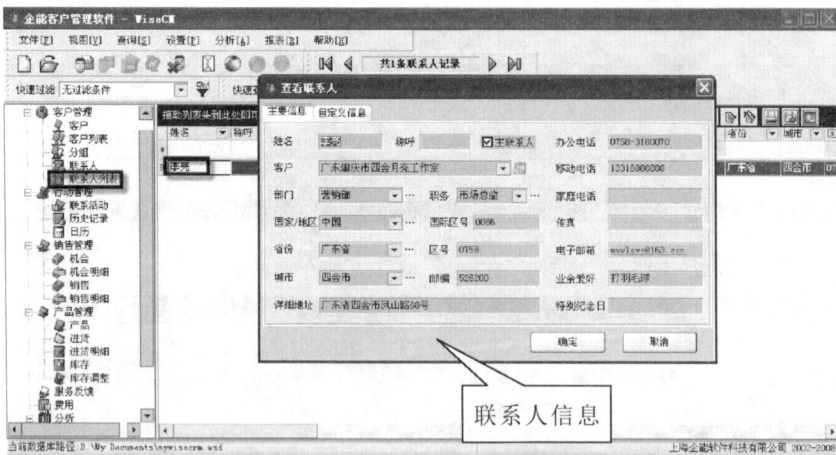

图6-3-8 查看联系人信息

07 修改、删除联系人信息。进入"联系人"界面,编辑联系人的各个字段内容,完成后单击"保存记录"按钮可修改联系人信息。若不想保存修改的结果,则单击"取消修改"按钮。

若要删除联系人，可单击工具栏的"删除记录"按钮，再单击"确定"按钮则删除当前联系人记录。或者在"联系人列表"界面，选中要删除的一个或多个客户记录，右击打开快捷菜单，选择"删除联系人"，如图 6-3-9 所示。

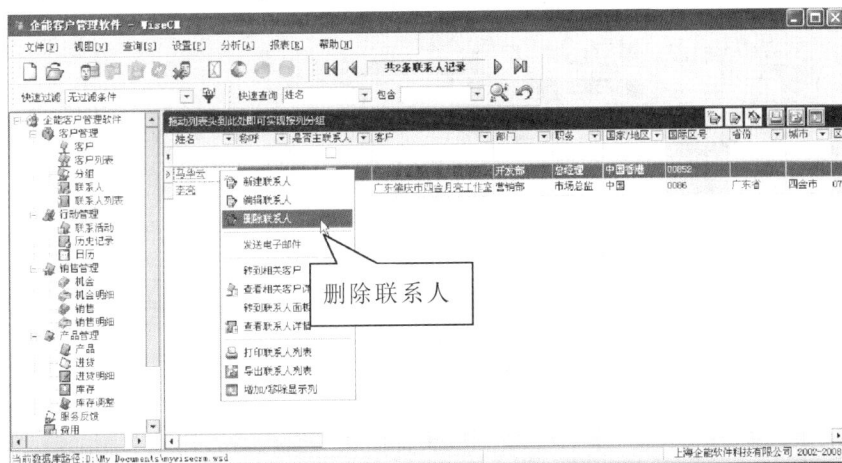

图 6-3-9　删除列表中的联系人

08　客户分组管理。新建客户组和子组。单击"客户管理"→"分组"，系统默认的分组有"客户"、"潜在用户"和"供应商"。右击组名，在打开的快捷菜单中单击"新建组"可以新建客户分组，如图 6-3-10 所示。客户组内可以按客户的不同特点建立不同的子组，其操作与新建组操作类似。

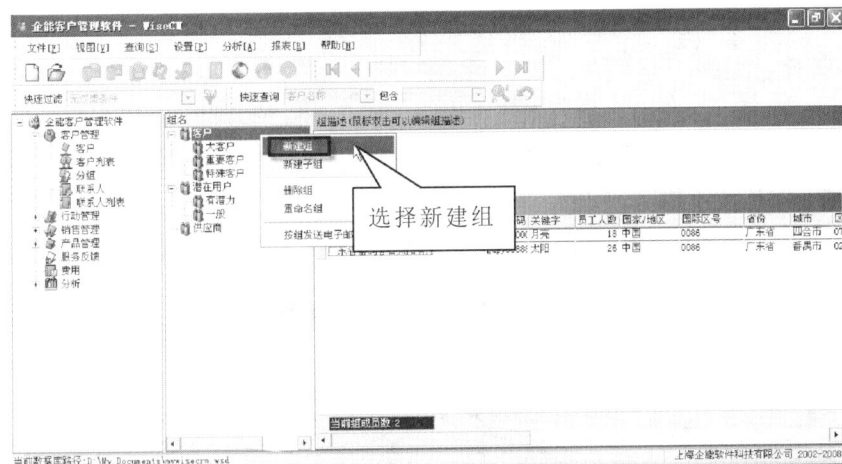

图 6-3-10　新建组

重命名组。右击客户组名称，在打开的快捷菜单中选择"重命名组"，组名称即处于编辑状态，可以将客户群组名称更改为方便管理的客户分类名称，如图 6-3-11 所示。

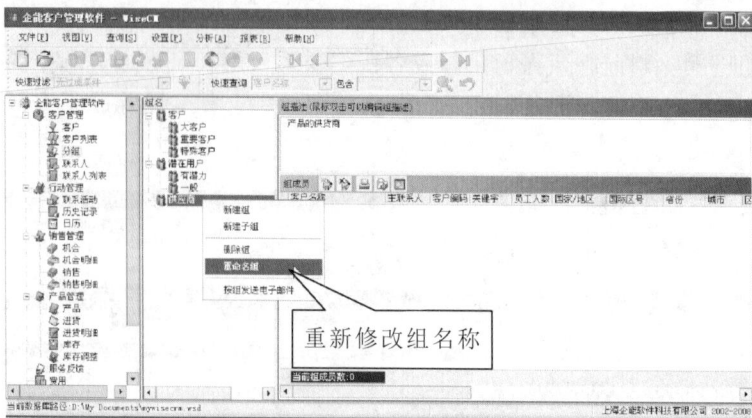

图 6-3-11　客户组重命名

删除分组。进入"分组"界面,选中一个组,如选中"客户"组,右击,在打开的快捷菜单中选择"删除组",如图 6-3-12 所示。

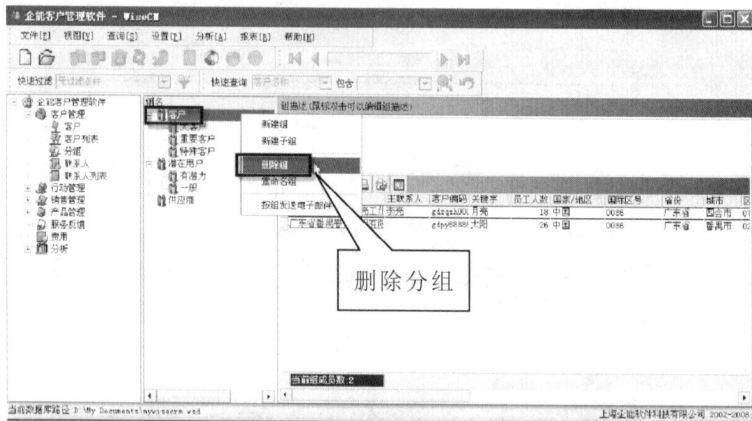

图 6-3-12　删除客户分组

选择"删除组"后,系统再次弹出确认删除的窗口,并提醒用户慎重操作。若单击"确定"按钮,将删除选定的组、子组和组成员,单击"取消"按钮则不删除,如图 6-3-13 所示。

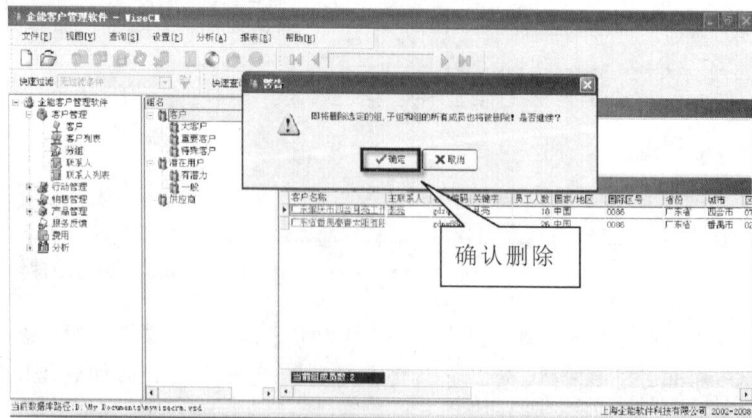

图 6-3-13　确认删除客户分组

增加 / 删除组成员。进入"分组"界面，将建立的客户按不同类型进行分组，成为组员。例如，单击"大客户"，在组成员区域内，单击"添加 / 删除组成员"按钮，打开"添加 / 删除组成员"对话框，在这里已经列出所有客户，在列表框中选择要加入"大客户"的客户，单击"增加"按钮添加到"大客户"组中，单击"确定"按钮后，使之成为"大客户"的组成员。若要删除组成员，则选择成员列表后，单击"删除"、"确定"按钮即可，如图 6-3-14 所示。

小贴士

WiseCRM 的客户列表界面可以使用"Shift + 鼠标键"选择连续的多条客户记录，而使用"Ctrl + 鼠标键"则可以选择不连续的多条客户记录。

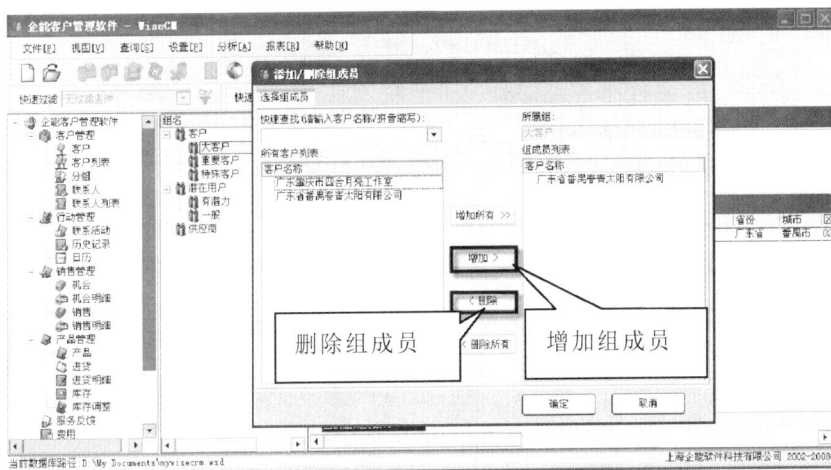

图 6-3-14　增加 / 删除成员

拓展实训　管理客服联系活动

实训目的：掌握客户服务联系活动的操作和行动管理。

操作要求：学会使用 WiseCRM 建立和管理客户服务联系活动。

技能点拨：管理客户服务的联系活动可以利用"行动管理"功能模块来完成，借助历史记录、日记和日历功能，方便客服安排与客户的联系活动。

实训步骤

01 新建联系活动。打开 WiseCRM 软件，单击功能区"行动管理"→"联系活动"，单击"新建"按钮，打开"新建联系活动"对话框，输入"联系活动"的相关信息，如图 6-3-15 所示。

输入联系活动信息，针对这次活动可能出现哪些销售机会呢？单击"新建机会"按钮，如图 6-3-15 所示，打开"新建机会"对话框，如图 6-3-16 所示，输入与客户联系活动后可能产生的机会明细并保存，新建的机会将出现在"相关机会"选项中，供录入联系活动信息时进行选择。

02 编辑联系活动。创建联系活动后，若活动有变或相关信息需要修改，可以进入"联系活动"页面，在联系活动列表中选择需要修改的活动记录，单击"编辑"按钮，打开"编辑联系活动"对话框进入联系活动的编辑状态，修改完后单击"确定"按钮，如图 6-3-17 所示。

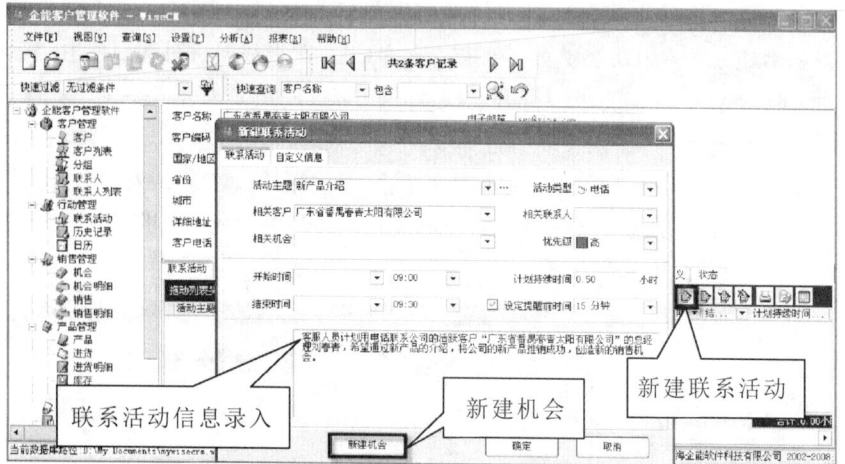

图 6-3-15 录入联系活动信息

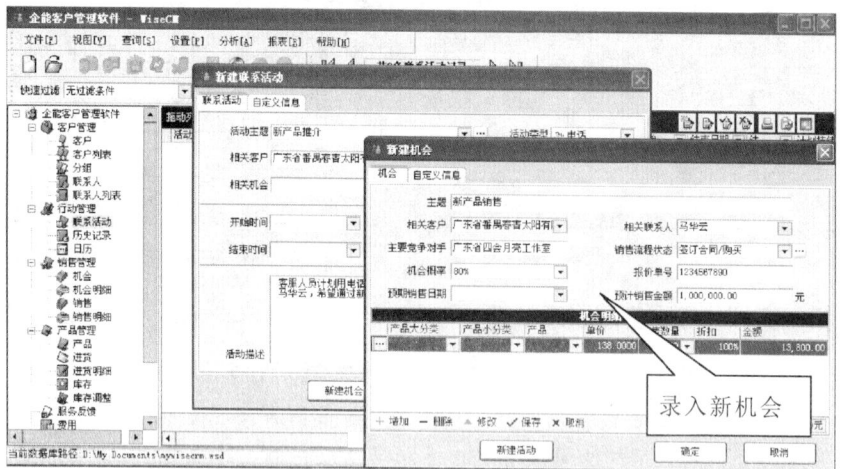

图 6-3-16 录入新建机会信息

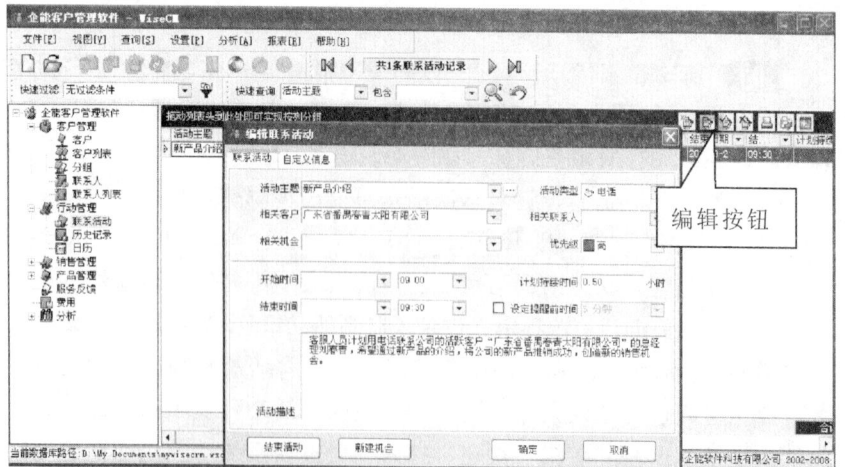

图 6-3-17 编辑联系活动

03 删除联系活动。若要删除已完成的联系活动,进入"联系活动"页面,选取需要删除的联系活动记录,单击"删除"按钮,在打开的提示窗口中单击"确定"按钮,则删除这条联系活动记录。

04 联系活动提醒。在新建联系活动时,提前设置活动的提醒时间,一到设定的时间 WiseCRM 系统会自动弹出联系活动提醒,可以通过单击"打开活动"了解需要完成的客户联系活动内容,单击"清除提醒"按钮则删除提醒内容,如图 6-3-18 所示。

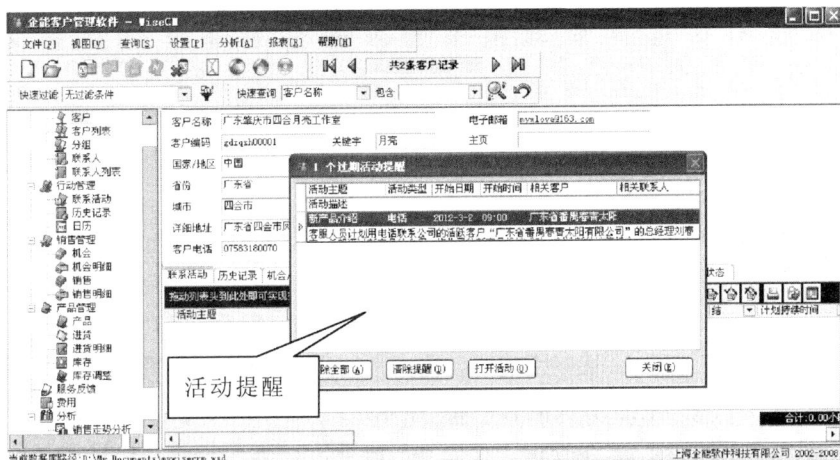

图 6-3-18   联系活动自动提醒

05 结束联系活动。联系活动完成后,若要结束此活动,则进入"联系活动"页面,选取需要结束活动的记录,单击"结束"按钮,并"确定",如图 6-3-19 所示。结束后的联系活动自动从活动列表中消失,将出现在"历史记录"列表中,如图 6-3-20 所示。

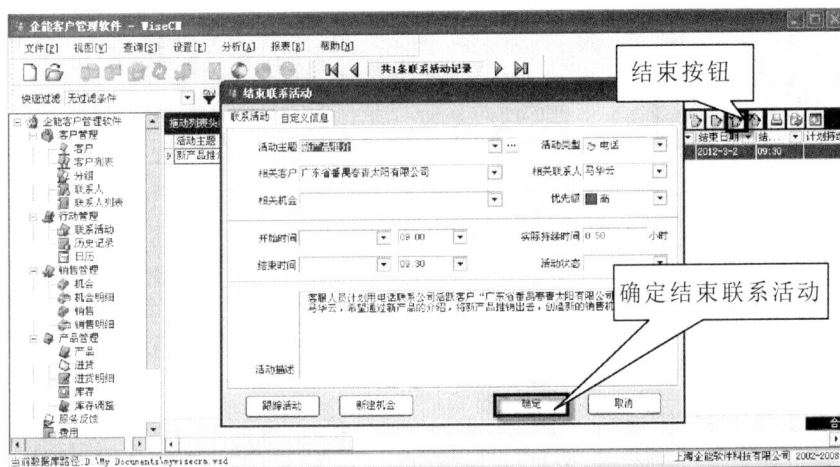

图 6-3-19   结束联系活动

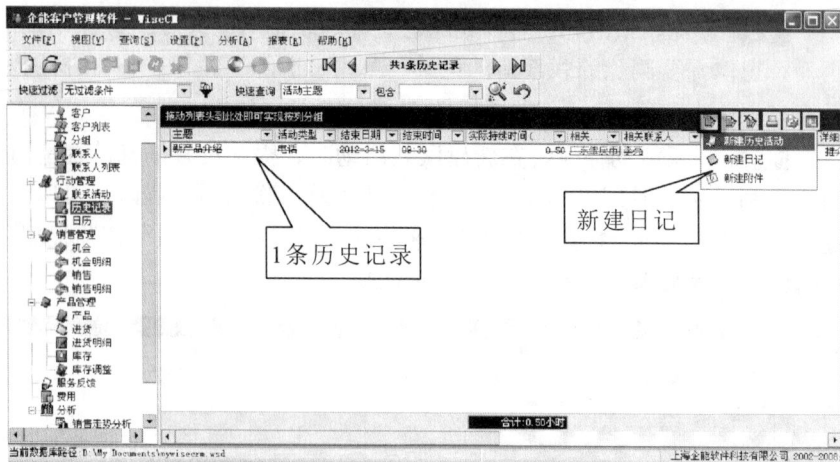

图 6-3-20　历史记录页面

06 历史记录。联系活动结束后，活动将自动转为历史记录，进入"历史记录"页面，查看相关已结束的活动记录，可以看到各主题的活动已打上了删除线，相当于进入 Windows 的"回收站"。还可以通过单击"新建"按钮，从下拉菜单中选择"新建历史记录"，进入新建历史记录编辑状态，把已完成的客户联系活动的主题、相关客户、相关机会、时间等记录下来，方便查询，如图 6-3-21 所示。若要编辑历史记录，可以选择历史记录列表名称，单击"编辑"按钮，修改历史记录各个子项，如图 6-3-22 所示。若要删除历史记录，选择历史记录列表名称，单击"删除"按钮，并确定是否删除。

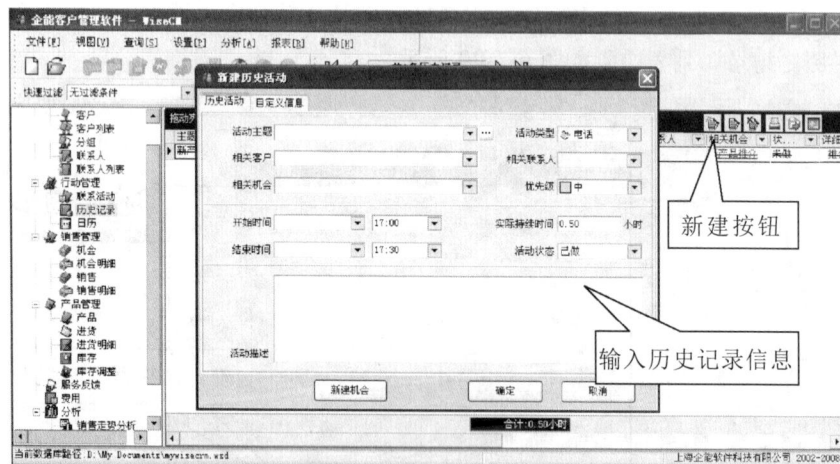

图 6-3-21　新建历史记录

图 6-3-22　编辑历史记录

07 新建日记。每天客服工作结束后，客服可以通过"新建日记"命令将当天的重要工作内容记录下来，方便查询，如图 6-3-23 所示。

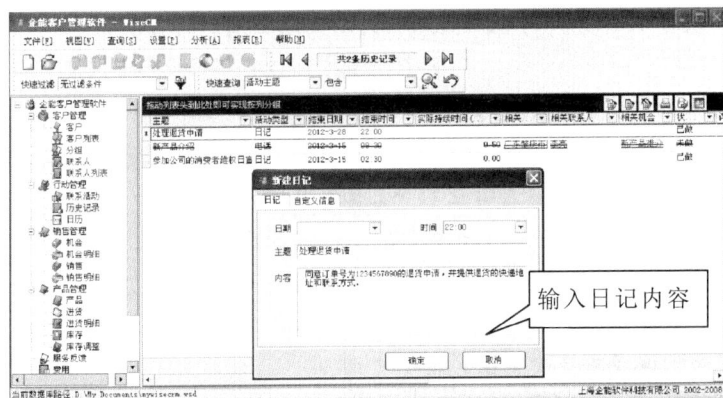

图 6-3-23　新建日记

08 管理日历。与客户的联系活动可以按日历来安排和管理，采用按天、按周和按月的方式查看活动的进展，还能够以小时为单位进行管理，进入"日历"页面，可以查看与日期相对应的活动信息；单击建立活动的日期，可以看到相关的联系活动显示在日历上，如图 6-3-24 所示。

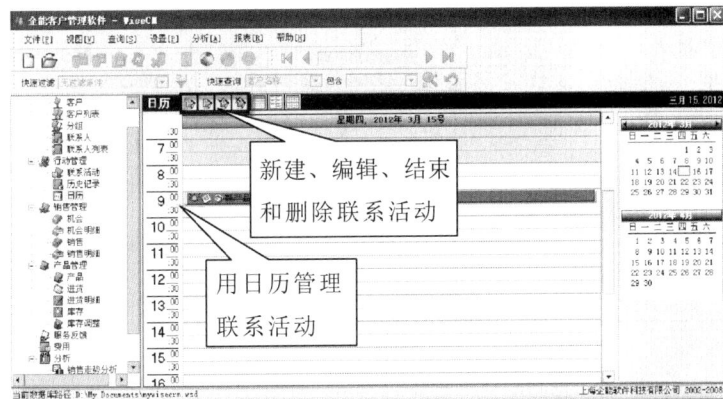

图 6-3-24　管理日历

小贴士

一个客户可以有多个联系人，如果一个联系人不属于任何客户，那么可以暂时将客户名填成联系人的名字。

单击"日历"按钮可新建"联系活动"，单击"编辑"按钮可编辑"联系活动"，单击"结束"按钮可结束"联系活动"，单击"删除"按钮可删除"联系活动"，如图6-3-24所示。

项目小结

本项目主要介绍了网络客户服务的含义、客服的岗位职责和客服沟通技巧。网络客服是指在互联网上为客户提供服务的工作人员，主要利用网上即时通讯工具（如阿里旺旺千牛）进行售前、售中和售后服务。从系统设置、客服设置、查找添加好友和旺旺群、客服工作台、收发客户沟通信息等方面作了详细介绍。组织同学模拟不同的商务角色，分别扮演客户、店主、客服人员、快递员等角色，亲身体验这些工作岗位的做法和沟通技巧。

电话沟通是客户服务工作中重要的交流方式，为了提高电话客服沟通效率，客服人员与客户实现成功沟通的关键是掌握5W步骤。5W是指选择恰当的通话时间（when）、选择合适的通话地点（where）、确认通话对象的身份（who）、准备通话的内容（what）和寻找通话的原因（why）。在通话中，明确谈话主题及以客户为中心的原则都是促进电话沟通顺利进行的必要条件。接电话和打电话同样重要，做好准备工作、根据不同类型的客户确定自己的沟通策略，可以使客服工作事半功倍。

客户关系管理是企业提高工作效率、提升业绩的重要工具，更是企业提高竞争力，树立以客户为中心的管理理念。客户是对企业的产品及服务有特定需求的一个群体，是企业生产经营活动得以维持的根本保证，是企业生存的基础。本项目以上海企能WiseCRM客户关系管理软件为例，主要针对客户管理和行动管理功能模块进行实训操作，讲述了客户的基本资料信息记录和保存，包括客户管理、组管理和联系人管理；查询每个客户的具体信息，管理每个客户发生的联系活动、机会、销售、服务等信息；通过行动管理和日历管理，安排客服每日的工作和对客户的联系活动；当活动结束后，可以快捷地将活动记录转换成为历史记录，便于查询。

客户关系管理软件的运用，解决了因员工离开或工作内容调整而造成业务无法开展的难题，可以让新接手的客服继续跟踪业务。同时，上级领导也可以通过客户关系管理软件及时督查各业务的进展情况。

习　　题

一、理实一体化题

1．淘宝网常用的网络客户服务工具有_____、_____、_____（至少列举三种）。

2．若选择"收到即时消息，同时弹出聊天窗口"的提醒模式，阿里旺旺2011卖家版应该在_____进行设置操作。

3．电话客服沟通的5W步骤分别是指_____、_____、_____、_____和_____。

4．若需要对客户进行电话回访，你认为最合适的时机是_____。

5．客户关系管理是指_____。

6．WiseCRM软件包括_____、_____、_____、_____和_____五个功能模块。

二、实训题

实训题 1 下载、安装阿里旺旺卖家版软件，每两人一组分别扮演客户和客服人员，运用阿里旺旺进行沟通交流。

操作要求：学会使用阿里旺旺，掌握网络客户服务的方法和技巧。

技能点拨：下载并安装阿里旺旺卖家版软件，添加客户为好友，模拟网店购物过程中可能出现的客户与客服人员交流的场景。

实训题 2 客服 E-mail 的撰写。

操作要求：了解 E-mail 的接收和发送操作，掌握客户服务 E-mail 的撰写方法。

技能点拨：电子邮件答复客户具有正式性，邮件主题要体现服务内容，用词注重礼仪，简练，解决实际问题。

实训题 3 电话投诉服务。

一位同学模拟客户（投诉方），另一位同学模拟客服（被投诉方）。客户网购了一件衣服，收货后检查发现衣服的拉链是坏的。客户拨通网店客服热线，向客服说明商品质量问题，并诉说心里的不满和委屈，如果退换货还要浪费客户的时间和精力。客服人员该如何与这位客户友好沟通，提供恰当的投诉服务呢？

操作要求：客服热心解决客户的问题，舒缓客户投诉情绪，促使客户接受投诉处理办法。客服掌握电话投诉服务的礼仪和技巧。

技能点拨：客服使用亲切、热情的声音接待客户的投诉，在理解客户的前提下，努力帮助客户解决问题，既处理好客户的投诉，又争取留住客户。

实训题 4 提高客服说话水平。

全班同学扮演客服角色并分成几个小组，选出小组长，小组长负责组织本组成员讨论如何提高客服说话水平。每位同学从实际出发，深刻认识自己，指出自己在语言表达方面的优势及不足。然后大家一起探讨怎样解决这些问题，可以通过如下问题进行反思：

1）像他人听你的电话一样，自己听听自己的声音，如何改进你的"电话客服形象"？

2）倾听别人是如何进行电话沟通的。有哪些优点？又有哪些缺点？为什么？

3）你打算如何利用所学的电话沟通技巧来提高自身的说话水平？

操作要求：分组要合理，诚恳、虚心地对待自身的不足，也需要实事求是地帮助其他同学改进。

技能点拨：将讨论过程进行录音，通过录音回放，分析和检验说话的优缺点。

实训题 5 新建客户和联系人，管理客户和联系人分组。

操作要求：利用 WiseCRM 软件建立网店客户（联系人）的基本资料，按客户特征分组。

技能点拨：利用客户管理模块，按网店客户的类型建立分组，输入客户（联系人）的基本资料信息，分析联系人特征并归类分组。

实训题 6　新建客服联系活动，创建商品销售机会。

操作要求：利用 WiseCRM 软件设计网店客服与客户的联系活动，通过实施联系活动达到创建商品销售机会的目的。

技能点拨：利用行动管理模块，新建网店与客户的交易、发货、投诉处理等联系活动，编辑修改具体活动内容，提出可能创造的商品销售机会。

参 考 文 献

黄漫宇，2010．商务沟通 [M]．北京：机械工业出版社．

江礼坤，2012．网络营销推广实战宝典 [M]．北京：电子工业出版社．

刘春青，2017．电子商务实务 [M]．北京：科学出版社．

罗岚，2010．网店运营专才 [M]．南京：南京大学出版社．

米列茨基·贾森，2011．网络营销实务：工具与方法 [M]．北京：中国人民大学出版社．

斯库·埃伯哈德，2011．商业静物摄影 [M]．叶佩萱，译．北京：人民邮电出版社．

吴琪菊，费一峰，2009．淘宝网开店与交易 [M]．北京：清华大学出版社．

玄光社编辑部，2011．商品摄影完全攻略 [M]．陈丝纶，译．北京：中国青年出版社．

蜂鸟网站 http://www.fengniao.com/

京东商城 http://www.360buy.com/

佳能中国网站 http://www.canon.com.cn/

上海企能软件科技有限公司网站 http://www.wisecrm.com/

淘宝网站 http://www.taobao.com/

天猫商城 http://www.tmall.com/